LES COULISSES DE LA TERREUR

DU MÊME AUTEUR

À DEMAIN KARL – *Pour sortir de la fin des idéologies.* Avec Jean Ziegler, Ramsay, 1991.

DUEL AUX SOMMETS – *La montagne à l'épreuve de la démocratie. Avec Christophe Devouassoux*, Syros-Alternatives, 1992.

LES DOLLARS DE LA TERREUR – *Les Etats-Unis et les islamistes.* Grasset, 1999 (réédité en 2001).

BETHLÉEM EN PALESTINE. Avec Pierre Péan, Fayard, 1999.

DICTIONNAIRE MONDIAL DE L'ISLAMISME. Ouvrage collectif sous la direction des *Cahiers de l'Orient*, Plon, 2002.

OUSSAMA BIN LADEN OU LE MEURTRE DU PÈRE – *Etats-Unis, Arabie Saoudite, Pakistan*, Favre, 2002 (réédité en 2003).

GUERRE ET ECONOMIE. Ouvrage collectif sous la direction de Jean-François Daguzan et Pascal Lorot, Ellipses, 2003.

RICHARD LABÉVIÈRE

LES COULISSES DE LA TERREUR

BERNARD GRASSET
PARIS

A Sergio Vieira de Mello et Nadia Younès,
A David Kelly,
A Rachel Corrie,
Ainsi qu'à Thomas Hurndall et Bryan Avery.

Prologue

Ce livre est une enquête. Il prolonge des recherches engagées en 1992. Grâce à l'intérêt et à la confiance de Laure Adler, historienne, elles ont abouti à la publication d'un bilan intermédiaire : *Les Dollars de la terreur – Les Etats-Unis et les islamistes*, paru chez Grasset en janvier 1999. A l'époque, la mouvance Ben Laden n'intéressait qu'un petit cercle d'initiés, sinon les avocats des financiers mis en cause. Depuis le 11 septembre 2001, évidemment, le cercle s'est un peu élargi, mais aussi beaucoup distordu, en raison de la nouvelle idéologie consubstantielle à la croisade contre la terreur, devenue guerre sans fin, et par conséquent hégémonique. Il convenait donc de poursuivre le travail de terrain, de revenir aux faits, tout en intégrant les données historiques sans lesquelles on ne voit rien.

Fabrice Del Dongo était à Waterloo et pourtant il n'a vu que de la fumée et des chevaux. D'autres étaient « embarqués » à Kaboul, à Bassorah, à Kerbala, à Bagdad, à Jérusalem ou à Bethléem. Qu'ont-ils vu ? En son temps et avec une grandiloquence tout esthétique, Maurice Clavel revendiquait la pratique d'un journalisme transcendantal. Ce temps a changé, nous ramenant à plus de modestie, donc à l'immanence. Les essais de compréhension du phénomène terroriste, de ses figures contemporaines et de ses évolutions requièrent un examen serré, des enquêtes de terrain et une analyse politique sans concession. L'objectif du terrorisme est de terroriser. Bien que composite et parfois hors sens, cette visée finit toujours par atteindre le champ politique. Elle s'exprime dans des conditions économiques locales précises. De sa compréhension dépendent les réponses, politiques elles aussi, à apporter.

Comme l'écrit avec limpidité le politologue Alain Chouet, « en tout état de cause, et quelles que soient l'étendue et l'horreur des pertes et dégâts subis, il convient de ne pas sanctifier la lutte antiterroriste, ni de la transformer en croisade qui ne ferait que justifier, par effet miroir, les appels au jihad. Enfin, il restera à apporter une réponse à l'excellente question posée par le président George Walker Bush au lendemain du 11 septembre, question passée pratiquement inaperçue de la presse et à laquelle personne, pas même lui, n'a songé à ce jour à répondre : "Pourquoi nous haïssent-ils donc tant [1] ?" » La question sans réponse a vite été recouverte par les affirmations incantatoires du bon droit de la civilisation contre la barbarie. La question a vite été broyée par les rouages de la machine infernale de la guerre sans fin. Ce sont quelques-uns de ces rouages qu'on se propose de reconstituer.

1. Alain Chouet, « Violence islamiste et réseaux du terrorisme international », dans la revue *Politique étrangère* (*novembre* 2003), Institut français des relations internationales (IFRI).

Prologue

On ne mène pas ce genre de travail seul. Anouchka Fernet, étudiante en relations internationales, alimente depuis des années les questions qui orientent cette enquête. Lectrice et correctrice indispensable, Marie-Noël Rio en a supervisé l'ensemble avec une rigueur tout hégélienne. Alain Chouet m'a fait bénéficier de sa grande expérience ; enfin notre ami commun, le cheikh D.T.T. (vallée de l'Hadramaout au Yémen) éclaire, depuis le début, de toute sa sagesse et de son immense savoir, mes recherches dans le monde arabe.

Beaucoup de fonctionnaires, d'officiers, de financiers et de diplomates arabes, européens et américains ont accepté de me recevoir. Toujours en poste, la plupart d'entre eux ne peuvent être nommément cités pour des raisons évidentes. Ils se reconnaîtront. Je tiens à les remercier pour leur patience et leur générosité.

Mounir Salem et Walid Charara, infatigables archivistes des mémoires du Soudan, de l'Egypte, de l'Arabie Saoudite, du Liban et de la Palestine, m'ont fait partager une partie de leur science. Alexandra Richard, pour laquelle Dubaï n'a pas de secret, a été d'un indispensable secours.

Les remarques avisées de Bernard d'Anjou, politologue spécialiste du monde arabe, et de Didier Poussin, avocat, expert en finance internationale, m'ont beaucoup apporté. Les conseils et l'aide de Pierre-Marcel Favre, homme et éditeur libre, me sont toujours très précieux. Enfin, Bruno Jeanmart, psychanalyste, me fait encore bénéficier de son écoute symptomale.

A toutes et à tous, je dis ma profonde gratitude.

Richard Labévière

INTRODUCTION

La naissance d'une nouvelle croyance

« La bombe atteint plutôt l'obélisque géant que la tourelle des colombes. »

VICTOR HUGO
(*Les Feuilles mortes,* 30 juin 1830).

Paris, le 4 septembre 2001. Le chef de service de la Direction générale de la sécurité extérieure (DGSE) chargé du contre-terrorisme attend les chefs d'antenne en France de la CIA et du MI6, qu'il a convoqués en cette semaine de rentrée pour une mise au point. Depuis l'arrestation, fin juillet à Dubaï, du Franco-Algérien Djamel Beghal, soupçonné d'avoir été chargé par Oussama Ben Laden de commettre un attentat contre l'ambassade des Etats-Unis en France, les trois services sont à l'étiage.

Les Anglais, conformément à leurs habitudes en matière d'islamisme, prétendent ne rien savoir, cette compétence étant dévolue au service intérieur MI5, et s'en remettent à leurs alliés. Les Américains optent pour le mutisme. Pire, ils ont fait pression sur les autorités émiratiennes pour interdire aux Français, y compris les autorités consulaires, tout contact avec l'intéressé [1].

En vieux routier du métier, le responsable français devine ce qui l'attend. Les correspondants anglo-saxons arriveront penauds pour subir sa mercuriale et invoqueront le stock convenu d'excuses et de faux-fuyants habituels : vacances, droits de l'homme, habeas corpus, mauvaise volonté des diplomates, des services intérieurs et bien sûr des correspondants arabes, rivalité des polices, etc. Le chef de service de la DGSE compte néanmoins sur la fermeté de son intervention, avalisée par sa hiérarchie et le pouvoir politique, pour ébranler les centrales anglo-saxonnes et obtenir une ouverture. Après tout, Beghal est français et c'est en France qu'il devait commettre un attentat. Il n'est pas discourtois de le rappeler avec vigueur, même si la cible était américaine.

Si l'Anglais arrive dans la posture prévue, l'Américain, en revanche, se présente flanqué d'une équipe impressionnante composée de deux analystes *seniors* du bureau « terrorisme » de la centrale de Langley, du responsable pour l'Europe du renseignement de contre-terrorisme, basé à Londres, et du chef d'antenne aux Emirats, venus tout exprès à Paris pour cette réunion. C'est beaucoup, beaucoup trop pour une mise au point, si ferme soit-elle. D'autant que ce petit monde présente des signes de nervosité, sinon de fébrilité, tout à fait inhabituels.

Eludant tant bien que mal le problème Beghal, les

1. Outre l'affaire Beghal, le cas de Zacarias Moussaoui, Français arrêté aux Etats-Unis à la même période, est aussi très irritant : la DST et la DGSE le considèrent comme particulièrement dangereux, alors que les Américains s'obstinent à présenter son cas comme une simple infraction aux règles de séjour et refusent de l'expulser vers son pays d'origine, où les autorités ont quelques questions à lui poser.

Américains réclament des informations sur une trentaine d'activistes proche-orientaux et maghrébins basés en Europe, particulièrement en Allemagne, et supposés connus des services français. Contrairement aux usages de la corporation, les demandes comminatoires s'enchaînent sans que les représentants de la CIA en donnent les raisons. Au bout de deux heures d'échanges acides sous l'œil ironique du Britannique silencieux, le représentant français sonne la fin de l'impromptu et conclut par la philippique prévue. Mais l'affaire est entendue.

Il se trame quelque chose d'important, quelque chose de grave. Les Américains ont eu vent d'une information exceptionnelle dont ils ne peuvent ou ne veulent pas parler. Pourquoi ? Ils ont manifestement cru que la réunion convoquée en urgence par le responsable de la DGSE était fondée sur la même appréhension et pourrait leur apporter des éléments inédits ou complémentaires. Beghal avait-il parlé ? Avait-il révélé autre chose que ce que les services français étaient parvenus à soutirer aux Emiratiens malgré l'oukase américain ?

L'itinéraire de cet activiste franco-algérien, fiché comme membre actif de la mouvance des Groupes islamiques armés (GIA) depuis 1994, mène tout droit à Oussama Ben Laden, déclaré ennemi public numéro un depuis les attentats meurtriers commis contre les ambassades américaines de Nairobi (Kenya) et Dar es-Salaam (Tanzanie) le 7 août 1998. Les services américains jugent l'arrestation de Beghal comme une affaire capitale, car elle intervient dans le contexte de l'échec des pourparlers menés par Washington avec les représentants taliban au pouvoir à Kaboul pour trouver une solution négociée à la reddition d'Oussama Ben Laden, qui réside alors en Afghanistan. Faisant suite à une première tentative d'approche directe du milliardaire saoudien, qui s'est déroulée à la mi-juillet à Dubaï, cette nouvelle négociation, menée à Berlin grâce à une médiation pakistanaise, a tourné court. Washington a clairement menacé d'employer la manière forte pour mettre la main sur le commanditaire des attaques de Nairobi et Dar es-Salaam.

L'échec de la négociation de Berlin a précipité les événements. Les services pakistanais ont aussitôt transmis la menace d'intervention militaire de Washington à Oussama Ben Laden et à son entourage. Si les attentats de New York et Washington sont en préparation depuis un an déjà, c'est l'imminence d'une opération américaine contre les sanctuaires afghans du milliardaire saoudien qui accélère la fin des préparatifs. Pour des questions de prestige et de crédibilité, les activistes islamistes doivent garder l'initiative. « Frapper avant d'être frappé » : des attentats préventifs, en quelque sorte. C'est l'Egyptien Ayman al-Zawahiri, le principal lieutenant et médecin personnel du cheikh, qui prend la décision et déclenche la machine infernale.

Toute la planète a vu les images des avions de ligne s'encastrant dans les tours du World Trade Center de New York, puis, l'un après l'autre, les deux gratte-ciel s'effondrer sur eux-mêmes dans des volutes de poussière, comme s'il s'agissait d'un film-catastrophe tourné dans les studios d'Hollywood. Hyperréelles mais presque vidées de sens, ces images mille fois vues dans des superproductions apocalyptiques ont du mal à traduire la réalité. Et, faute de réalité, l'émotion peut déferler. Le soir même, sur fond de ville abasourdie, un certain Jean-Marie Messier qui vit à New York se transforme en envoyé spécial de la chaîne de télévision qui l'interroge. Il lance la formule : « Nous sommes tous américains », formule hâtivement reprise le lendemain même par le directeur d'un quotidien français du soir.

Cet événement n'a pas seulement plongé de nombreuses familles dans le deuil, mais a brutalement mis fin à quelques certitudes : la perfection du modèle américain et son incontestable pouvoir de séduction, l'invulnérabilité du territoire des Etats-Unis. Cela suffit-il à faire des attentats du 11 septembre 2001 un événement fondateur de nouvelles attitudes sécuritaires, de nouvelles relations internationales, voire d'un nouveau monde ? Les commentateurs pressés ont aussitôt bâti les comparaisons les plus baroques avec l'attaque de Pearl Harbor ou la chute du mur de Berlin, en évoquant une rupture historique.

A y regarder de plus près, nous verrons que les attentats du 11 septembre 2001 ne constituent pas la rupture historique annoncée. Ils n'inaugurent pas non plus un nouveau monde. Ils expriment et condensent, d'une manière aussi spectaculaire qu'emblématique, des processus à l'œuvre depuis longtemps. Outre le fait avéré que l'administration américaine avait décidé de provoquer la chute de Saddam Hussein bien avant que ne s'effondrent les Twin Towers, les vraies ruptures ont déjà eu lieu : des dynamiques nouvelles, des mutations de fond sont désormais en cours. A ce stade, l'on peut avancer cinq ruptures fondatrices.

Rupture un : En provoquant l'installation durable de troupes américaines en Arabie Saoudite, la première guerre du Golfe met fin à l'alliance contractée par Washington avec l'islamisme sunnite contre l'Union soviétique en Afghanistan. Fils naturel de l'oligarchie saoudienne et des services américains, Oussama Ben Laden se retourne alors contre ses anciens maîtres – nous en verrons plus loin les raisons. Toujours est-il que le premier attentat contre le World Trade Center de New York a lieu en février 1993.

Rupture deux : En 1993 également, la mort d'une quinzaine de soldats américains à Mogadiscio, sous drapeau onusien, marque un tournant dans les interventions fondées sur l'ingérence humanitaire. L'épisode somalien annonce le désengagement des Nations unies de plusieurs conflits asymétriques. Le terrible génocide du Rwanda résulte – en partie – du nouvel isolationnisme des pays riches, et préfigure en tout cas une marginalisation de l'ONU, sinon une perte de son influence dans la gestion des crises et dans la régulation de la stabilité internationale. L'intervention au Kosovo s'est, par exemple, effectuée hors d'un mandat clair du Conseil de sécurité des Nations unies et n'a été avalisée qu'après coup.

Rupture trois : Durant l'été 1998, en reprenant ses essais nucléaires avec l'aide de la Corée du Nord, le Pakistan déclenche une crise de prolifération qui implique non seulement New Delhi et Pyongyang, mais aussi Téhéran et Moscou. Mise en relation avec les menaces terroristes, cette crise de prolifération constitue la donnée stratégique majeure de l'après-guerre froide.

Rupture quatre : Au Proche-Orient, le délitement des accords d'Oslo résultant de l'échec des pourparlers de Camp David II (juillet 2000) et du déclenchement de la deuxième Intifada (septembre 2000) annonce la fin d'un processus de paix qui a démarré en 1991 à Madrid, au lendemain de la première guerre du Golfe. Le désengagement de la communauté internationale du conflit israélo-palestinien – épicentre de toutes les crises proche-orientales, de tous les désespoirs et de toutes les incompréhensions – accentue la fermeture du monde occidental.

Rupture cinq : On finit par se rendre compte que la mondialisation heureuse a bien du mal à s'imposer : 826 millions d'êtres humains sont gravement sous-alimentés de façon chronique et, chaque jour, 100 000 personnes meurent de la faim ou de ses conséquences immédiates. Or, les ressources agricoles pourraient nourrir 12 milliards de personnes, soit deux fois la population mondiale. L'ordre du monde n'est pas seulement meurtrier, il est aussi absurde : l'abandon à grande échelle des cultures vivrières, la mainmise des multinationales de l'agroalimentaire sur les semences et la production agricole, les échanges commerciaux au bénéfice des pays du Nord en surproduction aggravent inexorablement une fracture économico-sociale planétaire. Générateur d'injustices structurelles, de frustrations et de conflits grandissants, ce mal-développement est tout aussi dangereux que la prolifération nucléaire.

Ces cinq ruptures aux effets planétaires ont commencé à supplanter les vieilles logiques de la guerre froide bien avant les attentats du 11 septembre 2001. Elles ne doivent rien à l'arbitraire ni au hasard. Elles contribuent, comme autant de causalités, à façonner notre histoire immédiate dont l'intelligence ne peut se réduire à un événement, aussi global soit-il. Le fait de penser le 11 septembre 2001 comme un commencement fondé sur la compassion du deuil, sur le clivage immédiatement établi entre victimes et protagonistes du « mal absolu », ainsi que sur l'idéalisation du modèle de civilisation attaqué, se fonde sur la même construction que celle qui anime la pulsion terroriste. Cette construction dualiste vide le monde de toute forme d'historicité pour lui substituer les catégories morales du bien et du mal.

Cette idéologie naissante qui marque le commencement d'une ère nouvelle dans notre histoire ne relève pas chez George Bush, son administration et ses intellectuels propagandistes d'une volonté consciente et construite. Il n'y a pas, comme on a pu le lire ici ou là, de complot caché derrière les attentats du 11 septembre, du type de l'incendie du Reichstag. Mais l'invention du commencement d'une ère nouvelle est souvent associée, dans l'Histoire, à une dimension sacrificielle dont la symbolique doit non seulement être ritualisée, mais aussi commémorée et reproduite.

Dans le cas de l'hyperpuissance américaine, cette invention ne peut s'imposer que si elle s'appuie sur l'idée qu'une hégémonie sans partage ne peut durer qu'à condition d'être défendue avant même d'être menacée. Les victimes du World Trade Center et du Pentagone justifient, par avance, toutes les ripostes possibles, frappées automatiquement du sceau de la légitime défense. Que ne fera-t-on pas au nom du 11 septembre 2001 ? Comme le dit l'un des pompiers de New York depuis les décombres de *Ground Zero* : « Désormais, si mon pays me demande de tuer, je le ferai. » Même si la question de savoir qui tuer demeure entière, il reste que le deuil nourrit une dynamique qui débouche sur une nouvelle croyance : celle de la guerre sans fin contre le mal, de la guerre préventive contre le terrorisme identifié au mal absolu .

Soulignons encore une fois que cette nouvelle croyance n'est pas réductible aux constructions idéologiques fomentées dans le secret des officines néoconservatrices américaines, mais que les attaques terroristes de

2001 en légitiment la mise en œuvre et la systématisation. Elle a d'autant plus de facilité à s'imposer qu'elle entre en convergence avec des fondements doctrinaux mis en chantier durant les années quatre-vingt, dont les auteurs n'hésitent pas à convoquer les Pères de l'Eglise. Outrageusement déformés, saint Thomas d'Aquin et saint Augustin sont souvent cités par les néoconservateurs américains (et leurs chantres européens) afin de légitimer leur obsession de la guerre juste. Notons au passage que, contrairement aux penseurs des débuts de la chrétienté, les idéologues d'aujourd'hui sont aussi ceux qui portent les armes.

Le 6 février 2002, reprochant aux Américains de mener leur politique étrangère « de façon unilatérale », le ministre français des Affaires étrangères rompt avec la langue diplomatique et dresse le constat suivant : « Nous sommes menacés aujourd'hui d'un nouveau simplisme, qui est de ramener tous les problèmes du monde à la seule lutte contre le terrorisme. » Il est rare d'être aussi clair et le propos mérite d'être souligné. Mais ce « nouveau simplisme », fil conducteur des actions extérieures américaines, ne se réduit pas à une posture diplomatique. Il a conquis sa propre autonomie et fonctionne désormais comme une idéologie à part entière, idéologie totale, dominante, innervante et énervante, dont le prisme produit trop de discours incertains et de lectures du monde improbables.

Il s'agit de revenir au réel : enquêter, reconstituer, analyser. Il faut démêler l'enchevêtrement serré et la succession des événements de la spirale terroriste, des réponses policières et militaires, comme les justifications politiques apportées à la fuite en avant américaine en quête d'une puissance absolue et sans partage. Il faut enquêter sur les conditions qui président aux attentats de septembre 2001. Il faut interroger la presse et ceux qu'on appelle les agents d'influence. Enfin, il faut tenter de comprendre comment l'on glisse successivement de la chasse à Ben Laden à la chute de Saddam Hussein et à l'élimination programmée de Yasser Arafat.

La croyance à la guerre sans fin contre le terrorisme est une référence floue, molle et filandreuse de l'idéologie dominante. Elle peut servir d'alibi à n'importe quelle aventure politico-militaire. Et, depuis le 11 septembre 2001, l'administration Bush ne s'est pas privée d'en user et d'en abuser, d'abord pour justifier une deuxième guerre contre l'Irak. C'est aussi au nom de la lutte antiterroriste que le président américain et le Premier ministre israélien Ariel Sharon ont tenté d'écarter Yasser Arafat, qui demeure pourtant le président élu du peuple palestinien.

Annonciatrice d'autres confrontations avec l'Iran, la Syrie, le Liban entre autres, l'idéologie de la guerre sans fin ne vise pas seulement à l'imposition d'un nouvel ordre proche-oriental, mais aussi et surtout à la construction d'un monde unipolaire, d'une puissance et d'un savoir absolus, constitutifs d'une fin de l'Histoire bien peu hégélienne : trop exclusivement américaine.

CHAPITRE PREMIER

La leçon d'anatomie de Dubaï

« Il ne faut pas renvoyer le discours à la lointaine présence de l'origine ; il faut le traiter dans le jeu de son instance. »

MICHEL FOUCAULT
(*Sur l'archéologie des sciences,* été 1968).

Proche de la direction administrative de l'Hôpital américain de la petite principauté pétrolière, l'homme accepte notre rendez-vous dans un hôtel Sheraton de Dubaï – l'un des sept émirats de la fédération des Emirats arabes unis, au nord-est d'Abou Dhabi. Fréquentant depuis des années l'oligarchie politico-religieuse de la petite ville de 350 000 habitants, ce musulman pratiquant est consterné de l'évolution pro-occidentale accélérée des élites de la péninsule arabe et choqué d'avoir à vivre entre McDonald's, Planet Hollywood, Kentucky Fried Chicken et une mosquée « vendue aux impies ». Il affirme qu'Oussama Ben Laden, l'ennemi public numéro un, a séjourné à l'Hôpital américain de Dubaï entre le 4 et le 14 juillet 2001. Les services secrets occidentaux qui suivent Ben Laden à la trace font en effet état d'un trou dans son emploi du temps durant cette même période [1].

— Ainsi, Ben Laden serait venu se faire soigner à l'Hôpital américain de Dubaï deux mois avant les attentats du 11 septembre ?

— Oui, il était bien ici au début du mois de juillet 2001. Venant de l'aéroport de Quetta au Pakistan, il a été transféré à l'Hôpital américain dès son arrivée à Dubaï-Airport. Accompagné de son médecin personnel et fidèle lieutenant, sans doute l'Egyptien Ayman al-Zawahiri – quoique sur ce point les témoignages ne soient pas formels –, de quatre gardes du corps et d'un infirmier algérien, Ben Laden a été admis à l'Hôpital américain, un bâtiment de verre et de marbre situé entre Al-Garhoud Bridge et Al-Maktoum Bridge, non loin du centre commercial bien connu qu'est le Wafi Center. Chaque étage de l'hôpital comporte deux suites « VIP » et une quinzaine de chambres. Le milliardaire saoudien a été installé dans le département d'urologie du Dr Terry Callaway, spécialiste des calculs rénaux et de l'infertilité masculine [2]. Il est reparti de Dubaï aux alentours du 14 juillet.

Un vol quotidien Dubaï-Quetta est assuré par Emirates Airlines et Pakistan Airlines. Plusieurs témoignages recueillis à l'aéroport de Quetta confirment que des vols réguliers d'appareils privés immatriculés aux Emirats ou en Arabie Saoudite desservent fréquemment Dubaï sans enregistrement ni plan de vol, et que plusieurs responsables du régime taliban de Kaboul effectuaient fréquemment le voyage pour affaires et « loisirs ».

1. Cet épisode a été reconstitué conjointement avec Alexandra Richard.
2. Joint par téléphone à de multiples reprises, le Dr Callaway, toujours très évasif, n'a pas souhaité s'exprimer.

— De quoi souffrait-il ?

— Il souffrait d'une affection rénale, et cela depuis de nombreuses années. L'Hôpital américain de Dubaï possédant un département d'urologie très réputé, il est venu consulter et faire des examens impossibles à entreprendre dans les hôpitaux pakistanais, qui ne sont pas équipés pour cela.

En mars 2000 déjà, s'appuyant sur un rapport des services secrets thaïlandais, l'hebdomadaire *Asia Week* publié à Hongkong s'inquiétait de la santé de Ben Laden, faisant état d'un grave problème physique et précisant que ses jours étaient en danger à cause d'une « infection rénale qui se propage au foie et nécessite des soins spécialisés ». Selon des sources policières pakistanaises, Oussama Ben Laden se serait fait livrer un matériel mobile de dialyse dans son repaire afghan de Kandahar durant le premier semestre 2000.

Notre témoin précise que ce déplacement sanitaire à Dubaï n'était pas le premier. « Les rapports entre l'émirat et l'Arabie Saoudite ont toujours été très étroits », explique un financier de Dubaï, « et les princes des familles régnantes qui avaient reconnu le régime des Taliban se rendaient souvent en Afghanistan. » L'un de ces princes, grand amateur de chasse au faucon et ami des Etats-Unis, se déplaçait souvent pour chasser sur les terres contrôlées par Ben Laden en Afghanistan. Les deux hommes se connaissaient bien et s'appréciaient. Lorsque Oussama Ben Laden est tombé malade, c'est tout naturellement qu'il est venu se faire soigner à Dubaï, répondant à l'invitation de son ami.

Selon plusieurs sources policières arabes, Oussama Ben Laden s'est en effet rendu plusieurs fois à Dubaï entre 1996 et 1998 pour des raisons de santé, mais aussi pour régler quelques dossiers financiers. Le 27 septembre 2001, la banque centrale des Emirats arabes unis a annoncé avoir ordonné le gel des comptes et des investissements de vingt-six personnes ou organisations soupçonnées d'entretenir des contacts avec la mouvance de Ben Laden. La Dubai Islamic Bank était particulièrement montrée du doigt depuis 1999. Mais dès le début des représailles militaires américaines en Afghanistan, en octobre 2001 et pendant plusieurs semaines, le consul taliban a transféré de Kaboul à Dubaï des fonds appartenant à la banque centrale afghane à hauteur de trois millions de dollars par jour, en or et en bijoux, ce qui permettait de contourner le gel des avoirs bancaires.

— Oussama Ben Laden a-t-il reçu des visiteurs ?

— Durant son hospitalisation, il a reçu la visite de plusieurs membres de sa famille, dont sa mère, et de personnalités saoudiennes et émiratiennes. Après le 10 juillet – je ne me souviens pas du jour exact –, empruntant l'ascenseur principal de l'hôpital, j'ai croisé un Américain que tout le monde connaît. Il est descendu à l'étage de Ben Laden.

— Un Américain, vous voulez dire une personne privée ?

— Non, il s'agissait du chef d'antenne de la CIA à Dubaï.

— Comment le savez-vous ?

— Dubaï est un petit territoire. Tout le monde se connaît. La police est également très présente et sait tout ce qui se passe. Demandez autour de vous dans la communauté occidentale, vous verrez, tout le monde vous dira qui est ce monsieur et pour qui il travaille. Lui-même ne s'en cache pas, surtout lorsqu'il sort d'un repas bien arrosé.

Confirmée par d'autres témoignages, l'histoire s'est répandue comme une traînée de poudre dans la petite communauté aussi fermée que désœuvrée des expatriés qui vivent dans l'émirat. Ils se retrouvent vers 19 heures, dès la nuit tombée, dans divers restaurants et clubs de la ville, pour échanger les dernières nouvelles de leurs pays respectifs et commenter la chronique locale autour de quelques grands crus importés au prix fort. La consommation d'alcool n'est pas interdite à Dubaï, qui demeure l'émirat le plus libéral. Les expatriés sont fiers de cette « Amérique sans les Américains ». C'est dans ce contexte que l'agent de la CIA s'est vanté publiquement d'avoir rendu visite au milliardaire saoudien.

— Ce contact entre son agent et le Cheikh avait-il eu l'aval de la hiérarchie de la centrale américaine de renseignement ? Les autres services de l'administration américaine étaient-ils au courant de cette visite surprenante ?

— Je ne peux pas répondre à ces questions, mais je peux vous préciser le contexte. A son arrivée en Afghanistan, n'oubliez pas qu'Oussama Ben Laden était l'ami des Américains et leur lien contre les Russes. La CIA, à cette époque, participait au financement de ses troupes et à son approvisionnement en matériel militaire. Au départ des troupes russes d'Afghanistan, les Américains, comme ils l'ont fait souvent ailleurs également, ont laissé tomber leurs alliés. Ils n'avaient plus de raisons de soutenir Ben Laden et ses hommes. De plus, en février 1991, les Marines se sont installés durablement à proximité des lieux saints de La Mecque et de Médine, ce qui était inconcevable pour le pieux Ben Laden. Les amis d'hier sont devenus tout d'un coup les ennemis d'aujourd'hui. S'agissant des Emirats, la situation était différente. Ils ont toujours été des partenaires des Etats-Unis, comme de l'Arabie Saoudite où Oussama Ben Laden était une figure connue et importante, et où sa famille est encore aujourd'hui très respectée.

— Pourquoi me racontez-vous tout cela ?

— Depuis les attentats du 11 septembre 2001, les Américains ont déclaré la guerre au terrorisme. Deux mois avant ces tragiques événements, un membre de l'administration américaine rencontrait Oussama Ben Laden. Je ne vous cache pas que cela me trouble et me révolte à la fois ! C'est pour cette raison que je pense que la vérité doit être dite.

Recoupé et vérifié par d'autres témoignages, le récit de notre informateur atteste que la fameuse rencontre a eu lieu le 12 juillet 2001.

Révélée le 31 octobre 2001 par Radio-France Internationale (RFI) et *Le Figaro*, l'information est aussitôt démentie par le directeur de l'hôpital, Bernard Koval : « Oussama Ben Laden n'a jamais été ici. Il n'a jamais fait partie de nos patients et n'a jamais été soigné ici. Cet hôpital est trop petit pour que quelqu'un puisse y être admis à la dérobée par une porte de service », déclare-t-il le même jour à l'AFP. Le 1er novembre, un porte-parole de la CIA, Anya Guelsher, ajoute : « Il s'agit d'une absurdité totale ». Le lendemain, RFI révèle l'identité de l'agent de la CIA qui, selon ses informations, a bel et bien rencontré Ben Laden.

Le représentant local de la CIA qui a rendu visite à Oussama Ben Laden le 12 juillet 2001 à l'Hôpital américain de Dubaï s'appelle Larry Mitchell. Si sa carte de visite précise qu'il est agent consulaire, chacun sait à Dubaï, notamment dans le petit milieu des expatriés, qu'il travaille sous couverture, en clair qu'il est de « la grande maison». Bon connaisseur du monde arabe et spécialement de la Péninsule, Larry Mitchell est un personnage haut en couleur qui égaie souvent les soirées un peu mornes des expatriés de Dubaï. L'un de ses proches a coutume de dire que son exubérance naturelle met souvent en péril son devoir de réserve. Toujours est-il qu'il a définitivement quitté l'émirat pour les Etats-Unis le 15 juillet 2001. A Langley, au siège de la CIA, on explique qu'il est rentré au pays pour se marier. Et lorsqu'on demande s'il est possible de le rencontrer, le porte-parole Anya Guelsher répond, sans rire, qu'il est en voyage de noces.

Un petit retour en arrière est ici nécessaire, à double titre. Il permettra d'abord d'éclairer un point d'histoire et ensuite d'apprécier le sérieux de certains communiqués officiels.

Passée maître dans l'art de la transparence sélective, l'Agence qualifiait déjà, une vingtaine de jours après les attentats du 11 septembre, au cours d'un point de presse officiel dont le compte rendu est daté du 5 octobre 2001, de «rumeurs sans fondement» des informations selon lesquelles la CIA «avait eu, dans le passé, des contacts avec Ben Laden et son entourage, notamment à l'époque de la guerre des Soviétiques en Afghanistan». Or, il se trouve que ce communiqué est en complète contradiction avec les déclarations de plusieurs représentants de l'administration américaine elle-même.

L'ancien directeur de la CIA Robert Gates affirme dans ses mémoires que les services américains ont commencé à aider les moudjahidin afghans, dont les amis d'Oussama Ben Laden, six mois avant l'intervention de l'armée soviétique. Cette affirmation, qui anéantit le communiqué de la CIA du 5 octobre 2001, a été confirmée à plusieurs reprises par Zbigniew Brzezinski, l'ancien conseiller à la Sécurité nationale du président Carter. Ce dernier précise : « Selon la version officielle de l'histoire, l'aide de la CIA aux Afghans a débuté courant 1980, c'est-à-dire après l'intervention soviétique du 24 décembre 1979. Mais la réalité gardée secrète jusqu'à présent est tout autre. » Et Brzezinski poursuit : « C'est le 3 juillet 1979 que le président Carter a signé la première directive sur l'assistance clandestine aux opposants du régime prosoviétique de Kaboul. Et ce jour-là j'ai écrit une note au président pour lui expliquer qu'à mon avis, cette aide allait entraîner une intervention militaire de Moscou. » Et l'ancien conseiller du président Carter n'est pas peu fier d'avoir ainsi contribué à précipiter l'ours russe dans le guêpier afghan. « Belle revanche en souvenir du Vietnam », aime-t-il ajouter.

Quoi qu'il en soit, l'agent Larry Mitchell est toujours en voyage de noces et, depuis les révélations de RFI et du *Figaro*, la presque totalité du personnel du consulat américain de Dubaï a été remplacée. A l'Hôpital américain, une enquête administrative interne a entraîné plusieurs licenciements secs et des modifications de la procédure d'admission des patients. Ces derniers ne peuvent plus être enregistrés sous des identités factices : passeport et fiche d'état civil sont désormais dûment exigés. La page du fichier des entrées concernant Oussama Ben Laden, sous le patronyme de Hassan al-Talal, a été détruite.

Quelques experts de la presse parisienne ont hâtivement et péremptoirement démenti l'information, comme quelques spécialistes de la spécialité, docteurs ès CIA, qui ont tendance à considérer ces questions sensibles comme relevant de leur seule compétence scientifique. Outre le fait que plusieurs services européens et arabes de renseignement ont confirmé la rencontre de Dubaï, la réaction d'autres observateurs privilégiés est très instructive et donne, peut-être, la vraie signification de cette étrange péripétie.

New York, le samedi 10 novembre 2001. Le chef de la diplomatie française Hubert Védrine vient de terminer son intervention à la tribune de la 56e session de l'Assemblée générale des Nations unies. Plusieurs journalistes l'accompagnent, dont l'auteur de ces lignes, à qui l'un des membres de la délégation française fait passer une note l'invitant à rappeler un numéro de téléphone portable, sans plus de précisions.

— Le prince aimerait vous voir, me dit l'interlocuteur dans un anglais parfait.

Rendez-vous est pris pour le soir même à l'hôtel Four Seasons, 57-57e Rue. Trois personnes strictement sanglées dans des costumes trois pièces sombres m'attendent et m'introduisent dans une suite du quatrième étage.

— Le prince va vous recevoir dans quelques minutes.

La télévision est allumée sur les images de CNN, mais le son coupé. Un homme à la quarantaine rondouillarde et joviale entre dans le salon et me serre la main chaleureusement. Il se présente comme l'un des conseillers de l'émir de Bahreïn. Le thé arrive. Mon interlocuteur, ayant précisé qu'il est sunnite, se livre à un réquisitoire, en règle contre l'Arabie Saoudite pendant une bonne vingtaine de minutes. Il explique ensuite que la rencontre de Dubaï a été organisée à l'initiative des services saoudiens, et plus précisément par le prince Turki al-Fayçal, chef du General Intelligence Department (GID) depuis 1977, limogé à la veille des attentats de septembre 2001.

Fournissant des détails précis recoupant à la perfection le récit de notre principal informateur de Dubaï, le prince indique que les Egyptiens qui suivent à la trace Ayman al-Zawahiri, le médecin personnel de Ben Laden, peuvent également confirmer ses dires. En organisant cette rencontre, conclut le prince, Turki pensait pouvoir amorcer une négociation directe entre le milliardaire saoudien et la CIA, portant sur un point essentiel : la cessation des hostilités engagées par Ben Laden et ses partisans contre les intérêts américains. En contrepartie, la CIA et les services saoudiens s'engageaient à favoriser le retour de Ben Laden dans son pays natal, bien qu'il soit déchu de la nationalité saoudienne depuis juillet 1994.

La rencontre de Dubaï fut donc un échec.

Au quatrième thé, le prince conseille de prendre en compte une autre négociation parallèle, autrement plus importante : celle que les Nations unies ont tentée à trois reprises avec les Taliban – en novembre 2000, mars 2001, et du 17 au 20 juillet 2001 (nous y reviendrons dans le prochain chapitre), tandis qu'avec l'aide du Pakistan le Département d'Etat américain essayait encore d'obtenir de Kaboul l'extradition d'Oussama Ben Laden, en échange d'importants contrats pétroliers et gaziers.

Depuis longtemps, la composition de la mouvance Ben Laden ressemble à la « lettre volée » d'Edgar Allan Poe, posée à la vue de tous, mais que personne ne veut vraiment voir. Pourquoi une telle cécité ? Parce que cette mouvance s'inscrit dans la filiation de groupes islamistes que l'Arabie Saoudite finance depuis le début des années cinquante, avec la bienveillance des Etats-Unis qui ont utilisé ces activistes contre Nasser, contre Arafat, contre l'armée soviétique en Afghanistan, puis, après la fin de la guerre froide, contre la Chine en Asie centrale. Depuis le début des années quatre-vingt-dix, l'un des enjeux réside dans la conquête des nouvelles routes du pétrole et du gaz de la mer Caspienne : c'est le retour du « grand jeu ».

CHAPITRE II

Le grand jeu trébuche à Berlin

> « Laissons Rudyard Kipling sur les étagères de l'histoire. Le grand jeu décrit dans *Kim* fut surtout un jeu à somme nulle. »
>
> STROBE TALBOTT, sous-secrétaire d'Etat américain (juillet 1997).

Islamabad, le 23 juillet 1998. Chargé de l'Asie du Sud au Département d'Etat américain, Karl Inderfurth doit rencontrer la presse locale à l'issue des deux heures d'entretien qu'il vient d'avoir avec le secrétaire général du ministère pakistanais des Affaires étrangères au sujet de la situation en Afghanistan. « Est-ce bien indispensable ? » demande-t-il au conseiller de l'ambassade qui l'accompagne. Difficile de faire autrement : les correspondants des agences internationales font aussi le pied de grue depuis plus d'une heure. Ils attendent un commentaire sur l'expulsion de Kaboul des organisations non gouvernementales, décrétée deux jours plus tôt par les Taliban.

Très emprunté, Karl Inderfurth commence son point de presse par un long laïus sur la volonté américaine de favoriser la reprise du dialogue entre les différentes factions afghanes, et l'appui de Washington au Premier ministre pakistanais pour un règlement du conflit. L'exercice a ses limites. Les questions fusent sur l'avenir humanitaire de la capitale afghane, le sort des femmes et la série d'interdictions émises par les Etudiants en théologie au pouvoir à Kaboul. « *No comment !* Je peux seulement répéter que les parties américaine et pakistanaise espèrent que la décision des Taliban concernant les ONG trouvera prochainement une issue favorable », se contente de bredouiller Karl Inderfurth avant de s'engouffrer dans sa limousine climatisée pour regagner l'ambassade. Les Pakistanais ne sont même pas invités à user de leur influence pour essayer d'amener les Taliban à une attitude plus conforme au droit humanitaire international et aux principes de base des conventions et de la charte des Nations unies. L'administration américaine n'ignore pourtant rien de la vraie nature de la dictature instaurée par les Taliban en Afghanistan.

Deux semaines avant la brillante prestation du sous-secrétaire d'Etat Inderfurth, à la différence des années précédentes, le représentant du régime de Kaboul en poste dans la capitale pakistanaise figurait parmi les invités d'honneur de l'ambassadeur américain, lors de la réception qu'il donnait à l'occasion de l'anniversaire de l'indépendance des Etats-Unis. Cette réception officielle restreinte, réunissant quelque deux cents personnes dont relativement peu de Pakistanais, ajouta au malaise ressenti par plusieurs diplomates européens et représentants des agences des Nations unies. En effet, au cours de la soirée, l'ambassadeur remercia publiquement le représentant taliban pour « sa présence et la coopération établie entre Kaboul et Washington lors de la dernière visite d'une délégation du Département d'Etat en avril 1998 ». Pendant les trois ans qui vont suivre, les administrations américaines successives entretiendront ces bonnes relations avec les Taliban.

Le 27 septembre 2000, le vice-ministre taliban des Affaires étrangères Abdul Rahman Zahid, lors d'une conférence au Middle East Institute de Washington, explique que « le cas Ben Laden devrait bientôt trouver une solution favorable » et que, par conséquent, plus rien ne s'oppose à une reconnaissance du régime de Kaboul par les Etats-Unis. Cinq mois plus tard, toujours persuadée qu'un accord est possible avec Kaboul, la Maison-Blanche gèle l'enquête en cours du FBI (Federal Bureau of Investigation) concernant l'attaque de la frégate américaine *USS Cole*, survenue dans le port d'Aden en octobre 2000. Et l'homme en charge du dossier Ben Laden au FBI, John O'Neil, est sommé de quitter le Yémen. Dégoûté, ce haut fonctionnaire loyal et efficace démissionne du FBI à la fin du mois d'août 2001 pour prendre les fonctions de chef de la sécurité du World Trade Center. Il disparaîtra sur les lieux de son nouveau travail le 11 septembre 2001.

En fait, bien plus que le sort personnel d'Oussama Ben Laden, l'enjeu des multiples tractations entre le gouvernement américain et l'Emirat islamique d'Afghanistan concerne prioritairement ce que les experts appellent « le nouveau grand jeu [1] », les immenses gisements gaziers et

1. C'est Kipling qui, dans son roman *Kim* (1901), popularise l'expression du « grand jeu ». On appelait ainsi, au XIXe siècle, le jeu d'ambitions entre Britanniques et Russes dans la région entourant l'Afghanistan. Après la décolonisation, les Américains remplacent la Grande-Bretagne pour contenir l'influence de l'Union soviétique, qui cherche toujours à se ménager un débouché vers les mers chaudes. Après le retrait de l'Armée rouge d'Afghanistan (15 février 1989), le « grand jeu » se recentre sur l'Iran et le Pakistan voisins, tandis que les islamistes soutenus par l'Arabie Saoudite deviennent un acteur déterminant. Aidés par Washington, les islamistes taliban qui prennent Kaboul le 26 septembre 1996 hébergent Oussama Ben Laden depuis qu'il a quitté son refuge soudanais, quelques mois auparavant.

pétroliers d'Asie centrale, et plus précisément les tracés des gazoducs et oléoducs à travers l'Afghanistan.

L'effondrement de l'Union soviétique a laissé un grand vide dans cette région fabuleusement riche. La Russie, la Turquie, l'Iran et les nouvelles républiques régionales, les Etats-Unis, l'Inde et la Chine rivalisent aujourd'hui pour imposer leur influence sur le champ de manœuvres du « nouveau grand jeu ». Impliquant une lutte sans merci où tous les coups sont permis, cette partie vise prioritairement la prise de contrôle des richesses locales naturelles, mais aussi des infrastructures à venir dans une région stratégique quasiment désertique, aux portes de la Chine.

Depuis 1995 – soit plus d'un an avant la prise de Kaboul par les Taliban –, les grandes compagnies gazières et pétrolières américaines se sont rassemblées au sein d'une structure ad hoc, la Foreign Oil Company, afin de mieux promouvoir leurs intérêts en Asie centrale. Cette organisation travaille en étroite collaboration avec le Conseil national de sécurité (NSC) et son spécialiste en énergies Sheila Heslin. L'inspecteur de cette officine semi-officielle n'est autre que Samuel Berger, également conseiller du NSC. Pour assurer une coordination directe avec les différents acteurs de l'exécutif américain, il a créé un comité interministériel spécial, incluant plusieurs agences de sécurité dont la CIA, expressément chargée de nouer des contacts, sinon d'acheter les chefs de tribu locaux, dont les dignitaires taliban.

Pour le gaz et le pétrole, le problème crucial réside moins dans la délimitation et l'exploitation des gisements que dans le choix des itinéraires d'acheminement de ces ressources vers les marchés mondiaux. La compagnie gazière américaine Unocal investit des millions de dollars dans un projet de gazoduc reliant la mer Caspienne au port de Karachi (Pakistan). Son tracé traverse de part en part le territoire afghan via le Turkménistan. Afin de sécuriser son projet, Unocal a versé « des sommes très importantes à fonds perdus », disent les experts, pour s'attacher les faveurs des Etudiants en théologie. La société a même dépêché sur place une cinquantaine de ses agents pour aider les cadres militaires taliban à se former à toutes les subtilités de la sécurité, reconnaît aujourd'hui un ancien responsable d'Unocal, qui goûte une retraite paisible sur les bords du lac Léman.

Le projet d'Unocal vers le Pakistan via l'Afghanistan est bien plus que le projet d'un simple gazoduc. Il induit un système régional complexe de partenariats économiques et militaires. Outre l'appui financier et sécuritaire qu'Unocal n'a cessé d'apporter aux milices taliban avec la bénédiction du Département d'Etat, la compagnie américaine a déjà réalisé de considérables investissements en études de faisabilité, et racheté les parts de la compagnie russe Gazprom. Une question d'importance subsiste sur la capacité technique et la volonté politique du Pakistan de concevoir un réel débouché pour ce gazoduc.

Plusieurs diplomates américains admettent que cette intervention des gaziers et des pétroliers les a dépossédés du dossier afghan, entraînant de fait une certaine privatisation de l'approche américaine de la région. Cette privatisation a créé l'illusion que les Taliban rêvaient d'un « pacte du *Quincy*[1] » afghan, qui imiterait l'accord amé-

1. Le 14 février 1945, le président américain Franklin Roosevelt rencontra le roi d'Arabie Ibn Séoud à bord du *Quincy*, un croiseur mouillé dans le Grand Lac Amer entre Port-Saïd et l'embouchure du canal de Suez. C'est lors de cet entretien que fut scellé l'accord pétrole saoudien contre protection américaine.

ricano-saoudien de la fin de la Seconde Guerre mondiale. Depuis le début, les tractations menées avec les Taliban relèvent de cette illusion géostratégique.

La deuxième guerre d'Afghanistan, déclenchée pour le contrôle de Kaboul dès le retrait des troupes soviétiques, et le sanctuaire terroriste talibano-pakistanais n'ont pas encore poussé toutes leurs logiques à terme. L'une d'elles, majeure, concerne justement la partie de poker menteur qui se joue pour la maîtrise des matières premières de la Caspienne. Le soutien constant apporté aux Taliban par le Pakistan, l'Arabie Saoudite et les Etats-Unis résistera-t-il à l'activisme « boomerang » de la mouvance terroriste sunnite, qui a commencé à se manifester dès la fin de la première guerre contre l'Irak en février 1991 ? Outre les intérêts gaziers et pétroliers que partagent les Américains et les Saoudiens, on touche ici au « principal intérêt de l'Amérique » selon Zbigniew Brzezinski, qui a toujours considéré l'alliance avec l'islamisme sunnite comme le plus puissant facteur d'influence stratégique dans cette région limitrophe de la Chine.

Washington y accroît sa présence, notamment à travers l'engagement des compagnies d'hydrocarbures et de leurs services de gardiennage. Chevron a investi 2 milliards de dollars au Kazakhstan et contrôle 38 % des consortiums pétroliers azerbaïdjanais. Mobil est aussi sur les rangs. Le Département d'Etat américain entend consolider cette politique en poursuivant trois objectifs principaux : un soutien inconditionnel à la souveraineté des Etats post-communistes ; ses propres intérêts économiques ; la diversification de l'approvisionnement énergétique. Pour ce faire, Washington s'appuie dès la fin de la guerre froide sur la Turquie, l'isolement provisoire de l'Iran et la montée en puissance de l'islamisme sunnite que la CIA a encouragée conformément à la doctrine Brzezinski. « Ce sont donc les Américains qui ont fait une percée en Asie centrale », explique le chercheur Olivier Roy, « essentiellement du fait des intérêts gaziers et pétroliers. Les compagnies Chevron et Unocal sont des acteurs politiques qui discutent d'égal à égal avec les Etats (c'est-à-dire avec les présidents). Les compagnies d'hydrocarbures sont amenées à jouer un rôle de plus en plus important dans la région. La prise du pouvoir par les Taliban en Afghanistan a été largement orchestrée par les services pakistanais et la compagnie gazière américaine Unocal, avec son alliée saoudienne Delta. Le tandem Aramco-dynastie saoudienne des années trente n'est pas loin, surtout au Turkménistan. [1] »

Comme les Etats-Unis, la Turquie mise, dans son ancienne aire d'influence qu'est l'Asie centrale, sur l'affirmation d'Etats indépendants convertis à l'économie de marché, émancipés de la tutelle russe et hors de l'influence de l'Iran. Ses intérêts économiques se concentrent également sur les réserves énergétiques et le projet de pipeline reliant Bakou (sur la Caspienne) au port turc de Ceyhan (sur la Méditerranée).

L'Iran est l'allié le plus important de la Russie dans le « nouveau grand jeu ». Les deux pays se considèrent mutuellement comme des contrepoids indispensables à la présence américaine grandissante sous ces latitudes. L'Iran, qui cherche à renforcer sa coopération économique avec les nouvelles républiques d'Asie centrale, a tout intérêt à travailler à la stabilité de la zone. Et c'est ce qu'il fait, non sans succès, en engageant sa médiation dans la guerre civile au Tadjikistan. Les objectifs décla-

1. Conversation avec l'auteur en mai 2000.

rés de Téhéran sont non seulement l'exploitation et le transport des richesses énergétiques de la Caspienne, mais aussi le rétablissement des anciennes voies commerciales de la Route de la soie vers la Chine.

Si la Route de la soie du Xinkiang triomphait des injures du temps, si la restauration de cet axe ancestral de communication devenait réalité, la Chine pourrait avoir en main la meilleure carte du « nouveau grand jeu ». L'Empire du milieu dispose de 1 700 kilomètres de frontières communes avec les républiques d'Asie centrale. Vue de Chine, la tête de pont de la nouvelle Route de la soie en direction de ces républiques et de l'Iran se situe autour des gisements pétroliers de la province du Xinkiang, au nord-ouest du pays. Majoritairement peuplé de musulmans sunnites ouïgours, le Xinkiang a vu son dispositif militaire considérablement renforcé, Pékin craignant un effet de contagion sur cette population turcophone après l'indépendance des républiques musulmanes d'ex-URSS. Le conflit tadjik a réveillé l'islamisme et le séparatisme des Ouïgours, qui détestent les Chinois. Deux organisations clandestines (sept selon les services de sécurité de Pékin) animent une lutte d'indépendance qui a connu un regain d'intensité depuis 1995.

Les Taliban, le pétrole et la Route de la soie : cette singulière trilogie prend naissance en Afghanistan, carrefour de la reconfiguration de l'Asie centrale. Actionnée par le Pakistan, l'Arabie Saoudite, l'affairisme effréné de l'administration américaine, les compagnies pétrolières et la CIA, l'onde de choc afghane se propage tout au long de l'ancienne et de la future Route de la soie. On ne peut guère douter, en effet, de la renaissance de ce grand axe de communication reliant l'Extrême-Orient à l'Extrême-Occident. Mais il faudra compter avec la persistance de l'islamisme sunnite, avec ses poussées fondamentalistes et terroristes, et avec ses contradictions.

Cette dangereuse situation s'enracine aussi dans les difficultés de la gestion des crises régionales, l'inadaptation des mécanismes internationaux et leur diplomatie préventive introuvable. Le retrait soviétique de l'Afghanistan, en février 1989, a fait place à une deuxième guerre meurtrière opposant les différentes composantes de la résistance afghane pour la maîtrise du pouvoir. Le désengagement de la communauté internationale, allié à la privatisation de la politique étrangère américaine, a favorisé la prise de Kaboul par les Taliban le 26 septembre 1996 et leur guerre sainte contre la Coalition du Nord, formée de Tadjiks, d'Ouzbeks et de Hazaras (chi'ites), mettant gravement en péril la stabilité régionale, notamment le long de la frontière avec l'Iran.

Depuis 1997, le Groupe dit des « six plus deux » fédère six voisins de l'Afghanistan (Iran, Pakistan, Chine, Ouzbékistan, Tadjikistan et Turkménistan), ainsi que la Russie et les Etats-Unis, sous la supervision des Nations unies. Le représentant du secrétaire général de l'ONU, le diplomate Lakhdar Brahimi, est un vieux routier des opérations de maintien de la paix. Lorsqu'il prend ses fonctions en juillet 1998, le Groupe six plus deux est condamné à observer la poursuite des succès militaires des Taliban, qui contrôlent la quasi-totalité du pays.

Une proposition de médiation se fait jour dans le milieu des partisans de l'ancien roi Zaher Shah, qui vit en exil à Rome depuis son renversement en 1973. Cette première éclaircie est jugée encourageante par Kofi Annan, le secrétaire général de l'ONU, devant le Conseil de sécurité : « La méthode informelle, pratiquée depuis longtemps en Afghanistan, préconisée par certains dirigeants de factions non belligérantes, ouvre une perspective d'avenir destinée à la recherche de l'organisation d'une *Loya Jirgah* – assemblée locale des chefs de tribu » – en juin 1999. Plusieurs réunions internationales vont se succéder sans grand résultat jusqu'à l'automne 1999, lorsque le Conseil de sécurité adopte une résolution qui exige de Kaboul l'extradition d'Oussama Ben Laden. Du 22 au 25 novembre à Rome, les partisans de Zaher Shah renouvellent leur tentative de faire avancer la convocation d'une *Loya Jirgah*. Compte tenu de l'enlisement du dossier, Lakhdar Brahimi démissionne. Il est remplacé le 17 janvier 2000 par un diplomate catalan, Francesc Vendrell. D'avril à juillet 2000, ce dernier rencontre tous les protagonistes afghans, régionaux et internationaux pour faire progresser l'option de la *Loya Jirgah*. Parallèlement, le sous-secrétaire d'Etat américain Karl Inderfurth continue de rendre visite à ses amis taliban pour leur demander l'extradition de Ben Laden.

Le 7 février 2000, le premier vice-ministre taliban des Affaires étrangères, le Maulawi Abdul Rahman Zahid, et le deuxième secrétaire au consulat général de Quetta (Pakistan) Sayyed Rahmatullah Hashemi, avaient été reçus, à leur demande au Quai d'Orsay par les diplomates qui suivaient le dossier afghan. D'emblée, le Maulawi Zahid affirma que les Taliban étaient victimes du terrorisme, le terrorisme ne faisant pas partie de la culture afghane. « Ces modes d'action n'ont pas été inventés par les Taliban », ajouta-t-il, « c'est un héritage du gouvernement précédent. » A propos de Ben Laden, il déclara que les Taliban avaient fait à plusieurs reprises des propositions aux Américains, avant et après les bombardements de septembre 1998 sur des camps afghans, mais que celles-ci avaient toutes été rejetées. « Les Américains veulent imposer leur volonté par la force », poursuivit le responsable taliban, « mais ils ne sont pas logiques avec eux-mêmes, puisqu'ils ont essayé d'éliminer Ben Laden avant d'essayer de le faire juger. Ils n'ont fourni aucune preuve de sa culpabilité. Et si ces dernières sont fournies à la nation afghane, alors Ben Laden pourra être jugé. »

Le 3 novembre 2000, Francesc Vendrell rend compte au Conseil de sécurité en précisant que les Taliban et la Coalition du Nord étudient un plan de paix sous l'égide du Groupe six plus deux. Mais au printemps 2001, cette amorce de discussion tourne court avec la destruction des deux bouddhas géants de Bamiyan. Les géants de pierre au sourire énigmatique, taillés à même le roc dans la falaise de Bamiyan il y a plus de 1 500 ans, ont été dynamités conformément à la fatwa (décret religieux) du chef des Taliban, le mollah Omar, exigeant la destruction de toutes les « idoles » pré-islamiques. Le ministre taliban des Affaires étrangères Wakil Ahmad Muttawakil explique que « cette démolition est une affaire religieuse interne, qui ne regarde pas les organisations étrangères ».

Parallèlement aux réunions très formelles du Groupe six plus deux, qui n'avancent décidément pas, un sous-groupe dit « de niveau deux » est créé. Supposé plus efficace, parce que resserré aux anciens ambassadeurs américains Robert Oakley et Tom Simons, respectivement collaborateur d'Unocal et dernier négociateur officiel avec Kaboul ; au chargé d'affaires russe pour l'Afghanistan Nikolaï Kozyrev ; à l'ancien ambassadeur d'Iran à l'ONU Saeed Rajai Khorassani et à l'ex-ministre pakistanais des Affaires étrangères Naiz Naik. Lors des deux premières réunions qui se tiennent à Berlin en novembre 2000 et mars 2001, ce groupe laisse entrevoir aux Taliban la possibilité d'un déblocage d'une aide internationale substantielle, contre une amélioration de la situation des droits de l'homme et la formation d'un gouvernement élargi à des représentants de la Coalition du Nord.

Robert Oakley insiste personnellement sur les perspectives de développement économique liées à la mise en chantier du gazoduc d'Unocal. Mais il ajoute aussitôt que « tout dépend du règlement du cas Ben Laden, sur lequel on peut négocier ». Washington est d'autant plus enclin à envisager des concessions que les membres les plus importants de la nouvelle administration issue de l'élection de George Bush proviennent presque tous des milieux pétroliers. Le vice-président Dick Cheney a présidé jusqu'en 2000 Halliburton, leader mondial des services pétroliers ; la conseillère à la Sécurité nationale Condoleezza Rice a passé neuf ans à la direction de Chevron, l'une des grandes majors. Le secrétaire d'Etat au commerce Donald Evans a fait toute sa carrière chez Tom Brown, ainsi que Spencer Abraham, le secrétaire à l'énergie. La sous-secrétaire au Commerce Kathleen Cooper était membre de la direction d'Exxon. Par ailleurs, Christina Rocca, directrice du bureau asiatique du Département d'Etat, chargée de superviser les discussions avec les Taliban, est une ancienne de la direction des opérations et du renseignement de la CIA.

Une troisième réunion a lieu, toujours à Berlin, entre le 17 et le 21 juillet 2001. Y participent le ministre taliban des Affaires étrangères Wakil Ahmad Muttawakil et le chargé des relations extérieures de la Coalition du Nord Abdullah Abdullah. La Coalition du Nord vient d'accepter la tenue future de la *Loya Jirgah* défendue par Zaher Shah. Mais, une nouvelle fois, la discussion tourne court. Les Taliban récusent la présence du représentant de l'ONU, Francesc Vendrell, responsable à leurs yeux de la prolongation des sanctions internationales qui frappent toujours l'Afghanistan. C'est alors que l'ancien ambassadeur américain Tom Simons durcit le ton et envisage clairement et pour la première fois une « intervention militaire ouverte » contre l'Afghanistan à partir de l'Ouzbékistan et du Tadjikistan, liés à Washington par des accords de coopération militaire. Interrogé dans « Pièces à conviction » sur France 3 le 18 octobre 2001, l'ancien ministre pakistanais des Affaires étrangères, qui assistait à la réunion, confirme : « Une fois le gouvernement élargi constitué, il y aurait eu une aide internationale (...) Ensuite le pipeline aurait pu arriver (...) L'ambassadeur Simons a indiqué qu'au cas où les Taliban ne se conduiraient pas comme il faut, et où le Pakistan échouerait à les faire se conduire comme il faut, les Américains pourraient envisager une autre option qualifiée de "non dissimulée" contre l'Afghanistan (...) Les mots utilisés étaient : "une option militaire". »

Le 28 juillet 2001, un important coup de filet a lieu à Dubaï. Selon les premières conclusions liées à cette arrestation, Ben Laden et ses partisans préparaient un attentat contre l'ambassade américaine à Paris. L'interdiction faite au FBI de rassembler des preuves impliquant la nébuleuse du milliardaire saoudien dans l'attaque menée contre l'*USS Cole* est levée en catastrophe. Le lendemain, Christina Rocca, mandatée par le gouvernement américain pour une ultime négociation du Département d'Etat avec le régime de Kaboul, rencontre à Islamabad l'ambassadeur taliban au Pakistan afin d'essayer de faire aboutir l'échange pipeline contre Ben Laden. Cette mission de la dernière chance échoue. En désespoir de cause, les Américains se retournent vers les Russes.

Le 27 novembre 2001, rapporte l'AFP, le secrétaire

américain à l'énergie Spencer Abraham est en Russie pour discuter de la situation des marchés pétroliers et inaugurer à Anapa, près du port de Novorossiisk, le nouvel oléoduc de la Caspienne (Caspian Pipeline Consortium, dit CPC) reliant le Kazakhstan à la côte russe de la mer Noire. Depuis Novorossiisk, le brut est chargé sur des pétroliers pour traverser la mer Noire et alimenter notamment les marchés méditerranéens. Le CPC, long de 1 500 kilomètres, achemine le pétrole du gisement géant de Tengiz (que le groupe américain Chevron détient à 50 %), à l'ouest du Kazakhstan, et a une capacité initiale d'acheminement de 28 millions de tonnes par an. Celle-ci pourra être portée ultérieurement à 67 millions de tonnes. Son inauguration est très importante pour le Kazakhstan, qui possède d'importants gisements de pétrole et de gaz mais dont les capacités à exporter sont limitées par le manque d'oléoducs et d'accès à la mer.

Spencer Abraham revient à Moscou tout de suite après l'inauguration pour des rencontres avec de nombreux responsables, en particulier les ministres de l'Energie, Igor Ioussoufov, et du Dévelopement économique, Guerman Gref. C'est l'idylle entre le Département d'Etat et le gouvernement russe. Mais le fiasco afghan n'a pas dit son dernier mot.

CHAPITRE III

Du rififi, toujours à Dubaï

« L'aéroport de Dubaï est le deuxième aéroport mondial pour le nombre des passagers en transit. »

ROLAND MARCHAL
(*Dubaï – cité globale*, novembre 2001).

Dubaï, le 28 juillet 2001. Cette fois, le chef de la police ne veut pas d'embrouille. Les ordres viennent directement du palais : pas question de renouveler les erreurs commises lors de l'affaire de l'hospitalisation d'Oussama Ben Laden, deux semaines auparavant. C'est mauvais pour les affaires. Le milliardaire saoudien a, du reste, quitté précipitamment l'émirat et il n'est pas près d'y remettre les pieds, se jure Son Excellence Dahi Khalfan Ben Damin, *Major General Chief Commander of Dubai Police,* qui n'aime pas les problèmes occasionnant fatalement du travail supplémentaire.

L'information est parvenue à ses services il y a tout juste trois jours. Elle émane directement des services secrets égyptiens, qui n'ont pas la réputation d'être des plaisantins en la matière : un responsable important de la mouvance Ben Laden doit transiter aujourd'hui même par l'aéroport de Dubaï. Cet homme est à la tête d'un réseau qui prépare un attentat en Europe. La police émiratienne a aussitôt alerté le résident de la CIA à Abu Dhabi, qui lui-même en a immédiatement référé à Langley. Un télégramme d'instructions est parvenu dans l'heure qui a suivi à l'ambassade américaine : en vertu de la coopération des polices de la région que s'efforce régulièrement de promouvoir la Ligue arabe, cet homme doit être impérativement arrêté. Suit une fiche de renseignements techniques et la mauvaise télécopie d'une photo d'identité. Enfin, la centrale exige d'être informée heure par heure de la suite des opérations.

Si ces données sont exactes, voilà une bonne occasion de redorer le blason de l'émirat, dont la presse internationale a trop parlé ces derniers temps, explique encore le chef de la police aux responsables de la sécurité de l'aéroport, qui se le tiendront pour dit : aucune défection ne sera tolérée.

Ce qui frappe en premier, ce sont ses yeux « verts comme l'émeraude ». Outre ce détail qui lui a valu son nom de guerre, « Soleil Vert », notre homme a ce qu'on appelle une gueule. Trente-six ans, français d'origine algérienne, Djamel Beghal présente son passeport au guichet de la douane émiratienne. Les consignes sont aussitôt appliquées à la lettre : prétextant un détail administratif de pure forme, le voyageur en provenance de Quetta (Pakistan) est accompagné au bureau attenant.

A peine la porte refermée, il est rudement saisi par deux hommes en uniforme. Un troisième lui passe les menottes, tandis qu'une pluie de coups s'abat sur son visage. En passe de perdre connaissance, il se sent transporté puis jeté dans un véhicule aux fenêtres grillagées. A l'issue d'un trajet qui a pu durer une cinquantaine de minutes – montre, ceinture et lacets de chaussures lui ont été confisqués –, il est jeté dans une cellule très sombre. Suivie en temps réel depuis le palais, l'affaire est d'importance. Djamel Beghal vient d'être transféré à l'état-major de la police des Emirats arabes unis à Abu Dhabi. La nuit à peine tombée, lorsque commence son premier interrogatoire, mené de manière tout aussi musclée.

Djamel Beghal est né le 4 mai 1965 à Bordj Bou Arreridj en Algérie. Marié à une Française, Sylvie, qui lui a donné trois enfants, il a vécu jusqu'en 1997 à Corbeil-Essonnes dans le quartier de l'Ermitage, un ensemble de barres HLM typique des grandes banlieues parisiennes. Les voisins de son trois-pièces-cuisine au rez-de-chaussée du bâtiment C-5, interrogés, tombent des nues et ne tarissent pas d'éloges sur ce couple sympathique, discret et sans histoires. « C'est à Corbeil-Essonnes, en 1994, qu'il est séduit par le discours du Takfir [1], ce mouvement extrémiste qui a joué un grand rôle dans beaucoup de vocations jihadistes. Il se rapproche de l'émir Tarek Ramadan, un prêcheur lié aux Frères musulmans égyptiens qui vit en Suisse et exerce une grande influence

---

1. Takfir Wal Hijra est une organisation fondée au milieu des années soixante-dix par l'ingénieur égyptien Choukri Ahmed Mustapha. Cette mouvance radicale s'inspire des thèses de Sayed Qotb (théoricien de la violence armée issu de la confrérie des Frères musulmans), et propose une rupture avec toutes les normes modernes de la société. Pour cela, le Takfir affiche un double objectif : abandonner une société « mécréante » et la remplacer par la Société des Salaf, fondée sur les vrais préceptes de l'islam. Dans ce sens, toute intégration de ses membres dans la fonction publique est rejetée, ainsi que la pratique du service militaire ou l'adhésion à l'école publique. Selon leur doctrine du repli sur soi, les takfiris ne prient pas dans les mosquées publiques et se divisent en cellules de six à sept personnes, dirigées par un émir, afin de protéger leur clandestinité (sur le salafisme, voir le chapitre XV : « Al-Qaïda n'existe pas ! »).

dans les milieux islamistes[1]. » Tarek Ramadan donne régulièrement des conférences au Centre islamique de Belgique, dans des mosquées des Pays-Bas et d'autres pays européens. Beghal commence alors, à son tour, à faire du prosélytisme dans plusieurs mosquées françaises.

D'autres témoignages font allusion à un séjour en prison et racontent comment la famille Beghal a soudain déménagé, en pleine nuit, sans crier gare.

En mars 1994, Beghal a été interpellé dans le cadre d'une opération massive menée contre les soutiens des Groupes islamiques armés (GIA) en France. A l'issue de quatre mois de prison, il est relâché sans avoir été condamné. Depuis, il est fiché et suivi par les Renseignements généraux et la DST comme activiste islamiste. Son départ précipité de Corbeil-Essonnes s'explique par la crainte d'une nouvelle interpellation : depuis Londres, des « frères » l'ont averti que la police française préparait une nouvelle vague d'arrestations. C'est donc tout naturellement dans la capitale britannique que la famille Beghal vient s'installer. Londres, rebaptisée « Londonistan », constitue l'un des centres de l'islamisme radical depuis de nombreuses années. Au début de la décennie quatre-vingt-dix, prédicateurs et activistes de tout poil ont élu domicile à un jet de pierre de la City, où de nombreuses structures financières subventionnent la guerre sainte dans plusieurs continents.

C'est justement dans la collecte de fonds que se spécialise Djamel Beghal, qui fait régulièrement la tournée des mosquées et des commerces entretenant des liens avec l'ACB (Algerian Community in Britain) afin de

1. Jean-Marie Pontaut et Marc Epstein, *Ils ont assassiné Massoud*, Robert Laffont, avril 2002.

recueillir de l'argent, officiellement destiné au financement d'aides humanitaires à destination de la Tchétchénie. VRP en cassettes vidéo, livres et brochures de propagande, il se déplace beaucoup entre la Belgique, les Pays-Bas, l'Allemagne et l'Espagne, revenant souvent à Corbeil-Essonnes où il est devenu une référence pour les islamistes du quartier.

Ses nombreux voyages communautaires le ramènent invariablement à Leicester, un centre industriel à quelque deux cents kilomètres de Londres, connu pour sa forte communauté musulmane et sa multitude de centres islamiques. Là, il fréquente une petite mosquée nommée Al-Taqwa – la piété –, gérée par un imam islamiste, Abu Abdallah. Etroitement surveillé par les services de Scotland Yard, ce dernier met Djamel Beghal en relation avec Abu Walid, le bras droit d'Abu Qatada et l'une des stars du Londonistan.

Ce Palestinien de nationalité jordanienne, né en 1960 à Bethléem et ayant vécu au Pakistan, est l'un des islamistes les plus surveillés de Grande-Bretagne. Il serait l'un des principaux représentants européens d'Oussama Ben Laden, chargé notamment de centraliser l'argent de la terreur. C'est ce personnage important qui organise, en novembre 2000, le départ de la famille Beghal au complet pour l'Afghanistan. On ne reverra plus Beghal en Europe.

A Abu Dhabi, entre deux passages à tabac, Beghal se demande ce qui a bien pu se produire. Ses geôliers lui apprennent la terrible vérité : il a été trahi par ses propres amis. En effet, l'information de son transit par l'aéroport de Dubaï a été transmise aux services secrets égyptiens par une officine de Peshawar (Pakistan), notoirement connue comme un bureau de représentation d'Oussama Ben Laden. En une fraction de seconde le monde de Djamel Beghal s'effondre. De plus en plus mal en point, il décide de tout balancer, non seulement pour se venger, mais aussi parce qu'il pense à sa famille, pour laquelle les Emiratiens prédisent un destin des plus sombres.

Un fonctionnaire de la CIA en poste à Abu Dhabi assiste à la confession, mais aucun fonctionnaire français, malgré la nationalité de Beghal.

Ces dernières années, en Afghanistan, Beghal a suivi une formation militaire dans différents camps contrôlés par les partisans de Ben Laden au sud du pays, aux environs de Kandahar. A la fin de cette formation, ses maîtres l'ont convoqué dans le saint des saints, le quartier général de Zhawar Kili al-Badr, où il a rencontré l'un des principaux lieutenants du cheikh saoudien, Abu Zoubeïda, qui lui aurait solennellement annoncé : « Le temps de l'action est venu. » Ce témoignage est tiré d'un procès-verbal de six pages, rédigé en arabe, enrichi par la suite d'une multitude de détails donnés par Beghal.

« Il m'a demandé si j'étais prêt pour l'ultime sacrifice. J'ai répondu par l'affirmative. J'ai alors demandé en quoi consistait ma mission. Il m'a répondu qu'il s'agissait de faire exploser l'ambassade des Etats-Unis à Paris. Ensuite, et pour clore l'entretien, il m'a remis trois objets en me précisant que c'étaient des cadeaux personnels du cheikh : un cure-dents, un chapelet et un flacon d'encens. Dans le cadre de cette opération contre l'ambassade américaine – nous devions réitérer la même opération que celles menées à Nairobi et Dar es-Salaam en 1998 –, je devais assumer l'ensemble de la préparation : reconnaissance des lieux, repérage de la surveillance électronique et humaine, horaires des relèves, etc. L'attaque devait être menée avec une camionnette achetée au Salon de l'Auto. Le véhicule devait être chargé d'explosifs, la bombe étant déclenchée par le chauffeur qui était d'ores et déjà acquis à l'idée de son martyre, arrivant lui-même au terme d'une formation qui le préparait à cela depuis plusieurs années. »

Djamel Beghal ajoute que, de l'aéroport de Dubaï, il devait gagner Rabat (Maroc) où l'attendaient 350 000 francs. Là, il aurait « égaré » son passeport pour effacer toute trace de ses séjours au Pakistan et en Afghanistan, avant de gagner Paris en empruntant une filière espagnole.

Le parallèle fait par Beghal entre ce projet d'attentat parisien et les attentats commis contre les ambassades des Etats-Unis au Kenya et en Tanzanie le 7 août 1998 glace le sang du résident de la CIA à Abu Dhabi. Aussitôt transmise à Washington, cette information met, si l'on peut dire, le feu aux poudres et déclenche un vent de panique dans la communauté américaine du renseignement. L'effet est d'autant plus ravageur que les négociations de Berlin avec les Taliban[1] ont échoué et que la Maison-Blanche vient de lever son interdiction d'enquêter sur la nébuleuse Ben Laden – interdiction qui avait pour but de protéger les improbables pourparlers qui se déroulaient entre autres dans la capitale allemande.

Le but recherché est atteint au-delà de toute espérance. Le leurre de l'attentat en préparation contre l'ambassade des Etats-Unis à Paris fonctionne à mille pour cent. Loin, très loin d'imaginer qu'une attaque d'envergure se prépare sur leur propre territoire, tous les services américains sont concentrés sur la protection de cibles potentielles à l'étranger. Et l'arrestation de Dubaï ne fait que conforter cette thèse. « Aujourd'hui, avec le recul », explique un haut responsable français du contre-terrorisme, « nous sommes pratiquement certains que Djamel

1. Voir le chapitre précédent : « Le grand jeu trébuche à Berlin ».

Beghal a été délibérément livré par ses propres chefs afin de faire diversion. Nous sommes à peu près sûrs que l'arrestation de Dubaï a bel et bien été provoquée par Abu Zoubeïda lui-même, afin de couvrir la logistique des attentats du 11 septembre 2001. »

Cette analyse en confirme une autre. Au sein de la mouvance Ben Laden, les postes de responsabilité sont toujours occupés soit par des Saoudiens ou des Pakistanais, soit par des Egyptiens, les Maghrébins étant toujours relégués à des postes mineurs et à des fonctions d'exécutants. Les Algériens, les Marocains et les Tunisiens ne sont pas jugés suffisamment fiables, en effet, pour exercer des tâches de commandement et de coordination. Cette hiérarchisation ne recouvre pas qu'une division technique du travail, mais traduit également une différenciation d'ordre théologique : ils sont cantonnés aux rôles de porteurs de valises, collecteurs de fonds ou exécutants de base parce que leur dévotion à la cause de la guerre sainte n'est pas jugée sans faille. A priori, les Maghrébins sont considérés comme des musulmans devant encore faire leurs preuves pour être dignes de l'honneur d'un combat qui doit être mené jusqu'au sacrifice suprême.

Toujours est-il que les aveux vengeurs de Djamel Beghal provoquent l'ouverture d'une série d'enquêtes dans plusieurs pays européens. Celles-ci mettent en cause des réseaux en déshérence, anciennement liés aux GIA algériens, ou des convertis, le plus souvent purs produits de l'islamisme européen. Djamel Beghal livre la totalité de ce qui ressemble à un vrai réseau, à commencer par l'identité du chauffeur de la camionnette, qui devait mourir en déclenchant la charge meurtrière : Nizar Trabelsi.

Ce Tunisien de 31 ans, né à Sfax, est un ancien joueur professionnel de football qui, de relégation en relégation, a progressivement basculé dans la toxicomanie et le trafic de stupéfiants. Après avoir vécu d'expédients entre l'Allemagne et la France, il finit par s'établir en Belgique où il découvre la vraie foi et se marie avec une Marocaine arrivant de Corse. Trabelsi se retrouve lui aussi en Afghanistan dans un camp d'entraînement au jihad. C'est en fin de formation qu'il fait la connaissance de Beghal.

En perquisitionnant à son domicile, la police belge découvre une mitraillette Uzi et différents imprimés expliquant la marche à suivre pour confectionner trois types d'explosifs : peroxyde d'azote, nitroglycérine et nitrate d'ammonium. Dans un restaurant égyptien que fréquente l'ancien footballeur, les policiers font également main basse sur 60 kilos de soufre et 50 kilos d'acétone, ingrédients figurant sur les fiches techniques découvertes à son domicile.

Durant sa confession d'Abu Dhabi, Djamel Beghal livre également les frères Cortailler, deux Savoyards convertis natifs de La Roche-sur-Foron, près d'Annecy, dont il avait aussi fait la connaissance en Afghanistan. Fils d'un boucher-charcutier honorablement connu dans la petite localité de Haute-Savoie, Jérôme, âgé de 27 ans, est arrêté à Rotterdam. Chez lui, les inspecteurs de l'AIV (les services néerlandais) découvrent de faux papiers et une machine à fabriquer des cartes de crédit. Son frère cadet David, comptable de formation, s'est lui aussi converti à l'islam durant un séjour à Londres. Il est arrêté en 1999 par la DST à son retour d'Afghanistan. Interné pendant six mois, il est remis en liberté sous contrôle judiciaire.

Interviewé par *Le Nouvel Observateur*, David explique sa formation afghane : « Au début c'était sympa, mais après c'est devenu lassant. (...) Moi, je considérais cet entraînement comme une sorte de service militaire. On apprend le maniement des armes, on s'entraîne, il n'y a rien d'extraordinaire. Je n'ai rencontré personne d'important et surtout pas Ben Laden, ni l'un de ses adjoints comme on le dit. Franchement, je ne savais pas ce qu'ils attendaient de moi. J'y suis resté quelques mois, entre septembre 1997 et avril 1998, et puis je suis rentré chez moi. »

Le beau-frère de Beghal, le jeune Johan Bonte qui a tout juste 20 ans, est lui aussi un converti. Ancien petit délinquant de Corbeil-Essonnes, il a rejoint Djamel en Grande-Bretagne. C'est là qu'il a embrassé la religion du prophète : « C'est comme ça, dit-il, que ma dérive a pris fin, que ma vie a enfin pris sens. » Johan Bonte fréquente un autre converti devenu son protecteur, Jean-Marc Grandvisir, qui se fait appeler « Oussama ». Animateur social, et plus précisément « médiateur de rue » à la municipalité de Corbeil-Essonnes, Grandvisir est un admirateur inconditionnel de Beghal. Il assure la liaison avec un autre groupe installé à Chilly-Mazarin, à une vingtaine de kilomètres de Corbeil.

Suivant toujours les indications données par Beghal, la DST identifie un nommé Nabil Bounour – encore un ex-« Afghan » – qui devait se charger de l'achat et de la préparation de la camionnette avec Trabelsi. Ce personnage-clé mène les inspecteurs à un autre rouage essentiel du réseau : Kamel Daoudi, 27 ans, né en Algérie, qui occupe l'ancien appartement de Beghal à Corbeil. Conséquence de la médiatisation de l'arrestation de Dubaï, Grandvisir a déposé Daoudi dans une gare, où il a pris une correspondance pour l'Eurostar à destination de Londres. Il y sera arrêté avant d'être remis aux enquêteurs français.

Dans l'ancien appartement de Beghal, les policiers saisissent plusieurs téléphones portables et des ordinateurs. Ancien employé de la mairie d'Athis-Mons où il s'est occupé d'un cyber-café avant d'être licencié pour absentéisme répété, Kamel Daoudi serait l'informaticien de la bande, chargé d'assurer les communications entre le réseau Beghal et l'Afghanistan. L'informaticien a fait ses classes, comme les autres, dans un camp de la région de Kandahar. Il rentre d'Afghanistan en juillet 2001, comme Trabelsi et Beghal, pour « accomplir une importante mission en France ».

Quelques jours après l'arrestation de Nizar Trabelsi et Kamel Daoudi, six islamistes algériens sont interpellés en Espagne. Ils revendiquent tous leur appartenance au GSPC – le Groupe salafiste pour la prédication et le combat –, une scission des GIA qui, selon la sécurité militaire algérienne, serait une faction de la mouvance Ben Laden. En perquisitionnant à leurs domiciles, les policiers espagnols saisissent plusieurs dizaines de cassettes vidéo tournées dans des camps d'entraînement en Afghanistan et au Pakistan. Ces bandes expliquent comment confectionner des bombes, monter des embuscades et exécuter les ennemis à l'arme blanche. L'un des six activistes connaît bien Trabelsi, et la DST estime qu'il pourrait s'agir du copilote kamikaze de la camionnette qui devait exploser contre l'ambassade des Etats-Unis à Paris.

L'Espagne n'a jamais constitué, à proprement parler, une base active de l'islamisme européen mais, comme le rappelle Djamel Beghal, différentes filières clandestines y assurent l'entrée en Europe par le Maroc. Plusieurs sociétés de manœuvres agricoles assurent la mise au vert des « frères » qui connaissent des problèmes dans d'autres pays européens. En Allemagne, le BKA (Bureau fédéral de la criminalité) a pris la mesure de la tâche depuis que Rabah Kébir, le chef de l'IEFE – l'instance exécutive du Front islamique du salut –, s'est installé à Bonn après avoir obtenu l'asile politique. Aux Pays-Bas, l'arrestation de Jérôme Cortailler a réveillé les autorités de leur sommeil dogmatique, tout empreint d'un sens aigu de la tolérance né au siècle d'or.

« Dans notre pays, au moins dix musulmans radicaux recrutent de jeunes coreligionnaires néerlandais pour le combat islamiste », titre sur toute la largeur de sa une le *Volkskrant* du 10 décembre 2002. « On prépare quelques dizaines de jeunes, surtout d'origine marocaine, au jihad. » C'est ce qu'affirme l'AIVD, Service général de renseignement et de sécurité, dans son rapport « *Rekrutering in Nederland voor de jihad – van incident naar trend* » (recrutement aux Pays-Bas pour le jihad – de l'incident à la tendance) remis la veille au Premier ministre. Le service observe « l'enracinement insidieux d'un courant islamiste radical et violent dans la société néerlandaise ». Les Pays-Bas se trouvent au premier chaînon d'un processus qui peut déboucher sur la violence et le terrorisme, déclare à La Haye le chef de l'AIVD, Van Hulst.

« Des musulmans radicaux essaient d'empêcher la participation à part entière des musulmans à la vie néerlandaise. Ils le font en appliquant une stratégie de provocation. Ils cherchent à couper les musulmans de la société néerlandaise en démonisant globalement ce qu'ils appellent l'Occident et son mode de vie décadent. Parmi les Néerlandais, on attise l'hostilité envers les musulmans en confondant délibérément l'islamisme et l'islam », affirme le rapport. « Cette évolution caractérise la totalité des pays européens », relève encore Van Hulst, qui conclut : « Il n'y a pas, pour l'instant, de menace concrète d'attentat visant les Pays-Bas. »

S'agissant toujours du recrutement détaillé par le rapport de l'AIVD, l'éditorialiste du *NRC-Handelsblad* estime qu'il est « un symptôme de l'apartheid volontaire pratiqué au sein des communautés allochtones, contre lequel certaines voix se sont élevées depuis une dizaine d'années déjà. Le fait qu'on ne puisse manifestement plus considérer ce processus d'extrême repli sur soi – souvent chez des jeunes qui possèdent la nationalité néerlandaise et maîtrisent mieux le néerlandais que l'arabe – comme un incident marginal ne laisse rien présager de bon. C'est à juste titre que le gouvernement – d'ailleurs pas pour la première fois – appelle les organisations musulmanes des Pays-Bas à prendre clairement position contre l'extrémisme, dans leur propre milieu. Cette attitude, quoique nécessaire, ne représente pourtant qu'un aspect du problème. L'AIVD signale aussi un manque d'acceptation, sinon un rejet des minorités par la population locale, comme développant le terreau des logiques d'exclusion propices aux agents recruteurs. Il est inévitable, par conséquent, qu'on soit amené à poser des questions embarrassantes concernant la politique néerlandaise d'intégration. Ces questions concernent, en premier lieu, la jungle de dispositions spéciales à l'usage des minorités, y compris une véritable industrie de l'intégration. On pense au réseau d'organisations et de consultants que ce système génère et entretient ».

Le journal néerlandais du soir juge, cependant, « trop simpliste de renoncer à cette politique spécifique des minorités, comme plusieurs responsables politiques l'ont suggéré. Indépendamment de la liberté fondamentale d'association, les organisations musulmanes sont nécessaires pour atteindre les gens avant que les recruteurs ne le fassent », conclut le *NRC-Handelsblad*. Le débat est loin d'être clos et traverse, peu ou prou, l'ensemble des pays européens. Mais l'affaire Beghal, comme d'autres enquêtes ayant abouti au démantèlement de réseaux islamistes en Europe, liés la plupart du temps à des organisations algériennes en déshérence, aboutit à un constat relativement rassurant, à savoir l'absence de réseaux Ben Laden opérationnels en Europe.

Recyclant des guerriers perdus de la cause islamiste algérienne, les « réseaux européens » ne s'enracinent pas dans un terreau extérieur et avec un commandement central afghano-pakistanais ramenant fatalement à Oussama Ben Laden, mais sont suscités par le prosélytisme local de recruteurs et d'agents d'influence, le plus souvent nés et formés en Europe. Certes, les potentialités de recrutement européen (dans les diasporas ou parmi les convertis) débouchent souvent dans des camps de formation militaire situés au Pakistan, en Afghanistan, voire en Tchétchénie, mais ces flux s'effectuent dans la plupart des cas à sens unique, sans générer en retour de sanctuaires durables en Europe. Ces flux à sens unique s'expliquent par des facteurs spécifiquement locaux, comme l'illustre l'exemple néerlandais.

Par leurs prêches antioccidentaux et leurs consignes de non-intégration, nombre d'imams attachés à des mosquées d'Europe travaillent méthodiquement et avec assiduité à la diffusion d'une violence symbolique : s'ils prennent garde de ne pas excéder les cadres formels des lois en vigueur, ils visent très clairement, à terme, le passage à l'acte de la part de jeunes en rupture d'emploi ou, plus sérieusement encore, de cadres familiaux et identitaires.

En Belgique, cette problématique de la responsabilité des prédicateurs locaux a rebondi avec une acuité particulière le 23 mai 2003, lors de l'ouverture du procès de vingt-trois islamistes dont certains ont participé à l'assassinat du « Lion du Panchir », Ahmed Shah Massoud, le héros de la résistance afghane qui s'est illustré contre les Soviétiques, puis contre les Taliban. Ce dernier a été tué par deux faux journalistes, deux jours avant les attentats du 11 septembre 2001. L'un des deux avait été formé dans une mosquée de Bruxelles.

CHAPITRE IV

Le « Lion du Panchir » assassiné

> « Toutes les idées religieuses qui modèlent l'imaginaire et le contenu de l'esprit humain, et déterminent l'action de la volonté humaine, sont totalitaires potentiellement ou par leur principe. Elles doivent chercher à imposer leurs propres valeurs et leurs règles à toutes les activités et toutes les institutions sociales, des écoles primaires à la loi et au gouvernement. »
>
> SAÏD RAMADAN
> (*Islamic Law – Its scope and equity*, 1961).

Bruxelles, le 22 mai 2003. Vingt-trois activistes islamistes comparaissent pour une première audience devant le tribunal correctionnel. C'est le plus important procès antiterroriste qu'ait connu la Belgique. Parmi les prévenus, dont six sont installés dans une cage de verre blindée qui tranche avec les tentures or et bordeaux de la grande salle d'assises, trois figures se détachent : l'ex-footballeur Nizar Trabelsi, accusé d'appartenance au réseau Beghal, Tarek Maaroufi, 38 ans, Belge d'origine tunisienne déjà condamné en 1995 pour ses liens avec les GIA algériens, et soupçonné avec son compagnon d'origine algérienne Amor Sliti d'avoir participé à la préparation de l'assassinat du commandant Massoud, commis deux jours avant les attentats du 11 septembre 2001. Les noms d'Amor Sliti et de Tarek Maaroufi apparaissent aussi bien dans le dossier Trabelsi que dans l'affaire Massoud. La justice belge a donc décidé d'instruire les deux dossiers en même temps.

Illustrant l'un des rouages des coulisses de la terreur, cette affaire est exemplaire à plus d'un titre. En effet, si les assassins du commandant Massoud ont été entraînés militairement en Afghanistan dans les camps de la mouvance Ben Laden, ils ont été formés religieusement et idéologiquement en Europe, par des prédicateurs connus, médiatisés et, le plus souvent, présentés comme des « rénovateurs », sinon des fondateurs d'un islam européen.

La présidente du tribunal Claire de Gryse procède avec retard à l'appel des prévenus, parce que « M. Trabelsi est en prière ». Les charges retenues vont du trafic d'armes à la falsification de passeports, en passant par le recrutement de candidats à l'entraînement paramilitaire « au profit d'une armée ou d'une troupe étrangère ». Cette première journée d'audience permet d'esquisser les contours d'un réseau islamiste européen localisé notamment à Bruxelles, Hambourg et Londres depuis 1997. Sa principale activité consiste à recruter, puis acheminer vers les camps d'entraînement d'Asie centrale des candidats européens au jihad, munis de faux passeports de pays européens. C'est avec des titres de voyage belges falsifiés par ce groupe que les deux assassins de Massoud sont parvenus à entrer en Afghanistan, où séjourne d'ailleurs à ce moment-là Amor Sliti.

Tarek Maaroufi, qui a également séjourné en Afghanistan en 2000, est lui aussi soupçonné d'être impliqué dans la préparation de l'assassinat du commandant Massoud. Le nom d'un des deux faux journalistes qui ont commis l'assassinat revient sans cesse dans l'affaire des faux passeports : Abdessatar Dahmane, ressortissant tunisien dont la femme Malika comparaît aussi à Bruxelles, est directement issu de ce réseau européen. Malika, dont la journaliste belge Marie-Rose Armesto a reconstitué précisément l'histoire[1], est née au Maroc. Cette belle jeune femme d'une quarantaine d'années est le produit type de l'islamisme européen. Ses parents ont émigré en Belgique à la fin des années soixante. En proie à toutes les difficultés d'une adolescence libérée, elle n'aspire qu'à s'émanciper du giron familial. Ses sorties nocturnes provoquent la réprobation paternelle et des conflits de plus en plus fréquents. Enceinte, elle choisit de garder et d'élever seule son enfant. Factures et dettes s'accumulent. Galère connue, aussi rude que banale.

Au milieu des années quatre-vingt-dix, une amie lui conseille de s'adresser au Centre islamique belge (CIB) : « Le cheikh Bassam t'aidera sûrement. C'est un homme de bien qui ne laisse jamais tomber une sœur ou un frère dans la difficulté. » Effectivement, ses factures sont immédiatement réglées par le Centre et elle y trouve une famille d'adoption. Un jour, le cheikh Bassam la prend à part et lui explique qu'une femme de son âge ne peut rester seule. C'est ainsi que sont organisés la rencontre, puis le mariage avec Abdessatar Dahmane.

Ce recadrage domestique, affectif et religieux convient parfaitement à sa nouvelle vie, qui se déroule désormais entre son appartement et le Centre islamique belge où

1. Marie-Rose Armesto, *Mon mari a tué Massoud*, Belfond, 2002.

elle accompagne son mari aux conférences du prédicateur suisse Tarek Ramadan. D'origine égyptienne, ce petit-fils de Hassan al-Banna – le fondateur de la confrérie des Frères musulmans – est l'un des orateurs les plus prisés par le CIB. Les jeunes apprécient notamment son ton complice de grand frère compréhensif et protecteur. Prônant notamment la défiance envers un Occident monolithiquement corrompu, les prêches de Tarek Ramadan, reproduits en cassettes audio et vidéo, sont diffusés dans la plupart des mosquées d'Europe. Inattaquable devant les tribunaux, cette violence symbolique n'en produit pas moins de ravages [1].

Dans la logique de ces cours du soir très particuliers, Dahmane passe désormais son temps à travailler pour la cause de la guerre sainte. Il participe, avec d'autres habitués du CIB, aux collectes de fonds et au trafic de faux papiers, la grande spécialité des islamistes installés en Belgique. Sliti, l'homme à tout faire, assure l'intendance,

---

1. Dans la rubrique « En baisse » du *Nouvel Observateur* du 26 juin-2 juillet 2003, on peut lire : « Tarek Ramadan, l'un des prédicateurs musulmans les plus écoutés en Europe, a perdu son procès en diffamation contre Antoine Sfeir, directeur des *Cahiers de l'Orient*, qui l'avait traité de « fondamentaliste charmeur, spécialiste du double langage ». La cour a estimé que Tarek Ramadan pouvait « porter une responsabilité, peut-être morale, en faisant naître dans certains esprits une vocation terroriste ».

Par ailleurs, le quotidien suisse *Le Matin* rapporte dans son édition du 13 juillet 2003 que « le Genevois Tarek Ramadan est soupçonné d'avoir été en relation avec le réseau terroriste Al-Qaïda. Le document qui le révèle émane de la Direction générale de la police espagnole. Il concerne en fait l'Algérien Ahmed Brahim, 58 ans, emprisonné depuis avril 2002, et suspecté d'être le responsable des finances d'Al-Qaïda en Espagne. L'enquête l'accuse d'avoir utilisé diverses couvertures financières : opérations boursières, achat et vente de matériel informatique. La cellule de renseignement financier du Luxembourg a bloqué en octobre 2001 quelque deux millions d'euros sur l'un de ses comptes. Parmi les "contacts habituels" d'Ahmed Brahim en 2000, la Direction générale de la police espagnole mentionne Tarek Ramadan ».

tandis que Tarek Maaroufi apparaît comme le penseur du groupe. A force d'organiser des voyages à destination de l'Afghanistan pour des frères désireux de connaître le frisson du jihad, les trois hommes rêvent eux aussi du grand départ. Toujours à Bruxelles, les trois amis font la connaissance d'un autre Tunisien, très jeune mais tout aussi militant. Ce sera le « cameraman » de Dahmane, le deuxième homme du commando suicide lancé contre Massoud.

Né à Sousse, Bouari al-Ouaer, que tout le monde appelle Rachid, a déjà une expérience militaire qui date d'un séjour en Tchétchénie. Il ne rêve que d'une chose : repartir. Et cette fois en Afghanistan. C'est chose faite en décembre 1999, dans le sillage de la famille Sliti qui vient de s'y installer, et en empruntant la même filière qui, bien sûr, part de Londres. Avant de quitter Bruxelles, il fait le serment de partir en éclaireur afin de préparer « le plus vite possible », dit-il, l'arrivée de Dahmane.

Khodja Bahauddine, le 9 septembre 2001. Proche de la frontière avec le Tadjikistan, cette petite bourgade afghane est devenue depuis la chute de Taloqan la grande ville de la région, la capitale administrative de la résistance aux Taliban. De là, Massoud et son état-major préparent la contre-offensive avec l'appui du général Dostom, le tristement célèbre chef de guerre ouzbek redevenu, depuis peu, son allié contre les Etudiants en théologie. Le chef de la Coalition du Nord est inquiet et se demande comment remettre sur pied une armée avant le début de l'hiver. Plus que jamais, les Taliban bénéficient du soutien financier et militaire d'Oussama Ben Laden, mais aussi de l'apport logistique en moyens de transport et artillerie lourde des services secrets de l'armée pakistanaise.

Les passeports belges avec visa pakistanais à plusieurs entrées auraient dû, logiquement, attirer l'attention de la sécurité du commandant Massoud. En effet, pour gagner la vallée du Panchir, les visiteurs de Massoud empruntent habituellement la voie nord par Douchanbé (Tadjikistan). Se faisant passer pour des journalistes marocains mandatés par la société Arabic News International, basée à Londres, Abdessatar Dahmane et Bouari al-Ouaer sont passés par le sud, à travers les lignes des Taliban. Après avoir attendu une dizaine de jours, ils pourront rencontrer le commandant. Le 9 septembre 2001, rendez-vous est pris en fin de matinée. Avant l'interview, les deux « journalistes » se rendent aux toilettes pour amorcer la bombe, dissimulée dans la ceinture-batterie supposée alimenter la caméra.

Il est 12 h 20 lorsqu'une forte explosion retentit en plein centre de Khodja Bahauddine. La maison dans laquelle se déroulait l'entretien est en feu. Le pseudo-cameraman a été tué sur le coup. Sauvé par la table qui le séparait de Massoud, Abdessatar Dahmane a miraculeusement survécu. Il s'échappe par une fenêtre avant d'être rattrapé par un garde, jamais identifié, et abattu sur-le-champ, ce qui privera les enquêteurs d'un témoignage capital qui aurait pu élucider toute la préparation de l'assassinat. Grièvement blessé à la tête, le commandant Massoud est transporté en voiture, puis évacué dans un hélicoptère militaire russe. Il meurt vraisemblablement avant même d'être hissé à bord de l'appareil. Après un vol d'une vingtaine de minutes, l'hélicoptère se pose à Parkhar, un hôpital militaire de la Coalition du Nord. La civière du commandant est immédiatement transportée en salle de réanimation. Les médecins constatent que le héros de la guerre contre les Soviétiques et les Taliban, le commandant Ahmed Shah Massoud, surnommé le « Lion du Panchir », est mort.

Son bras droit, le général Mohammed Fahim, le chef des services de sécurité de la Coalition Aref Sarwary et le responsable des relations extérieures Abdullah Abdullah décident de garder le secret pour ne pas provoquer la panique et risquer l'effondrement des unités qui sécurisent la ligne de front face aux Taliban. Le 11 septembre, la nouvelle des attentats de New York et Washington se propage comme l'éclair dans le monde entier. En regardant les images télévisées des décombres du World Trade Center, les amis de Massoud comprennent immédiatement que leurs ennemis irréductibles sont derrière ce cataclysme. Pendant six jours, le secret de la mort du commandant est préservé. Le 15 septembre 2001, des bruits courent sur sa mort à Moscou, New Delhi, Londres et Lausanne, lorsqu'un communiqué officiel de la Coalition est publié à Faizabad, dans la province du Badakhshan, au nord de l'Afghanistan : « Le commandant Massoud est mort ce matin ».

Avant de disparaître à l'âge de 48 ans, le commandant Massoud était depuis longtemps déjà une icône vivante, jouissant de l'admiration de milliers d'adeptes, à Paris notamment où ses thuriféraires se gardent d'admettre que la figure emblématique de la résistance afghane a aussi sa face d'ombre. Statufié comme un Montesquieu d'Asie centrale, par quelques nouveaux philosophes pressés, salué comme le symbole démocratique des montagnes afghanes, Ahmed Shah Massoud n'est pourtant pas, et de loin, le Vicaire savoyard de Jean-Jacques Rousseau. C'est dans ses camps retranchés de la vallée du Panchir qu'ont été formés nombre de tueurs des GIA algériens. C'est dans son entourage direct que plusieurs responsables importants de la confrérie des Frères musulmans sont venus prendre des instructions, afin de répandre un islamisme prétendument modéré dans plusieurs pays du Proche-Orient et d'Europe.

Horrifiés par de telles malignités, pourtant établies à leur niveau de faits et confirmées par les sources les plus sûres, les activistes infatigables de la massoudolâtrie version Saint-Germain-des-Prés ne contribuent guère à la compréhension de la réalité. Ils alimentent sans relâche la légende selon laquelle l'assassinat de Massoud a été l'élément déclencheur des attentats du 11 septembre 2001, légende grotesque pour deux raisons. La première est le délai imprévisible imposé aux deux assassins pseudo-journalistes avant qu'ils ne rencontrent Massoud. Tributaire des urgences militaires du commandement du front nord de l'Afghanistan, leur attente de neuf jours aurait pu encore s'allonger. Les deux jours d'écart entre l'assassinat de Massoud et les attentats de New York et Washington sont donc le simple fait du hasard.

Par ailleurs, les commanditaires de l'assassinat, responsables de la formation et de l'envoi en mission des deux pseudo-journalistes, ne semblent guère s'être fait d'illusions sur les chances de réussite de cette entreprise, considérée comme une sorte de bouteille à la mer. C'est pourquoi, selon les témoignages d'autres extrémistes afghans, leur choix s'est porté sur deux frères maghrébins – ces derniers étant rarement considérés, on l'a vu, comme des combattants de premier ordre dignes des missions importantes. Du reste, l'assassinat de Massoud a été accueilli avec le plus grand scepticisme par les porte-parole de la mouvance Ben Laden au Pakistan.

La lettre de demande d'interview des deux assassins de Massoud a pu être attribuée un temps au docteur Ayman al-Zawahiri, bras droit du cheikh Ben Laden, sur la base de l'analyse d'un matériel informatique acheté par deux journalistes du *Wall Street Journal* sur un marché de Kaboul – matériel dérobé dans une maison où auraient vécu des proches du milliardaire saoudien. L'analyse de ce matériel renvoie à l'officine londonienne à en-tête d'Arabic News International. Bien qu'authentifiées par les services américains, « ces pièces ne sont pas suffisantes pour affirmer aujourd'hui avec certitude que Zawahiri est bien l'organisateur de l'assassinat du commandant Massoud », explique un haut responsable d'un service européen de renseignement très impliqué dans l'enquête relative aux ramifications du réseau belge.

Par contre, explique la même source, « les deux Tunisiens qui ont réussi leur coup grâce à un incroyable concours de circonstances, aussi bien dû à leur naïve inexpérience qu'à l'extrême légèreté de la sécurité de Massoud – légèreté qui demeure proprement inexplicable –, avaient également une mission de renseignement touchant à la production de la fausse monnaie dont le commandant inondait les circuits de l'économie afghane, afin de miner de l'intérieur le régime de Kaboul. Cette mission initiale cadre avec les renseignements dont nous disposons. Nous avons pu établir, par ailleurs, que l'attribution à cet étrange commando d'un matériel de kamikaze avait bien été décidée au cas où… comme il l'aurait été à tout autre groupe envoyé dans la vallée du Panchir ».

La création de fausse monnaie était une vieille spécialité du Lion du Panchir, aussi redoutée des Taliban que les fidèles unités de montagnards de la Coalition du Nord, le régime de Kaboul étant confronté à de dramatiques problèmes d'encaissement et à une inflation galopante. A l'époque, il fallait moins d'une centaine de dollars américains pour une contre-valeur d'environ 5 millions d'afghanis. De fausses coupures de 10 000 afghanis étaient imprimées à Toronto (Canada) et introduites dans les circuits afghans par des marchands itinérants, soit par Peshawar au Pakistan, soit par l'Iran ou le Turkménistan. A travers ce système, Massoud injectait des millions de faux afghanis et rachetait une quantité croissante de billets verts, ayant cours dans les circuits économiques formels et informels entre l'Afghanistan et ses principaux voisins. Lors de la dernière fête de l'Aïd, le commandant avait ainsi distribué à la population du Nord pas moins de 5 milliards d'afghanis. Pour endiguer le phénomène, les Taliban avaient essayé de faire imprimer une nouvelle monnaie, notamment en Suède. Mais sa mise en circulation, essentiellement cantonnée à Kaboul, ne réussit pas à s'imposer dans l'ensemble du pays, en particulier dans les régions frontalières.

A la veille de son assassinat, Massoud préparait une nouvelle mise en circulation d'une dizaine de milliards de faux afghanis. Mais il manifestait une certaine inquiétude, ses services de sécurité l'ayant averti que des agents taliban étaient parvenus à infiltrer ses filières de faux-monnayeurs. On comprend d'autant plus difficilement que les deux pseudo-journalistes tunisiens aient pu mettre aussi facilement leur plan à exécution, au moment même où la garde rapprochée du commandant était sur les dents.

Quelques mois auparavant, Ahmed Shah Massoud avait eu l'occasion de faire part de ses inquiétudes, liées aux dernières initiatives des Taliban. Invité à Strasbourg en avril 2001 par la présidente du Parlement européen Nicole Fontaine, le commandant s'était arrêté à Paris pour une visite discrète au Quai d'Orsay. Le chef de la diplomatie française Hubert Védrine eut ainsi l'occasion de lui réaffirmer le soutien et la pleine collaboration des agents français des services extérieurs directement affectés à l'état-major de la Coalition du Nord, surtout pour les questions touchant à l'artillerie lourde et semi-lourde, ainsi qu'à la cartographie des lignes de front. Massoud, quant à lui, souligna l'engagement croissant d'Oussama Ben Laden et de ses partisans aux côtés des unités combattantes des Taliban et rappela le soutien que la France, la Grande-Bretagne et les Etats-Unis avaient apporté par le passé à ses propres troupes panchiriennes contre l'armée soviétique. Il en profita pour insister sur les dangers d'une internationalisation de la crise afghane.

Le commandant Massoud voyait juste. C'est la coïncidence de sa propre mort et des attentats sur le sol américain qui allait en effet précipiter et aggraver l'internationalisation du conflit.

CHAPITRE V

L'impossible traque du cheikh Oussama

« La vie ne consiste plus qu'à prendre sa place, toutes ses places, dans le cortège d'un "on meurt". »

GILLES DELEUZE
(Foucault, juin 1986).

Dix jours avant les attentats du 11 septembre 2001, *Al-Hayat*, le quotidien saoudien publié à Londres, annonce dans les pages intérieures de son édition datée du 31 août 2001 : « Le prince Turki al-Fayçal a décidé de renoncer à ses importantes fonctions. Il sera appelé prochainement à exercer d'autres tâches. » Outre que le procédé est très inhabituel, la nouvelle est de taille puisqu'elle concerne un prince du sang, fils du grand roi Fayçal, qui a dirigé les services secrets saoudiens, sans discontinuer, pendant vingt-cinq ans. Le General Intelligence Department (GID), l'une des institutions les plus importantes et les plus puissantes du royaume, est considéré comme l'un des principaux instruments de la continuité de la dynastie des Saoud : « Une histoire qui tient en une formule : le pétrole, plus le GID », résume un diplomate arabe en poste à Riyad.

La nouvelle n'a pas échappé aux chancelleries et, dans la petite communauté du renseignement, elle produit l'effet d'une bombe. Les Saoudiens sont-ils devenus fous ? Officiellement avalisée par le roi Fahd, depuis plusieurs années dans un quasi-coma, la décision a été prise par le prince héritier Abdallah et constitue l'un des virages les plus considérables depuis la fondation du royaume en 1932. En effet, le prince Turki incarne presque à lui seul l'indéfectible alliance de la monarchie avec les Etats-Unis, alliance jamais démentie depuis le pacte du *Quincy* de 1945 [1].

Depuis le début des années cinquante, ce pacte « pétrole contre sécurité » se double d'une autre alliance, moins connue mais tout aussi indéfectible, celle du Pentagone et des organisations islamistes sunnites soutenues et financées par la monarchie saoudienne. Les stratèges du ministère américain de la Défense ont très tôt compris tout le parti qu'ils pouvaient tirer des islamistes, notamment de la puissante confrérie égyptienne des Frères musulmans, face à Gamal Abdel Nasser, devenu le champion d'un nationalisme arabe ayant fait le choix de Moscou. Du côté d'Israël, la même approche consistera, au début des années soixante-dix, à favoriser et à financer le Hamas palestinien pour essayer de casser l'OLP de Yasser Arafat. Cette politique d'instrumentalisation de l'islamisme sunnite culmine durant la guerre d'Afghanistan contre l'armée soviétique (1979-1989), puis avec le soutien que Washington accorde aux Taliban jusqu'à l'échec des pourparlers de Berlin en juillet 2001 [2].

1. Voir le chapitre II : « Le grand jeu trébuche à Berlin ».
2. *Ibid.*

Cette politique éponyme de l'un de ses plus fervents protagonistes, Zbigniew Brzezinski, se flatte d'être l'une des causes essentielles de l'effondrement du camp soviétique. Brzezinski, l'ancien conseiller à la Sécurité nationale du président Jimmy Carter, déclare : « Qu'est-ce qui est le plus important au regard de l'histoire du monde ? Les Taliban ou la chute de l'empire soviétique ? Quelques excités islamistes ou la libération de l'Europe centrale et la fin de la guerre froide [1] ? ». A cette époque, Oussama Ben Laden a la faveur de Washington. On ne rappellera jamais assez que c'est avec l'aval conjoint des services américains et de l'oligarchie saoudienne – dont son protecteur de toujours, le prince Turki, qui incarne tout autant que Brzezinski cette politique afghane menée conjointement par Riyad et Washington – qu'Oussama Ben Laden s'impose comme l'un des principaux bailleurs de fonds de la résistance afghane aux Soviétiques, puis comme l'un des chefs religieux et militaires d'Afghanistan.

Issu d'une famille yéménite propriétaire d'une société de construction qui s'est imposée comme l'un des plus grands entrepreneurs au Proche-Orient et dans plusieurs pays africains, Oussama Ben Laden fait partie du sérail saoudien. L'entreprise familiale s'est principalement développée grâce aux commandes officielles du Palais ; son père et sa cinquantaine de frères et sœurs sont intimement liés au clan des Sudeïri, qui monopolise l'essentiel du pouvoir de la monarchie. Soulignons-le encore une fois : Oussama Ben Laden est bel et bien le fils naturel de l'oligarchie saoudienne et des services américains.

1. Propos recueillis par Vincent Jauvert, *Le Nouvel Observateur*, n° 1732, janvier 1998.

C'est à ce titre qu'il demeure l'un des protégés du prince Turki et des services secrets de la monarchie[1].

A la suite des pressions de plusieurs capitales qui ont compris son rôle dans les attaques terroristes attribuées aux activistes sunnites, attentats en expansion depuis le début des années quatre-vingt-dix, Oussama Ben Laden est officiellement déchu de sa nationalité saoudienne en juillet 1994. Quelle importance, tant que les liens avec sa famille et les membres influents du palais ne sont pas rompus ? A cette époque, le milliardaire saoudien réside à Khartoum. Mais la protection de son ami Hassan al-Tourabi, qui vient de livrer à la France le terroriste Carlos, n'est plus sûre : à la recherche d'une nouvelle respectabilité internationale, le Soudan s'efforce de donner des gages. Dans ce contexte très particulier, Tourabi propose au prince Turki d'extrader Oussama Ben Laden en Arabie Saoudite. Le prince refuse. Khartoum récidive, mais cette fois avec Washington qui, après consultation du chef des services saoudiens, refuse également, et cela malgré l'attentat de 1993 contre le World Trade Center : une instruction judiciaire concernant Ben Laden ferait apparaître au grand jour les incohérences et les effets non avouables de la « doctrine Brzezinski ».

C'est de la dynamite, en effet : une sorte de Ben-Ladengate en puissance, au regard duquel le Watergate apparaîtrait comme une plaisanterie. A ce moment-là, reconnaît aujourd'hui un officiel américain qui requiert l'anonymat, « on a glissé les miettes sous le tapis, sans songer un instant à la suite ». La suite ? Ben Laden entre en guerre, non contre le régime saoudien qui lui assure toujours de substantiels débouchés financiers, mais

1. Voir *Oussama Bin Laden ou le meurtre du père – Etats-Unis, Arabie Saoudite, Pakistan*, Richard Labévière, Editions Favre, 2002.

contre le prince héritier Abdallah. Portant sa signature, les attentats commis en novembre 1995 contre un centre de formation de la Garde nationale – l'enfant chéri d'Abdallah et son principal outil de pouvoir – et en juin 1996 contre la base américaine de Khobbar, affaiblissent le prince héritier, toujours en butte aux coups bas de ses demi-frères rivaux les Sudeïri, qui ne reconnaissent pas sa légitimité. Et puis c'est le retour d'Oussama Ben Laden en Afghanistan, où il va mettre son savoir-faire financier et militaire au service des Taliban et où, sous la protection du mollah Omar, le chef des Etudiants en théologie, il va préparer les attentats du 7 août 1998 contre les ambassades des Etats-Unis au Kenya et en Tanzanie.

Parallèlement à cette nouvelle déclaration de guerre à ses anciens protecteurs [1], Ben Laden intensifie son aide aux Taliban et se rend indispensable à l'effort de guerre que mène Kaboul contre la Coalition du Nord. Le prince Turki essaie toujours de trouver une solution pour sauver la mise à son protégé. Le dossier Ben Laden empêche une normalisation des relations entre Washington et Kaboul. Jusqu'à la fin des négociations de Berlin, Turki tente l'impossible, tout en sachant qu'il ne survivrait pas politiquement à l'échec de ces ultimes pourparlers, échec qui déboucherait fatalement sur une intervention militaire américaine.

La rupture de Berlin entre Washington et Kaboul représente une occasion parfaite pour Abdallah, qui décide en effet de se débarrasser de Turki, la carte maîtresse de ses ennemis du Palais. Pour le remplacer, il choisit l'un de ses collaborateurs les plus dévoués, le prince Nawaf Ben Abdelaziz, chargé de remettre les

1. Voir le premier chapitre : « La leçon d'anatomie de Dubaï ».

espions saoudiens au service de sa politique – une politique qui se distancie de Washington et prône la saoudisation de l'administration et de l'économie.

Selon plusieurs sources militaires proche-orientales, les relations ne sont pas coupées, fin juillet 2001, entre Turki et Ben Laden. Le prince sait parfaitement que le Pentagone s'apprête à régler militairement le dossier de son protégé. Que fait-il et où est-il dans les jours qui précèdent les attentats ? Mystère. Au lendemain des attaques de New York et de Washington, il donne quelques interviews à la presse saoudienne, expliquant qu'il ne connaît pas Ben Laden et qu'il ne l'a rencontré que deux fois dans sa vie. Plus dangereux marginalisé qu'en activité, le prince est nommé en 2002 ambassadeur d'Arabie Saoudite en Grande-Bretagne.

Entre deux rendez-vous amicaux avec le prince Charles qu'il fréquente depuis longtemps, le prince Turki al-Fayçal suit dans la presse, non sans un certain amusement, les déboires de la traque lancée par l'armée américaine en Afghanistan pour retrouver Oussama Ben Laden « mort ou vif », comme l'a promis le président George Bush. Visiblement, les consignes destinées à éviter un Ben-Ladengate sont toujours d'actualité, tant il est vrai, malgré les communiqués officiels, qu'on met tout en œuvre pour ne pas retrouver l'ennemi public numéro un. « Nous avons des raisons de croire que des progrès sont réalisés, resserrant l'étau autour d'Oussama Ben Laden. Nous ne l'avons pas encore pris, mais c'est une question de temps », déclare le 11 décembre 2001 le porte-parole américain Kenton Keith, confirmant la participation au sol des troupes spéciales américaines aux côtés des forces antitaliban. Toujours selon Kenton Keith, « Ben Laden et le mollah Omar sont tous les deux en Afghanistan. Nous n'avons aucune preuve crédible attestant qu'ils aient quitté ce pays ». Le commandant Haji Mohammad Zamman, responsable des forces locales, précise pour sa part qu'il est sûr « à 100 % » que Ben Laden est encore à Tora Bora. Des raids de chasseurs américains F-14 et F-18, ainsi que de bombardiers lourds B-52 et d'un bombardier stratégique B-1, se sont succédé au-dessus de la chaîne des montagnes Blanches, qui abrite la localité de Tora Bora. Une bombe de six tonnes, la plus puissante de l'arsenal américain, a même été larguée sur le site.

L'étau se resserre tous les jours, explique également un spécialiste français de la lutte antiterroriste : « Le chef d'état-major des Etats-Unis sait de quoi il parle : Ben Laden est aujourd'hui traqué par des forces conventionnelles non seulement sur le terrain, mais aussi et surtout depuis les airs, par des moyens technologiques comme jamais encore l'humanité n'en a déployé. Depuis la mi-octobre, huit satellites espions survolent l'Afghanistan. Leur acuité leur permet de livrer des détails au sol avec une précision de dix centimètres. Leur seule limite, c'est qu'ils ne photographient que de haut en bas. Les fameux *drones* (avions sans pilote), et notamment le Predator, peuvent, eux, livrer des images de profil. Leurs caméras peuvent filmer avec une précision sidérante. Un expert britannique spécialiste des documents captés par l'avion espion Canberra PR.9 m'a déclaré : “Sur ces photos, on peut lire le Coran facilement”. Ensuite, ces clichés sont exploités par des *profilers*, c'est-à-dire des experts de la façon de bouger, des attitudes, des expressions, et même de la psychologie des personnes recherchées. Certains de ces *profilers* se sont spécialisés sur Ben Laden, d'autres sur ses proches. C'est ainsi que, ces derniers jours, ils ont pu identifier formellement sur certaines photos des familiers ou des alliés de Ben Laden [1]. »

Et lorsqu'on lui demande s'il sait où se trouve Ben Laden, notre spécialiste répond sans rire : « C'est la question capitale. Selon des informations confidentielles des services américains, Ben Laden a été localisé avant les frappes à Kandahar. C'est la raison pour laquelle cette ville a été tellement pilonnée. Un bunker situé près de Kandahar a été particulièrement frappé, puis arrosé de bombes Fuel Air Explosive diffusant des gaz ne laissant aucune chance aux occupants. » Mais le plus savoureux est à venir, en réponse aux interrogations liées à l'insistance du gouvernement américain à vouloir capturer Ben Laden vivant : « Ben Laden a dit qu'il voulait livrer “la reine des batailles” – celle de la mort – contre les Américains en Afghanistan même. Les Américains, eux, veulent le capturer vivant dans ce pays pour le livrer à la justice, à la face du monde. C'est pour cela, et c'est un détail peu connu, qu'ils ont envoyé des agents du FBI dans tous les pays qui ont des frontières communes avec l'Afghanistan. Pourquoi le FBI ? Lorsque les Américains auront capturé Ben Laden, s'ils le capturent, il faut que les procédures d'arrestation et d'extradition soient effectuées dans les règles, dignes d'un pays de droit comme les Etats-Unis » (sic).

Autre expert, mais jouant dans une autre catégorie, l'ancien héros soviétique de la guerre d'Afghanistan, aujourd'hui gouverneur élu de la région de Krasnoïarsk, le général Lebed, analyse pour le même hebdomadaire la tactique suivie par le Pentagone : « Les Américains ont fait la démonstration de leur efficacité en Yougoslavie :

1. Roland Jacquard, interrogé par *Le Figaro Magazine* du samedi 27 octobre 2001.

des semaines de bombardements massifs pour détruire quatorze chars.

« — Vous n'exagérez pas un peu, mon général ?

« — C'est vrai, ils ont aussi détruit des usines, des ponts, des fermes. Le problème est qu'en Afghanistan, il n'y a ni usines, ni ponts, ni fermes à bombarder. 80 % du pays n'a ni routes, ni chemins de fer, ni aucune autre voie de communication. Je ne vois vraiment pas ce qu'ils peuvent bombarder pendant des semaines. Des montagnes peut-être ? Nous-mêmes, nous avons bombardé l'Afghanistan pendant dix ans, avec le résultat que l'on sait. »

Les bombardements quotidiens de l'aviation américaine sur Tora Bora ont débuté le 16 novembre 2001. Onze jours plus tard a été donné le signal du déclenchement de l'offensive terrestre, menée par des Afghans encadrés par des officiers des services américains et britanniques. Le 29 novembre, le vice-président américain Dick Cheney confirme sur ABC News que Ben Laden a bien été localisé à Tora Bora et qu'il a peu de chances de pouvoir en réchapper. Sur le terrain, la réalité de la détermination à engager une chasse sans merci à Ben Laden est bien différente.

En toute logique, les commandants afghans proposent à leurs conseillers américano-britanniques d'établir un dispositif complet autour du massif de Tora Bora avant de donner l'assaut. Relevant du bon sens le plus élémentaire, cette proposition est pourtant balayée aussitôt d'un revers de main, les officiers américains et britanniques s'obstinant à faire pilonner le moindre trou de lapin. Ils refusent également toute proposition de pourparlers avec les Taliban, qui cherchent pourtant le contact. Ils maintiennent obsessionnellement une seule et même tactique : foncer dans le tas, et pas de quartier.

L'attaque terrestre de Tora Bora a commencé avant l'engagement des forces spéciales américaines, qui n'arrivent sur la zone que le 6 décembre 2001. Il s'agit en fait d'un détachement de quatre hommes, suivi, quelques jours plus tard, d'une unité d'une vingtaine d'éléments dont la mission se réduit au strict repérage de cibles au sol afin de guider les bombardements aériens. Et le 16 décembre, lorsque le camp retranché de Tora Bora tombe enfin, seuls une dizaine de combattants blessés et hagards sont faits prisonniers. Surprise : Oussama Ben Laden s'est échappé ! On peut aisément comprendre, sinon partager, l'amusement quotidien du prince Turki lorsqu'il feuillette les éditions de la grande presse internationale qui continue inlassablement à titrer : « Ben Laden : l'étau se resserre ».

« Nous allons le sortir de son trou, tôt ou tard, nous l'aurons », ne cesse de réaffirmer le secrétaire d'Etat Colin Powell, ajoutant qu'il ne serait pas surpris qu'un Taliban finisse par le trahir. « Je pense qu'il est toujours en Afghanistan », précise encore le secrétaire d'Etat, « et cela devient plus difficile pour lui de se cacher à mesure que le territoire pris aux Taliban augmente. Je ne crois pas qu'il y ait un pays dans la région qui serait disposé à l'accueillir s'il arrivait sur son territoire. Les Taliban commencent à réaliser qu'il n'y a pas d'avenir à protéger Al-Qaïda et je ne serais pas surpris de voir certaines personnes commencer à faire des choix au mieux de leurs intérêts. » Dans la plus pure tradition hollywoodienne, les Etats-Unis viennent d'offrir une prime de 25 millions de dollars pour la capture du milliardaire saoudien.

Janvier 2002. Le mollah Omar, chef suprême des Taliban, est lui aussi toujours en fuite, après avoir échappé de justesse, à mobylette, à ses poursuivants afghans et américains dans le sud de l'Afghanistan. Trois mois après le début des opérations aériennes et terrestres, le commandement américain paraît avoir perdu la trace d'Oussama Ben Laden, indique l'AFP. De passage à Tachkent, le démocrate Joseph Lieberman, responsable d'une délégation sénatoriale américaine, affirme que les dirigeants des services secrets d'Ouzbékistan ont la conviction que le milliardaire saoudien s'est réfugié au Pakistan.

En mars, d'importants renforts afghans viennent rejoindre l'opération « Anaconda » : le ministre afghan de la Défense et chef militaire de l'Alliance du Nord, Mohammad Qasim Fahim, successeur de Massoud, annonce avoir mis un millier d'hommes supplémentaires à la disposition du commandement américain. Celui-ci refuse désormais tout commentaire concernant Oussama Ben Laden, dont des rumeurs disent qu'il serait dans les montagnes d'Arma. Au même moment, le ministre français de la Défense estime qu'il y a « de sérieuses chances qu'il soit mort ». Sa dernière prestation vidéo, d'une durée de trente-trois minutes, la troisième depuis le début des bombardements américains, date du mercredi 26 décembre.

Au printemps 2002, le problème Ben Laden reste entier, mais s'est déplacé au Pakistan où le président Pervez Musharraf défend la même thèse que celle du ministre français de la Défense. Pour le président pakistanais, un Ben Laden mort est politiquement plus attrayant que vivant et en cavale dans un pays où il conserve de nombreuses complicités, notamment chez ses vieux amis de l'ISI, les services pakistanais qui l'ont alimenté en armes durant toute la guerre d'Afghanistan.

Le 23 juin 2002, le président de l'administration intérimaire afghane, Hamid Karzaï, lance un appel en faveur d'une opération regroupant l'Afghanistan, les Etats-Unis et le Pakistan pour capturer Oussama Ben Laden, qu'il considère comme « en vie et à l'abri dans une cachette ». Le même jour, le chef de la commission du renseignement du Sénat américain, le sénateur Bob Graham, déclare que Washington pense que Ben Laden, se cache dans les régions tribales semi-autonomes du Pakistan, frontalières avec l'Afghanistan.

Un an plus tard, Sardar Sanaullah Zehri, le ministre régional du Baloutchistan au sud-ouest du Pakistan, annonce que deux des fils du milliardaire saoudien ont été blessés et capturés au sud de l'Afghanistan. Il explique qu'ils sont tombés lors d'un raid mené conjointement par des soldats américains et afghans, précisant qu'aucun soldat pakistanais n'a participé à cette opération. Mais aussitôt Washington et Islamabad démentent catégoriquement l'information. Toutes les sources ouvertes convergent pour situer le Saoudien dans l'une des multiples zones tribales pakistanaises le long de la frontière afghane. La question de savoir laquelle reste entière.

« Il existe une probabilité pour que Ben Laden se cache au Baloutchistan », explique l'un des responsables de la sécurité pakistanaise à Islamabad, « mais d'après les révélations de Khalid Cheikh Mohammed, donné comme le numéro trois de l'organisation de Ben Laden, il peut tout aussi bien s'agir du district de Chitral, une autre zone montagneuse située au nord-ouest du pays. Quoi qu'il en soit, si ces informations sont exactes, Oussama ne pourra pas se cacher encore bien longtemps. » Un autre responsable de la sécurité pakistanaise doute fortement de la véracité de la confession de Khalid Cheikh Mohammed sur la présence de Ben Laden à Rawalpindi en mars 2003. « Tout ça, c'est du boniment pour nous enfumer et jeter le discrédit sur le travail de nos services de renseignement. » Quant au président Musharraf, il continue à rejeter catégoriquement l'éventualité de la présence de Ben Laden au Pakistan : « Il est vraisemblablement accompagné de nombreux gardes du corps, et a besoin d'un sanctuaire qui lui ménage de larges espaces. Il me semble difficilement concevable d'imaginer qu'il puisse continuer à séjourner dans des zones urbanisées », explique le général-président à la chaîne américaine de télévision CNN.

Pendant les mois de mars et avril 2003, les autorités américaines et pakistanaises ont passé leur temps à essayer de recouper toutes les informations les plus contradictoires sur les tribulations de Ben Laden, avant de les démentir. Emanant des milieux islamistes pakistanais, mais aussi de sources officielles iraniennes, aucune de ces informations n'a, à ce jour, débouché sur une piste sérieuse. Au lendemain de l'arrestation de Cheikh Mohammed, l'heure était pourtant à l'euphorie au Pentagone, où l'on a évoqué sérieusement l'imminence de l'arrestation de l'ennemi public. « Ce n'est plus qu'une affaire de semaines, ou de jours », disait-on à mots couverts. Depuis, l'euphorie est à nouveau retombée. Et Donald Kerr, l'adjoint du patron de la CIA, qui dirige le département « sciences et technologies », reconnaît amèrement que la chasse à Ben Laden est un sport « extrêmement difficile, parce qu'il se pratique dans des pays foncièrement hostiles à notre présence, culturellement très différents, à la configuration sociologique et géographique complexe » Et, par ailleurs, Donald Kerr ne pense pas que l'augmentation de la prime promise pour la capture ait une chance de susciter une « quelconque vocation délatrice, sous des latitudes où la religion est plus forte que l'argent ».

Parue le 20 novembre 2001 dans le quotidien saoudien *Al-Watan*, qui échappe désormais au contrôle du prince Turki, une information, pourtant capitale, est passée quasiment inaperçue. Selon le journal de Riyad, Oussama Ben Laden a demandé à ses proches de le tuer s'il devait être capturé par les troupes américaines. Ben Laden a également enregistré sur cassette vidéo son testament politique, dans lequel il appelle à poursuivre les attaques contre les intérêts américains, partout dans le monde. « Ben Laden a informé les personnes qui lui sont restées fidèles qu'il est en train de vivre ses dernières semaines, voire ses derniers jours », toujours selon *Al-Watan*, qui cite des « sources diplomatiques américaines et européennes très bien informées ».

« Ben Laden refuse d'être tué par les Américains ou des membres de la Coalition du Nord. Il refuse également d'être fait prisonnier, ce qui représenterait pour lui une grande défaite. Aussi a-t-il donné l'instruction très précise à son plus proche entourage – les personnes qui resteront à ses côtés jusqu'à la dernière minute – de le tuer en tirant sur lui, s'il était encerclé par les forces spéciales américaines ou celles de la Coalition du Nord et qu'il lui était impossible de leur échapper. Les proches en question ont prêté serment devant le Cheikh, et ont juré d'exécuter ses instructions. » Le journaliste pakistanais Hamid Mir, le dernier à avoir interviewé Ben Laden avant la chute de Kaboul, a confirmé les informations d'*Al-Watan*. Enfin, le journal saoudien conclut son article en précisant que « Washington préfère retrouver

Ben Laden mort que vivant pour ne pas avoir à le déférer en justice ». Toujours la crainte du Ben-Ladengate.

Durant l'été 2003, l'hypothèse de la mort de Ben Laden refait surface, de même que les spéculations courant au sujet de son état de santé. On sait Oussama Ben Laden gravement malade depuis 1987 : lors de la bataille de Jabi en Afghanistan, il est grièvement blessé lors d'un accrochage avec une unité spéciale de parachutistes soviétiques. Des éclats de mortier atteignent son dos. A l'époque, il est donné pour mort. C'est son fidèle lieutenant, Ayman al-Zawahiri, chirugien égyptien de grande réputation, qui lui sauve la vie. Mais son rein gauche ne fonctionne plus et il doit être dialysé régulièrement.

Il poursuit un long traitement dans un hôpital de Lahore, au Pakistan. Deux mois avant les attentats du 11 septembre, il est soigné à l'Hôpital américain de Dubaï [1]. Enfin, plusieurs médecins légistes américains et européens ont visionné attentivement les cassettes vidéo diffusées après les attentats du 11 septembre. Leurs conclusions sont classées top secret.

Nous avons visionné les mêmes cassettes avec un urologue réputé. Son verdict est sans appel : Ben Laden est gravement malade du foie et ses jours paraissent comptés. « Et il n'est absolument pas incongru », poursuit le médecin, « d'avancer l'hypothèse qu'Oussama Ben Laden se savait condamné bien avant le 11 septembre 2001. » Il n'est donc pas impossible de considérer que Ben Laden ait consciemment intégré le calendrier de sa propre mort à celui des événements du 11 septembre et de leurs suites. Plusieurs services secrets occidentaux

1. Voir le premier chapitre : « La leçon d'anatomie de Dubaï ».

considèrent cette hypothèse comme crédible et travaillent sur ses conséquences.

Cette intuition s'accentue lorsqu'on étudie précisément l'évolution de son expression publique post-attentats. Dans l'une de ses dernières interviews télévisées, enregistrée en octobre 2001, dérobée par CNN à la chaîne d'information continue qatarienne Al-Jazeera et diffusée le 1er février 2002, Oussama Ben Laden jure de « combattre les Etats-Unis jusqu'à la mort ». « La bataille s'est déplacée à l'intérieur de l'Amérique », poursuit le chef d'Al-Qaïda. « Nous poursuivrons cette bataille, si Dieu le veut, jusqu'à la victoire ou jusqu'à ce que nous rencontrions Dieu », ajoute le milliardaire saoudien. Ben Laden parle ici pour la première fois de sa propre mort, tandis que ses appels à la poursuite du combat prennent l'accent pathétique d'Hitler dans son bunker, levant des bataillons imaginaires tandis que l'Armée rouge entrait dans Berlin.

En définitive, Oussama Ben Laden est déjà mort, non pas d'une mort annoncée par la maladie, subie, attendue et acceptée, mais d'une mort choisie, construite et sacrificielle. La légende a pris corps et peut désormais ressurgir n'importe où, n'importe quand, à travers les formes les plus inattendues : à partir du moment où la mort de Ben Laden reste une question, elle échappe à la nature et à la raison. Cette mort sacrificielle, qui appartient désormais à l'imaginaire public et à la communauté médiatique internationale, exige une réponse collective, symbolique et, en dernier ressort, idéologique.

Mort ou pas ? La question ne présente plus guère d'intérêt si la mythologie perdure. Et c'est celle-ci qu'il faut interroger et tenter de comprendre. Depuis les attentats du 11 septembre 2001, depuis le début de la riposte militaire américaine du 7 octobre 2001, la mythologie Ben Laden s'est transformée en mythologie Al-Qaïda. Depuis l'effondrement des deux tours du Centre d'affaires de New York, en effet, les opérations terroristes survenues dans le monde entier ont été spontanément attribuées à Al-Qaïda, présentée comme l'organisation du milliardaire saoudien. Or, si l'on reconstitue la chronologie de ces coups de main, qui n'ont rien à voir avec le degré de préparation et de technicité des attentats de New York et de Washington, si l'on analyse les premiers résultats des enquêtes en cours, si l'on en synthétise les premières conclusions, le complot planétaire d'Al-Qaïda se dégonfle aussitôt. Et derrière ce que la doxa journalistique nous présente comme la menace terroriste internationale, peut s'amorcer une lecture plus rationnelle qui ramène l'intelligence générale du phénomène au Pakistan, et plus précisément au port de Karachi.

Récapitulons les faits.

22 décembre 2001. Un Britannique de 28 ans, Richard Reid, essaie vainement de déclencher une charge explosive dissimulée dans ses chaussures lors d'un vol Paris-Miami. Il venait de Karachi. Le 16 avril 2002, sept personnes d'origine pakistanaise soupçonnées d'avoir collaboré à cette tentative sont arrêtées.

23 janvier 2002. Daniel Pearl, correspondant du *Wall Street Journal* pour l'Asie du Sud-Est, est enlevé dans le port de Karachi. Il enquêtait notamment sur les liens entre Richard Reid et des organisations islamistes pakistanaises. Le 21 février, l'ambassadeur des Etats-Unis au Pakistan annonce le décès du journaliste américain. Sa mort est confirmée par une cassette vidéo de son assassi-

nat, diffusée par les ravisseurs. Il a été égorgé puis décapité. Son corps a été retrouvé le 16 mai 2002 dans un terrain vague.

20 février 2002. Quatre Marocains suspectés de préparer des attentats à Rome sont arrêtés dans la capitale italienne. Tous ont séjourné et étudié dans des écoles coraniques pakistanaises de la région de Karachi.

17 mars 2002. Une attaque à la grenade est perpétrée contre le temple protestant d'Islamabad, capitale du Pakistan. Cinq personnes sont tuées, dont la femme et la fille d'un diplomate américain. Une quarantaine d'autres sont blessées.

11 avril 2002. Un camion-citerne explose contre la synagogue d'El Ghriba, sur l'île tunisienne de Djerba, causant dix-neuf morts dont quatorze touristes allemands. Les autorités tunisiennes révèlent l'identité de l'auteur de l'attaque : Nizar Ben Mohammed Nasr Nawar, ressortissant tunisien, ayant lui aussi de nombreux contacts avec plusieurs islamistes pakistanais.

8 mai 2002. A Karachi, une camionnette chargée d'explosifs se jette contre un autobus qui transporte des techniciens français travaillant pour la Direction des constructions navales. Quatorze morts, dont onze Français [1].

14 mai 2002. Un commando massacre trente-quatre personnes à Jammu, capitale du Cachemire indien. New

1. Voir l'analyse détaillée de cet attentat au chapitre XV : « Al-Qaïda n'existe pas ! »

Delhi dénonce l'augmentation des infiltrations d'activistes islamistes pakistanais au Cachemire.

10 juin 2002. Washington annonce l'arrestation d'un ressortissant américain d'origine portoricaine, José Padilla, converti à l'islam après un séjour au Pakistan. Ce dernier est soupçonné d'avoir voulu fabriquer une « bombe sale ». Cette arme nucléaire du pauvre consiste à envelopper de matières radioactives un explosif conventionnel.

12 juin 2002. Le Maroc annonce le démantèlement d'une cellule d'Al-Qaïda composée de trois Saoudiens s'apprêtant à commettre des attentats contre des navires de l'OTAN dans le détroit de Gibraltar. Ces activistes avouent leur filiation avec une organisation pakistanaise.

14 juin 2002. L'explosion d'une voiture piégée garée devant le consulat américain de Karachi provoque la mort de douze Pakistanais. Une cinquantaine d'autres sont blessés.

A partir des investigations touchant à l'enlèvement, puis à l'exécution de Daniel Pearl, les enquêteurs reconstituent rapidement le fil rouge pakistanais reliant la totalité de ces opérations. En enquêtant sur les liens que le Britannique Richard Reid entretenait au Pakistan, le journaliste américain avait pu acquérir, dans des conditions qui restent à déterminer, du matériel informatique prouvant l'implication de l'Inter Service Intelligence (ISI), service de renseignement de l'armée pakistanaise, dans la garde rapprochée d'Oussama Ben Laden. C'est vraisemblablement la découverte des preuves de cette complicité, toujours d'actualité, qui lui a coûté la vie.

Il se trouve que le principal suspect dans l'affaire Reid, le cheikh Omar, qui a revendiqué les attaques du 8 mai 2002 contre les techniciens français et du 14 juin contre le consulat américain à Karachi, est lui-même un ancien agent de l'ISI. Instructeur militaire de l'Alumar Mujahideen (AM), organisation indépendantiste cachemirienne créée au début des années quatre-vingt-dix, le cheikh Omar avait été arrêté par les forces de sécurité indiennes en 1992 avec le chef de l'AM, Mushtaq Ahmed Zager, alias Mushtaq Latram. Les deux hommes ont été élargis avec un troisième activiste, en échange de la libération des 155 passagers d'un Airbus A-300 d'Indian Airlines reliant Katmandou à New Delhi, détourné le 24 décembre 1999 sur Kandahar, en Afghanistan, par cinq activistes islamistes originaires de Karachi. Durant sept jours, les négociations entre ravisseurs pakistanais, chefs taliban de la ville afghane et autorités indiennes avaient été menées par les officiers de l'ISI.

« L'appui logistique que l'armée pakistanaise et l'ISI ont apporté aux Taliban depuis les années 1992-1993 a créé des liens susceptibles de survivre longtemps », explique Christophe Jaffrelot, directeur du Centre d'études et de recherches internationales (CERI) ; « certes, le président Musharraf s'est efforcé de rompre avec cette stratégie, mais il n'a pas véritablement organisé de purge au sein de l'armée et de l'ISI. Les “Arabes” d'Al-Qaïda rescapés d'Afghanistan ont donc bénéficié de complicités pour passer au Pakistan ; il ne faut pas minimiser ces complicités avec les mouvements islamistes pakistanais locaux, dont la presse internationale n'a pas assez souligné l'importance [1]. »

1. Entretien avec l'auteur le 23 mars 2002.

Après les attentats du 11 septembre 2001, le président pakistanais est entré en conflit frontal avec le noyau dur de l'ISI en choisissant le camp américain. Dans son fameux discours du 12 janvier 2002, il annonçait la mise au pas des islamistes, de leurs organisations, et la fin des interférences avec les affaires de ses voisins indiens et afghans. Les cadres de l'ISI recrutant principalement dans l'armée de terre, le général-président décidait alors de s'appuyer sur l'aviation et surtout sur la marine, contre l'état-major de l'armée de terre structurellement liée aux partis et organisations islamistes locaux.

Le 8 mai 2002 à Karachi, en s'en prenant à des techniciens français travaillant pour la marine ralliée au président pakistanais, l'aile incontrôlée de l'ISI ne visait donc pas directement la France, mais bien le général Musharraf, accusé de faire le jeu des Américains et plus largement des Occidentaux. Par conséquent, la menace vient moins d'une Al-Qaïda fantasmatique, qui n'existe pas en tant qu'organisation, que d'une talibanisation en profondeur de la société pakistanaise. En effet, comme le souligne Christophe Jaffrelot, les partis islamistes pakistanais et leurs réseaux de madrasas – les écoles religieuses sunnites – irriguent les classes populaires, d'où sont issus les cadres tout-puissants de l'ISI et du commandement de l'armée de terre.

Karachi compte officiellement 856 écoles coraniques, qui enseignent quotidiennement la haine de l'Occident et des Occidentaux à quelque 230 000 étudiants, dont le destin n'est pas seulement de prêcher dans les mosquées. Plus d'un million d'enfants seraient hébergés et nourris gratuitement, avec l'aide financière des éternels bailleurs de fonds saoudiens, dans les madrasas de l'ensemble du pays. Le 29 juin 2002, la police pakistanaise a affirmé que Lashkar-e-Jhangvi, groupe islamiste interdit, était impliqué dans les deux attentats antioccidentaux commis les 8 mai et 14 juin à Karachi. Les photos de dix de ses membres, recherchés pour une série d'attaques contre des cibles locales et étrangères, ont été publiées dans la presse nationale. Cette organisation, qui a entretenu dans le passé des liens étroits avec la mouvance Ben Laden, est aujourd'hui, selon un attaché militaire européen en poste au Pakistan, « en immersion complète à Karachi ».

C'est dans ce contexte d'évaluation d'une menace terroriste, dont les experts militaires et civils les plus sérieux privilégient désormais la « configuration sociologique » plutôt qu'organisationnelle, que revoilà le fantôme d'Oussama Ben Laden. Le 24 juin 2002, la chaîne de télévision par satellite en langue arabe Al-Jazeera diffuse un enregistrement sonore sur un plan fixe de Soulaiman Abou Ghaïth, Frère musulman koweïtien présenté comme le nouveau porte-parole d'Al-Qaïda. Il affirme que son chef Ben Laden est toujours en vie et bien-portant, et surtout que l'organisation s'apprête à frapper les Etats-Unis une nouvelle fois.

Voilà donc les deux écoles à nouveau confrontées. La première, dite école américaine, reste persuadée que Ben Laden est bien vivant et prépare, depuis sa cachette, une nouvelle vague d'attentats ; les autorités américaines ont largement médiatisé leurs craintes d'une attaque le 4 juillet, jour de la fête nationale. La seconde, dite école pakistanaise, estime que le milliardaire saoudien est mort durant les bombardements effectués sur les grottes de Tora Bora en décembre 2001.

Impossible et vain, évidemment, de trancher cette *disputatio* devenue des plus scolastiques, tant les raisons cachées et les buts politico-stratégiques poursuivis par les deux écoles sont divergents. Ces spéculations, soulignons-le encore une fois, n'en finissent pas d'alimenter une mythologie morbide qui nourrit tous les fantasmes et toutes les craintes. En marge de cette dramaturgie presque hollywoodienne, les mots les plus intéressants du communiqué du porte-parole présumé d'Al-Qaïda méritent d'être cités : « Les jeunes musulmans doivent savoir que tuer des Américains et des mécréants n'est pas le monopole d'Al-Qaïda, mais un devoir exigé par Dieu ». Une remarque qui conforte dans leur analyse ceux qui estiment qu'Al-Qaïda n'est plus une organisation faîtière mais bel et bien un label servant à revendiquer a posteriori des attentats pouvant être commis partout et par n'importe qui, par complicité directe et indirecte ou par contagion télévisuelle, par des individus isolés ou des groupes organisés n'entretenant pas forcément de liens sectaires, politiques ou opérationnels.

Comme le dit avec fatalité un diplomate pakistanais : « Une fois que le mauvais génie est sorti de la bouteille, il est bien difficile de l'y faire rentrer ».

CHAPITRE VI

Les dollars de la terreur en fuite

« Des années durant, les cheikhs du Golfe ont acheté leur tranquillité et cherché à se faire pardonner leur penchant prononcé pour l'alcool et les femmes en finançant les Fous de Dieu, dit le colonel avec le mépris que les petits-bourgeois ont d'ordinaire pour l'argent des autres. »

PERCY KEMP
(*Le Système Boone*, juillet 2002).

La première réaction officielle de l'administration américaine après les attaques du World Trade Center et du Pentagone intervient quatorze jours plus tard, le 24 septembre 2001. A la surprise générale, cette réponse n'est ni militaire, ni très spectaculaire, et prend une tournure inattendue et sans précédent. Le président américain annonce le gel des comptes bancaires, dans le monde entier, de vingt-sept individus et organisations soupçonnés d'entretenir des relations avec Oussama Ben Laden et sa mouvance. Douze personnes, Ben Laden lui-même et ses lieutenants, et onze groupes considérés comme terroristes sont désignés, ainsi que quatre organisations : Makhtab al-Khidamat (bureau de recrutement pour les volontaires d'Afghanistan) ; Al-Kifah (institution caritative installée à Brooklyn) ; l'association humanitaire Wafa al-Rashid Trust ; et Maamoun Darkanzali – Import-Export Company. Il s'agit, selon les propres termes de George Bush, « d'une frappe contre les fondations financières du terrorisme ».

Depuis les jardins de la Maison-Blanche, encadré par le secrétaire d'Etat Colin Powell et le secrétaire au Trésor Paul O'Neil, le président Bush prend bien soin de souligner : « Nous savons que beaucoup de ces individus et de ces groupes opèrent essentiellement à l'étranger et qu'ils n'ont pas énormément d'argent aux Etats-Unis. Nous avons donc développé une stratégie pour en tenir compte. » A l'époque, seuls quelques rares experts financiers s'étonnent de cette remarque sibylline sur la faiblesse des avoirs suspects aux Etats-Unis, « comme si les conclusions d'une enquête qui ne faisait que commencer étaient déjà arrêtées, comme si, par avance, il s'agissait d'exempter le sanctuaire financier américain de toute espèce de suspicion. Mais, en tout cas, quelle belle dénégation », explique Michel Koutouzis [1].

Pour superviser le lancement et la poursuite des enquêtes financières hors du sanctuaire national, l'une des premières décisions post-11 septembre a été de créer le Foreign Terrorist Asset Tracking Center (FTATC,

---

1. Michel Koutouzis, expert international des polytrafics, a été directeur des recherches de l'Observatoire géopolitique des drogues (OGD). Il est aujourd'hui consultant auprès des Nations unies à Vienne (PNUCID) et de la Commission européenne à Bruxelles.

Centre de recherche des avoirs terroristes à l'étranger), une structure inter-agences censée regrouper les experts du FBI, de la CIA, des services d'écoutes (National Security Agency), des services douaniers et d'autres agences de l'Armée. La première tâche du FTATC est d'éplucher les comptes bancaires, les versements et les dépenses des dix-neuf pirates kamikazes.

Par ailleurs, s'appuyant principalement sur le FTATC, le département du Trésor lance l'opération « Green Quest » le 23 octobre 2001. Au cours des quatre premiers mois de l'opération, près de 14,6 millions de dollars d'avoirs bancaires sont provisoirement gelés à l'étranger. Pourtant, la suite des investigations ramène invariablement soit en Arabie Saoudite, soit aux Etats-Unis, et parfois même au cœur de la technostructure financière du pays.

Un an après, à la suite des différentes résolutions des Nations unies contraignant tous les Etats à priver les réseaux terroristes de soutien financier et logistique, l'enquête a permis de confirmer ce que les services de renseignement occidentaux savaient déjà depuis plus d'une dizaine d'années, à savoir que les ramifications du financement du terrorisme tissent une toile planétaire, dont les principaux centres d'impulsion se trouvent dans les pays occidentaux. Dans un rapport rédigé en juillet 2001 par les services secrets français, plusieurs experts estimaient déjà que la mouvance Ben Laden avait bénéficié, outre la fortune personnelle de son chef, des apports de plus de 400 individus et de quelque 500 sociétés et organisations à travers le monde.

Malgré l'adoption en janvier 2002 de la résolution 1390, étendant au monde entier les sanctions contre la mouvance Ben Laden et, notamment, le gel des avoirs financiers suspects, « seulement quelque 10 millions de dollars ont été bloqués », relève en septembre 2002 le rapport du Groupe de surveillance d'Al-Qaïda créé par l'ONU. Le même document estime que les soutiens financiers de la mouvance Ben Laden en Afrique du Nord, au Proche-Orient et en Asie continuent de gérer aujourd'hui quelque 30 millions de dollars d'investissements pour le compte du réseau terroriste, certaines estimations allant même jusqu'à 300 millions de dollars. Ces avoirs se trouveraient notamment investis à l'île Maurice, à Singapour, en Malaisie, aux Philippines et au Panama, sans parler de comptes ouverts par des prête-noms dans de grandes banques de Dubaï, Hongkong, Genève, Vienne, Londres et New York. « Des efforts plus importants doivent être faits pour identifier et fermer les sociétés et entités qui apportent leur appui à Al-Qaïda », préconise le rapport onusien.

En outre, drainé par une multitude d'organisations charitables guère affectées par les enquêtes, un montant annuel d'environ 16 millions de dollars continuerait à alimenter la mouvance. « En dépit de certains succès dans la localisation et le gel des avoirs d'Al-Qaïda, l'organisation terroriste continue à avoir accès à des ressources financières et économiques considérables », conclut le document.

Pour expliquer cet enlisement de la lutte antiterroriste sur le front financier, le département américain du Trésor estime que l'organisation terroriste aurait converti nombre de ses avoirs en actifs tangibles (or et pierres précieuses) et massivement généralisé l'usage de l'Hawala, un système informel d'échanges qui permet de transférer de l'argent via un intermédiaire spécialisé sans laisser de traces. En mettant l'accent sur une conversion-or qui ne concerne qu'une petite part des dollars de la terreur, en privilégiant des pratiques financières géographiquement très localisées et ethnographiquement très connotées, l'enquête tourne délibérément le dos à ses cibles essentielles, à savoir les montages financiers à travers lesquels les fonds terroristes se dissimulent derrière des fonds licites. En désignant l'or et en criminalisant le système de l'Hawala – qui ne draine pas que de l'argent suspect –, les enquêteurs choisissent une fausse piste, comme s'il s'agissait d'innocenter, par avance, les rouages de la grande finance internationale.

Pour démonter ce western financier et ses déconvenues, et pour tenter de circonscrire les articulations financières de la mouvance Ben Laden, il convient de lever un premier obstacle épistémologique, l'obstacle du nom. L'usage du terme Al-Qaïda s'est généralisé dans la presse au lendemain des attentats du 11 septembre 2001 mais, dès février 1998, les services de renseignement britanniques avaient pris l'habitude de classer sous cette appellation générique toutes les informations se rapportant à la mouvance Ben Laden depuis le milieu des années quatre-vingt-dix.

En septembre 2001, l'islamologue Gilles Kepel rappelait fort à propos qu'en arabe *al-qaïda* signifie la base : initialement, le terme servait à désigner un camp situé à proximité de Jalalabad en Afghanistan, où Abou Obeida al-Banshiri entraînait les volontaires arrivant de Peshawar au Pakistan par l'intermédiaire des différents bureaux de recrutement internationaux. « Ce camp n'avait pas de nom et était simplement appelé “la base”. La réalité de cet ensemble est donc plus proche d'une mouvance que d'un parti défini et structuré. Les relations en son sein vont s'organiser peu à peu, notamment après les opérations américaines de représailles en réponse aux attaques menées contre les ambassades américaines de Nairobi et Dar es-Salaam, le 7 août 1998. Ce n'est qu'en

2000-2001 qu'Al-Qaïda devient une organisation réellement structurée[1] ». Par extension, l'appellation va également servir aux chefs de guerre afghans pour désigner la banque de données informatiques centralisant les coordonnées de la majorité des volontaires ayant transité par les différentes factions de la résistance afghane entre 1979 et 1989. Les experts estiment leur nombre entre quinze et trente mille.

Bien que disposant d'un Conseil (Majliss al-chaoura) et de cinq comités (lutte armée, ressources financières, affaires juridiques, questions religieuses et communication extérieure), Al-Qaïda n'est pas structurée selon un mode pyramidal et international de type Komintern, disposant d'un commandement central, et ne représente donc pas la tête d'un Orchestre vert mondial ou d'une quelconque Internationale terroriste. Très inspirée de la structure de la confrérie des Frères musulmans égyptiens, elle s'apparente davantage à un mouvement associant d'une manière plus ou moins directe des cellules relativement autonomes, cloisonnées, fluides et en perpétuelle recomposition. Bien que partageant la même doctrine théologico-politique, les différents membres que l'on peut rattacher à la mouvance Ben Laden disposent d'une grande marge de manœuvre et d'initiative. En définitive, l'appellation Al-Qaïda renvoie davantage à une référence commune qu'à une structure centralisatrice.

« Pour bien comprendre cette réalité, hors normes pour un Occidental puisqu'elle échappe à sa géométrie culturelle », explique George Kardouche, l'ancien président

---

1. *Dictionnaire mondial de l'islamisme*, par Khattar Abou Diab, Patrick Karam, Richard Labévière, Julien Lariège, Olivier Roy et Antoine Sfeir – Plon, septembre 2002.

de l'Association des banquiers arabes de Londres, « il faut suivre l'argent et ses sinuosités multiples. Si une personne privée ou une société honorable décide de donner ou d'investir dans une autre société qui, à son tour, verse des fonds à telle ou telle organisation humanitaire ou association caritative, qui elles-mêmes vont reverser tout ou partie de ces fonds à des groupes extrémistes, il sera bien difficile de faire quoi que ce soit, car le temps de suivre ces sinuosités, la réalité de cet argent se sera perdue dans l'immensité des sables. L'argent, c'est comme l'eau : ça épouse le relief, donc ça coule, puis ça s'enfonce où ça peut. Mais une chose est acquise : cette sinuosité rend compte de la structuration organique de l'ensemble [1] ».

Suivant l'avis éclairé de George Kardouche, on s'aperçoit en effet que les soubassements financiers de la mouvance Ben Laden en révèlent la nature organique, dont rend idéalement compte le concept de « rhizome » de Gilles Deleuze et Félix Guattari [2].

Le rhizome peut prendre des formes extrêmement diverses. Ces formes s'agencent selon des principes de connexion et d'hétérogénéité : « A la différence des arbres ou de leurs racines, le rhizome connecte un point quelconque avec un autre point quelconque. (...) Il n'est pas fait d'unités, mais de dimensions ou plutôt de directions mouvantes. Il n'a pas de commencement ni de fin, mais toujours un milieu, par lequel il pousse et déborde. »

Aux systèmes de pouvoirs centrés et pyramidaux, les auteurs de *Mille plateaux* opposent « des systèmes acentrés, réseaux d'automates finis, où la communication se

1. Conversation avec l'auteur, avril 1998.
2. Gilles Deleuze et Félix Guattari, *Mille plateaux, Capitalisme et Schizophrénie,* Editions de Minuit, 1980.

fait d'un voisin à un voisin quelconque, où les tiges ou canaux ne préexistent pas, où les individus sont tous interchangeables, se définissent seulement par un état à tel moment, de telle façon que les opérations locales se coordonnent et que le résultat final global se synchronise indépendamment d'une instance centrale ».

Ainsi, « contre les systèmes centrés (même polycentrés), à communication hiérarchique et liaisons préétablies, le rhizome est un système acentré, non hiérarchique et non signifiant, sans Général, sans mémoire organisatrice ou automate central, uniquement défini par une circulation d'états (...) : toutes sortes de devenirs ».

Cette structure en rhizome déjoue toute lecture univoque et pyramidale. Elle nous confronte à un ordre enchaînant les événements les uns aux autres en fonction de stratégies ponctuelles, plurielles, privilégiant la vitesse de l'opportunité et de l'instant présent à une vision hiérarchisée et stratégique du monde et des êtres. Dans cette pure logique événementielle, qui semble façonner le champ politique tel que le conçoivent les partisans de Ben Laden, s'inscrit la causalité terroriste. Il s'agit ici de privilégier le passage à l'acte, comme s'il pouvait à lui seul, et par lui-même, suffire au projet politique idéal de la Oumma, la communauté ultime rassemblant tous les fidèles du monde.

Cet univers rhizomorphique n'a pas brusquement surgi des limbes avec les attaques du 11 septembre 2001. Son émergence est bien antérieure aux premiers attentats antiaméricains du début des années quatre-vingt-dix. Historiquement, ce délitement progressif d'un sens politique commun s'accélère avec la perte d'un des repères essentiels de la période précédente. Au milieu de 1971, le président Richard Nixon décide unilatéralement de supprimer la convertibilité du dollar en or. Dès lors il n'y a plus d'ordre monétaire international. Les institutions de Bretton Woods, qui s'étaient efforcées de reconstituer autour du dollar la géométrie euclidienne de l'étalon-or, s'abîmaient dans un univers non seulement dépourvu de repère monétaire mais entrant dans une crise structurelle sans retour.

« En supprimant la convertibilité en or du dollar, les Etats-Unis rendaient le dollar flottant, c'est-à-dire qu'ils se libéraient de l'obligation, largement théorique il est vrai, de défendre la parité du dollar vis-à-vis de l'or, donc vis-à-vis de toutes les autres monnaies définies par un poids d'or. En suspendant la convertibilité, les Etats-Unis se déclaraient prêts à accepter la loi du marché pour la détermination du change du dollar. Ils escomptaient clairement que le marché s'orienterait vers une baisse du dollar sur le marché des changes, déterminant ainsi une dévaluation relative du dollar par rapport aux grandes monnaies mondiales. Les autorités américaines espéraient, par ce biais, obtenir un avantage commercial substantiel et rétablir ainsi l'équilibre de leur balance commerciale [1]. » A l'époque, celle-ci était particulièrement mise à mal par le financement de plus en plus coûteux de la guerre au Vietnam. En choisissant ce mode de règlement, les Etats-Unis exportent vers la vieille Europe l'inflation, le chômage et la crise, qui contribueront à payer la facture de cette guerre.

Mondialisation avant la lettre, cette dérégulation planétaire abolit les frontières entre les activités commerciales et financières légales, soumises à des cadrages fiscaux précis, et ce que les experts appellent l'économie informelle. De cette absence d'ordre monétaire international date l'émergence des grandes structures du crime

1. Jean Carrière, *L'Or jaune et l'Or noir,* Le Seuil, 1976.

organisé, ou tout au moins leur configuration financière. Plus rien désormais ne s'oppose à ce que les cartels de la drogue et du trafic d'armes, les mafias et autres triades injectent, en toute impunité, leurs bénéfices colossaux dans les rouages d'une finance internationale incontrôlée et incontrôlable. Dans ce contexte, pour comprendre comment Oussama Ben Laden a inventé le terrorisme coté en Bourse, il faut situer quelques agencements de sa mouvance rhizomorphique, en partant de son milieu, comme il se doit.

Le milieu de la mouvance, c'est Oussama Ben Laden lui-même, sa famille et ses proches. Là où l'examen d'une organisation pyramidale dégagerait des filiations directes ou linéaires, notre tentative se heurte à un tissu de « et », un tissu proprement séquentiel. Comme l'écrivent encore Deleuze et Guattari, « il y a dans cette conjonction assez de force pour secouer et déraciner le verbe “être” ». A un système tabulaire – autant de strates géologiques constitutives d'un relief –, il faut préférer un système de séquences, considérées comme autant d'attributs de la mouvance. Sans prétendre à quelque exhaustivité que ce soit, nous en proposons quatre : la séquence personnelle et familiale ; la séquence bancaire ; la séquence associative ; et enfin la séquence diasporique et affairiste. Même sans prétendre à l'exhaustivité, leur description, pour refléter la réalité, doit affronter une complexité un peu fastidieuse.

La séquence personnelle et familiale : Oussama Ben Laden est l'un des héritiers de la fortune accumulée par son père, Mohamed Awad Ben Laden, décédé en 1967, fondateur du groupe Saudi Ben Laden Group (SBG) dont le siège est à Jeddah. Entreprise de bâtiments et travaux publics considérée comme le conglomérat le plus puissant du royaume, le SBG détient le monopole de la construction d'édifices religieux en Arabie Saoudite et possède des intérêts dans le pétrole, les télécoms, l'électricité et l'électronique. Il représente dans le royaume de grandes marques comme Audi ou Porsche et dispose de nombreuses filiales offshore. Le SBG a bénéficié de contrats pour la réalisation des infrastructures de cadre de vie, attribués par l'Etat saoudien à la suite du boom pétrolier de la fin des années soixante-dix. Parmi les grands travaux effectués par le groupe, on peut signaler l'extension des mosquées de La Mecque et de Médine, ou la construction des routes reliant Jeddah à Médine et La Mecque à Taïf.

Héritier direct du patrimoine familial et président actuel du SBG, le frère aîné d'Oussama, Bakr Ben Laden, de nationalité saoudienne, né le 10 mai 1948 à La Mecque, est associé au Libanais Souren Sarkissian, qui assume la présidence de plusieurs sociétés du groupe. Pour l'année 2000, le SBG a réalisé un chiffre d'affaires de 2,5 milliards de rials saoudiens. Ses résultats sont en constante progression et s'expliquent par une habile diversification de ses activités [1] et par ses nombreuses filiales : Arabie Saoudite, Emirats arabes unis, Canada, Chypre, Egypte, France, Allemagne, Italie, Malaisie et Suisse.

« Par ailleurs, le SBG continue de voir affluer les commandes de l'Etat saoudien, commandes négociées directement avec l'entourage du roi Fahd sans être avalisées par le ministère des Finances, et aussitôt payées rubis sur l'ongle. La pratique est si inhabituelle dans le pays

1. Construction de mosquées, de logements et de bâtiments techniques (infrastructures portuaires et aéroportuaires, bases militaires, autoroutes) ; électromécanique ; téléphonie privée ; génie climatique ; restauration industrielle et ingénierie pétrolière.

qu'elle a fini par défrayer la chronique des milieux d'affaires du Golfe, habitués à des délais de paiement beaucoup plus tranquilles [1]. »

C'est en Suisse qu'est basé le holding financier du groupe. La Saudi Investment Company (SICO) est présidée par Yeslam Ben Laden, le frère de Bakr et demi-frère d'Oussama. Né à La Mecque le 19 octobre 1950, le président de la SICO est installé à Genève depuis le début des années soixante-dix. Il a été marié à Carmen Dufour, une Suissesse dont la sœur Béatrice siégeait au conseil d'administration de la SICO. Selon la Police fédérale helvétique, la fortune personnelle de Yeslam est évaluée entre 100 et 300 millions de francs suisses. La SICO déclare que ses activités concernent la gestion de fortune et les services en matière de placements et d'investissements. Le conseil d'administration de la société se compose de Charles Rochat (vice-président), El Hanafi Tilouine [2] et l'avocat d'affaires Baudoin Dunand, qui travaille aussi pour l'important groupe libanais William Kazan. Spécialiste des activités financières offshore, cet avocat a créé pour la SICO plusieurs dizaines de sociétés offshore installées notamment aux Bahamas, à Curaçao, dans les îles Vierges et les îles Caïmans. Il siège au sein de plusieurs conseils d'administration de sociétés suisses, notamment la Fitex SA domiciliée à Genève et dirigée par la famille libyenne El Fitouri – société notoirement connue comme couverture des services spéciaux libyens en Europe dans les années quatre-vingt.

1. Richard Labévière, *Les dollars de la terreur – Les Etats-Unis et les islamistes,* Grasset, 1999, rééd. septembre 2001.

2. Egalement secrétaire de la société Russel Wood (Holding) Limited, domiciliée à Londres, dont la filiale Russel Wood Limited abritait jusqu'en 1992 la société Saudi Investment Co (London) Limited, qui était aussi une filiale de la société Falken Ltd domiciliée aux îles Caïmans.

Egalement président d'Avcon Business Jet Geneva SA, société spécialisée dans le transport aérien, et gérant de la SCI Les Rippes, sise à Grilly Divonne-les-Bains, Yeslam Ben Laden est aussi l'un des conseillers du prince saoudien Mishaal Ben Abdelaziz al-Saoud [1]. Multipliant les dons et les activités de mécénat, Yeslam Ben Laden a versé 80 000 francs suisses en décembre 2000, pour la création du « Radeau des communautés », destiné à l'exposition nationale suisse « 02 » et censé représenter l'intégration des étrangers en Europe. L'inauguration a été annulée à cause de ce don.

Dans un premier temps refusée par les autorités helvétiques, sa demande de naturalisation suisse a finalement été votée par le Grand Conseil genevois (Parlement cantonal) au printemps 2001. Le florissant Groupe SBG et certains membres de la famille Ben Laden constituent toujours une seule et même entité.

Estimée à quelque 300 millions de dollars, la part d'héritage d'Oussama est, selon les autorités saoudiennes, bloquée sur un compte. En réalité, selon différentes sources bancaires autorisées, cette somme aurait été débloquée en septembre 1994, avant de lui être rétrocédée par son frère aîné Bakr Ben Laden [2].

Oussama Ben Laden bénéficie également d'une aide

1. Ce prince saoudien a défrayé la chronique au début des années quatre-vingt-dix pour avoir fait emprisonner un homme d'affaires français en Arabie Saoudite, à la suite d'un litige financier. Ce frère du roi Fahd d'Arabie, ancien ministre de la Défense (1952) et ancien gouverneur de La Mecque (1966), n'exerce plus de fonctions officielles au sein du royaume et s'est reconverti dans différentes affaires à Jeddah.

2. Grâce à ces fonds, Oussama Ben Laden a su tisser un important réseau international de sociétés, dont certaines cotées en Bourse. Dans un premier temps implantées au Soudan, ces sociétés sont aujourd'hui localisées au Proche et Moyen-Orient (Egypte, Yémen, Liban et Arabie Saoudite), en Afrique (Kenya, Tanzanie, Somalie et Ouganda), en Afghanistan, en Malaisie et en Bosnie-Herzégovine.

financière substantielle mais difficilement quantifiable de particuliers installés dans la plupart des Etats du Golfe qui jouent depuis longtemps un rôle trouble dans le soutien de la mouvance et de ses objectifs. Le jeune milliardaire peut aussi s'appuyer sur plusieurs associations et organisations non gouvernementales (ONG [1]). Une autre de ses sources de revenus provient des trafics de drogue organisés au Yémen (qat) et en Afghanistan (opium et héroïne).

Dans ce dernier pays, où le trafic de drogue est redevenu l'une des principales activités économiques, Ben Laden est associé au narcotrafiquant afghan Hâdji Abdul Bari [2], qui gérerait une partie de sa fortune.

Oussama Ben Laden a été déchu de la nationalité saoudienne en juillet 1994. A cette date, la quasi-totalité de sa famille (une cinquantaine de frères et sœurs) affirme ne plus entretenir de relations avec lui depuis plusieurs années. Néanmoins, des écoutes téléphoniques de services de renseignement arabes et occidentaux font état, après le 11 septembre 2001, de conversations téléphoniques avec sa mère à laquelle il reste très lié. D'origine syrienne, celle-ci vit actuellement entre Beyrouth et Damas, sous la protection des services secrets de l'armée syrienne.

Rédigé à partir d'une « note blanche » d'un service égyptien de sécurité, un extrait des *Dollars de la terreur*, paru en janvier 1999, précise : « Bien que déchu de sa nationalité, Ben Laden n'en continue pas moins de rencontrer régulièrement le tout-puissant prince Turki [3].

---

1. Comme International Islamic Relief Organisation, Lajnat Al-Dawah Al- Islamiya et Al-Rashid Trust.

2. Hâdji Abdul Bari, né en 1965 à Marouf dans le district de Kandahar, a participé au jihad antisoviétique dans les rangs de l'Ittehad-e-Islami (EIA – Union islamique), le parti des moudjahidin d'Abdul Rasul Sayyaf.

3. Alors chef des services secrets saoudiens (General Intelligence Department – GID). Voir chapitre V : « L'impossible traque du cheikh Oussama. »

A l'intérieur de la grande famille saoudienne, les relations ne sont pas toujours harmonieuses. Dernièrement, Elham Ben Laden, une demi-sœur d'Oussama, s'est mise à multiplier démarches et procédures judiciaires contre plusieurs membres de la famille, pour faire reconnaître ses droits sur l'héritage de son père, décédé alors qu'elle était encore mineure. Elle cherche ainsi à faire établir l'inventaire chiffré des parts qu'elle possède dans les actifs financiers du SBG, ainsi que dans les biens immobiliers qui composent cette succession. En Suisse, en France et au Liban, ses avocats se heurtent à l'omerta bancaire…

La séquence bancaire : Le rôle joué par les Etats-Unis dans la montée en puissance de la mouvance Oussama Ben Laden n'est plus un secret pour personne. Les différentes agences américaines de renseignement ont largement participé au financement, à l'armement et à la formation des factions afghanes les plus radicales, religieusement et politiquement. Elles ont conservé et entretenu leurs connexions islamo-afghanes bien après le retrait de l'armée soviétique d'Afghanistan, la chute du mur de Berlin et l'effondrement du bloc communiste. Selon un rapport du Congrès américain, la CIA finançait les moudjahidin pour un montant annuel variant de 150 à 300 millions de dollars, versés sur des comptes bancaires contrôlés par les services de l'armée pakistanaise.

Les mêmes circuits bancaires ont fonctionné jusqu'au milieu des années quatre-vingt-dix. Une banque américaine, la Capital Trust Bank de New York, dirigée par Mohamed Hussein al-Amoudi, a vraisemblablement servi pour transférer des fonds des pays du Golfe vers la mouvance Oussama Ben Laden.

Né en 1941 en Ethiopie, Mohamed Hussein al-Amoudi obtient la nationalité saoudienne en 1965. En 1991, il fonde le groupe Mohamed International Development Research and Organisation Company (MIDROC), à travers lequel il devient le principal investisseur privé en Ethiopie. Il aurait – selon des sources financières libanaises – réalisé ses investissements en plaçant des fonds, par l'intermédiaire de la National Commercial Bank saoudienne, pour le compte de la famille royale dont il est très proche. Jusqu'en 1994, il dirigeait le Saudi Amoudi Group aux côtés d'Ibrahim Ben Ali Ben Mussalam, l'un des principaux gestionnaires de la fortune du roi Fahd.

En 1998, Mohamed Hussein al-Amoudi était associé à Khaled Ben Mahfouz et à Salah Idriss, propriétaires de l'usine Al-Shiffa au Soudan, bombardée en septembre 1998 en représailles des attentats contre les ambassades américaines de Nairobi et Dar es-Salaam. On retrouve les trois mêmes personnages associés dans le projet Worldstar, système mondial de télécommunication numérique par satellite, mis en œuvre par la société américaine Worldspace. En mars 1998, l'hôtel Sheraton d'Addis Abeba, dont Mohamed Hussein al-Amoudi est propriétaire, accueillait sous l'égide de son groupe MIDROC un forum consacré aux opportunités d'investissement en Afrique, forum auquel étaient largement conviés les représentants de la grande industrie américaine.

A Khartoum, Oussama Ben Laden a monté, en *joint-venture* avec le régime soudanais, la banque Al-Shamal[1]. Il y a investi 50 millions de dollars. Al-Shamal Islamic

1. La banque Al-Shamal servirait d'intermédiaire à l'organisation caritative soudanaise Al-Dawa Al-Islamiya pour la récolte des contributions de cette dernière à la cause islamiste.

Bank est détenue par la Tadamon Bank (Soudan), son actionnaire de référence[1]. Le ministère des Affaires sociales des Emirats arabes unis détient une participation minoritaire dans la Tadamon. La Faysal Islamic Bank – dirigée par le prince Mohammad Fayçal al-Saoud, fils du roi Saoud, cousin germain du roi Fahd et directeur de la Dar al-Mal al-Islami (DMI) –, le gouvernement du Koweït (10 %) et le gouvernement de Dubaï (10 %) ont tous des liens de partenariat avec la Tadamon.

Selon *Le Monde*[2], la Faysal Islamic Bank est une filiale de la société Islamic Investment Company of the Gulf (Bahreïn), dont le holding est la Dar al-Mal al-Islami, considérée comme l'un des principaux agents du financement saoudien de l'islamisme international. Présente sur l'ensemble du territoire soudanais à travers vingt et un établissements, la Tadamon y dispose de plusieurs filiales, notamment dans les secteurs agricole, industriel et immobilier[3]. Elle aurait des relations financières importantes avec nombre d'institutions occidentales. L'Al-Shamal Bank compte dans son réseau de correspondants occidentaux le Crédit Lyonnais-Genève. La banque islamiste entretient également des relations avec la Daudi Hollandi Bank, détenue à 40 % par la banque hollandaise ABN-Amro. A l'époque de la création de la Shamal Bank, plusieurs institutions

---

1. La Tadamon Bank comptait en 1998, parmi ses autres actionnaires, la Dubaï Islamic Bank (dont le directeur Mohammed Khalfah ben Kharbash est le ministre des Finances des Emirats arabes unis), la National Company For Development and Trade (basée au Soudan, actionnaire à hauteur de 15 %), la Kuwait Finance House (KSC) et la Bahrain Islamic Bank (BIB) dont la Dubai Islamic Bank est d'ailleurs actionnaire.

2. Edition du 29 septembre 2001.

3. Elle y contrôle les sociétés Islamic Insurance Company, Islamic Trading and Services Company et Real Estate Development Company.

saoudiennes et émiratiennes y avaient pris des parts, comme la Dubai Islamic Bank, et la DMI.

Ce système à entrées multiples a largement été mis sur pied dans les années quatre-vingt par Khaled Ben Mahfouz, ressortissant saoudien resté célèbre pour son implication, en 1991, dans le scandale financier de la Banque de Crédit et de Commerce International (BCCI), dont il est le président. Regroupant des capitaux arabes et pakistanais, la BCCI est accusée d'avoir constitué un vaste réseau de corruption et de blanchiment, impliquant notamment l'administration américaine et tout particulièrement la CIA, ainsi que la famille royale saoudienne [1]. Le clan Ben Mahfouz est soupçonné d'avoir financé Ben Laden au Soudan, via la Saudi-Sudanese Bank [2]. Selon James Woolsey, ancien directeur de la CIA, Oussama Ben Laden est marié à l'une des jeunes sœurs de Khaled Ben Mahfouz.

La famille Ben Mahfouz est l'une des premières fortunes du monde avec des actifs estimés, en 1999, à 2,5 milliards de dollars. A l'instar des Ben Laden, elle est originaire de la vallée de l'Hadramaout au Yémen. En 1951, cette puissante famille crée la National Commercial Bank (NCB), première banque privée d'Arabie Saoudite, sous la forme de *limited partnership,* avec comme actionnaires exclusifs Khaled Ben Mahfouz et

1. Khaled Ben Mahfouz a été inculpé aux Etats-Unis en 1992 pour fraude fiscale dans le cadre de cette affaire, conjointement à son adjoint Haroon Kahlon. En 1995, tenu pour solidairement responsable de la faillite de la BCCI, il a accepté une transaction consistant dans le versement d'une amende de 245 millions de dollars aux créanciers de la banque.

2. Selon *USA Today,* Khaled Ben Mahfouz figure parmi les hommes d'affaires qui ont ordonné à la National Commercial Bank de transférer 3 millions de dollars prélevés sur un fonds de pension vers des comptes new-yorkais et londoniens détenus officiellement par des fondations caritatives appartenant à la mouvance Ben Laden.

son épouse, Nailah Adbdulaziz Kaki. Début 1999, une enquête de la banque centrale saoudienne présente des conclusions très défavorables sur la situation financière de la NCB. Le prince héritier Abdallah prend prétexte d'un accident de voiture de Ben Mahfouz, physiquement et intellectuellement affaibli, pour imposer son remplacement à la présidence de la banque, désormais assumée par Abdullah Saim Bahamdan, ancien numéro un de la NCB à Riyad. Parallèlement, l'ouverture imposée du capital – officiellement justifiée pour transformer la NCB en *public joint stock company* afin de permettre sa cotation en Bourse – achève la mise à l'écart de Ben Mahfouz. Accusé du détournement de 400 millions de rials saoudiens à des fins personnelles, il a été assigné au mois de juillet 1999 en résidence surveillée à Taïf, sur ordre du prince héritier Abdallah.

Malgré la faillite de la BCCI et l'éviction de Khaled Ben Mahfouz, le système clientéliste des deux structures financières a perduré. Les anciens responsables de la BCCI se sont recyclés dans les grandes banques islamiques d'Egypte et de la péninsule arabique, outils financiers et religieux transnationaux des pays du Golfe, travaillant à l'échelle de la planète.

« Le discours panislamique des grandes banques saoudiennes et égyptiennes, comme celui de l'Association internationale des banques islamiques présidée par le prince Muhammad Fayçal, insiste sur la nécessaire réunification de la communauté musulmane par le biais de la finance », explique Michel Galloux, chercheur au Centre d'études et de documentation économique, juridique et sociale du Caire (CEDEJ). « A cet égard, il est significatif de voir ces banques s'adresser à des consœurs étrangères plutôt qu'à la banque centrale, pour leur refinancement ou des investissements à l'extérieur des frontières. Il est aussi intéressant de voir leur préférence aller à des actionnaires musulmans non nationaux lors d'opérations d'augmentation de capital. Enfin, leur contestation s'exprime également vis-à-vis de la réglementation bancaire, souvent jugée inadaptée à leurs spécificités de fonctionnement et, là encore, semble-t-il, on peut interpréter une telle revendication comme une critique implicite de l'ordre bancaire national [1]. »

Ces banques, dont les rapports annuels sont souvent difficilement déchiffrables, gèrent et investissent des sommes considérables sous la rubrique de la *zakat*, l'impôt religieux dont ni les provenances, ni les destinations ne sont enregistrées. Avec les comptes courants, nous sommes ici confrontés à ce que les experts ont baptisé le « blanchiment à l'envers » ou le « noircissement » de capitaux : des capitaux a priori propres qui, par placements et déplacements successifs, deviennent progressivement gris, ou sanglants dans le cas du terrorisme. Si ces circuits financiers participent à l'augmentation des gains des économies informelles et des grandes organisations criminelles, parallèlement, et en partenariat avec de grands groupes bancaires occidentaux, les banques islamiques effectuent le plus souvent des opérations parfaitement licites dont les montages ne sont pas, en soi, criminogènes.

De cet indémêlable enchevêtrement licite/illicite-légal/illégal procèdent la complexité et l'opacité du blanchiment à l'envers.

Al-Taqwa Management (*taqwa* signifie piété), la banque officieuse de la confrérie des Frères musulmans dont le siège est aux Bahamas et la principale filiale à

1. Entretien avec Michel Galloux, auteur de *Finances islamiques et pouvoir politique – Le cas de l'Egypte moderne*, PUF, 1997.

Lugano, en Suisse italienne, rebaptisée Nada Management Organisation, du nom de son directeur général Youssef Nada, constitue l'un des principaux relais de cette séquence bancaire. Al-Taqwa est étroitement associée à la Dar al-Mal al-Islami (DMI), la maison de l'argent de l'Islam, ayant également son siège social à Nassau. C'est en 1981, dans les coulisses du sommet islamique de Taïf, que Mohammed Ben Fayçal al-Saoud, le frère du prince Turki, réunit de grands investisseurs d'Arabie Saoudite et des Emirats du Golfe pour créer cette banque privée [1].

Un an plus tard, le roi Fahd charge son beau-frère, Cheikh Saleh Kamel, de lancer un autre établissement privé, la banque islamique Dallah al-Baraka (la bénédiction). Un nouvel axe du financement saoudien de l'islamisme est ainsi ouvert, conformément aux bonnes et vieilles recettes de la BCCI, en partenariat avec de grandes banques occidentales, notamment américaines et néerlandaises. C'est par l'intermédiaire de ces deux banques et d'Al-Taqwa que sont financées les innombrables ONG islamiques, agents d'influence de la diplomatie musulmane des Saoud.

La séquence associative : La diplomatie musulmane des Saoud s'exprime aussi à travers le financement d'institutions caritatives dont les activités se situent toujours entre l'humanitaire, l'action religieuse et l'action politique. L'énumération d'une liste exhaustive serait aussi fastidieuse qu'inutile. Mentionnons seulement les principaux

1. Le leader islamiste soudanais Hassan al-Tourabi participa au montage du capital de la DMI, représentée par des filiales dans une dizaine de pays (Bahreïn, Pakistan, Turquie, Danemark, Guinée, Sénégal, Niger, Luxembourg et Pays-Bas). La King Faysal Foundation de Riyad figure parmi les principaux actionnaires.

acteurs et d'abord l'Association mondiale de la jeunesse musulmane et l'Organisation du secours islamique international (International Islamic Relief Organization – IIRO), dont les publications sont particulièrement agressives vis-à-vis des autres religions, notamment du christianisme.

L'IIRO, dirigée jusqu'à récemment par Mohammed Jamal Khalifa, l'un des beaux-frères d'Oussama Ben Laden, est installée à Jeddah. Principalement financée par l'impôt islamique, cette association caritative a été expulsée des Philippines pour avoir soutenu Abu Sayyaf, organisation islamiste armée opérant dans le sud de l'archipel. Elle organise des collectes et distribue des fonds qu'elle reçoit de la Rabitat Alam Islami, la Ligue islamique mondiale, forte d'un budget de 5 milliards de dollars et présente dans quatre-vingt-dix pays. Selon plusieurs experts financiers du Golfe, le Saudi Ben Laden Group (SBG) contrôlerait l'IIRO.

Un temps domiciliée au 3, Worcester Street à Oxford[1], l'IIRO avait un bureau à Birmingham ainsi qu'une antenne à Montreuil. Elle dispose de plusieurs branches en Europe, notamment en France, en Suisse, en Allemagne, aux Pays-Bas et en Suède. Finançant de nombreux missionnaires à l'étranger, elle assure par leur intermédiaire des relations suivies avec la plupart, sinon la totalité des groupes islamistes connus. Organisation subsidiaire de la Ligue islamique mondiale, l'IIRO s'est beaucoup impli-

1. On trouve à la même adresse, jusqu'en septembre 1999, l'International Development Foundation (IDF), créée par Mohammed Ben Mahfouz et Mohamed Saleh Affara l'association Oxford Trust for Islamic Studies, dirigée par Farhan Ahmad Nizami (de nationalité indienne), qui a notamment financé un pamphlet signé de Nassredine Lebatelier (enregistré à l'université de Louvain, sous le nom de Jean Michaut), destiné à justifier l'assassinat des sept moines français de Tibhirine en Algérie (printemps 1995). On y trouve aussi Khalid Ali Reza (de nationalité saoudienne), et Pehin Abdul Aziz Umar, né dans le Sultanat de Bruneï.

quée en Bosnie dans les années quatre-vingt-dix, le président Iszetbegovic faisant régulièrement le voyage à Riyad pour y solliciter le soutien financier de ses coreligionnaires. Les moyens matériels et financiers dont ces « missionnaires » sont largement pourvus incitent à se demander s'ils n'ont pas pour vocation, et peut-être pour objectif premier, d'acquérir les faveurs ou la neutralité des pays démunis où ils sont envoyés, face aux agissements iraniens et à la concurrence de l'expansionnisme chi'ite.

La Rabitat, fondée en 1963 [1] a pour vocation de défendre les minorités islamiques dans les pays non musulmans. C'est une machine d'influence très structurée : un secrétaire général – toujours saoudien et bénéficiant d'un statut diplomatique – exerce les pleins pouvoirs et centralise toutes les activités à La Mecque. Il est entouré d'un conseil exécutif de cinquante-trois membres, venant de tous les pays islamiques, qui se réunit une fois l'an. Il nomme les conseils régionaux islamiques, présents sur chaque continent. Celui d'Europe a son siège à Londres.

La Mercy International Relief Organization (ou Agency), bannie du Kenya après l'attentat de 1998 contre l'ambassade américaine de Nairobi, dispose d'un siège international à Detroit (Michigan, Etats-Unis) et de plusieurs bureaux régionaux aux Pays-Bas, en Suisse, en Bosnie, ainsi qu'en Albanie.

Liée à Al-Taqwa et à Khaled Ben Mahfouz, la Saar Foundation, créée par Souleiman Abdoul al-Aziz al-Rajhi, fils de l'une des familles les plus fortunées de la monarchie saoudienne, est la principale ONG de la péninsule, installée en Virginie du Nord. Pour l'année 2000, elle a reçu plus de 2 milliards de donations.

1. Elle aurait été financée par la société pétrolière Aramco et les banques islamiques Faysal Finance et Al-Baraka.

Basée en Arabie Saoudite, la Fondation islamique al-Haramein dispose de bureaux en Bosnie, en Somalie et dans une quarantaine d'autres pays. En 2000, elle avait distribué quelque 75 millions de dollars en aides dans plus d'une cinquantaine de pays musulmans. Certaines de ses représentations auraient servi de couverture à des trafics d'armes à destination de factions armées de la mouvance Ben Laden, notamment au Yémen et en Somalie. Cette association est placée sous le contrôle direct du ministre saoudien des Affaires islamiques Saleh al-Cheikh.

Plusieurs de ces ONG sont dans le collimateur des enquêteurs du FBI, notamment Al-Rachid Trust, basée au Pakistan et aux Etats-Unis. Son activité officielle est la collecte de fonds dans cinquante-sept pays du monde arabo-musulman pour les orphelins et veuves d'Afghanistan. Cette organisation publiait *Dharb-e-Momin*, un bulletin de liaison des Taliban, et partageait de nombreux locaux avec le Jaïsh-e-Muhammad, un groupe lié à la mouvance Ben Laden, suspecté d'être à l'origine d'attentats contre les minorités chrétiennes durant l'été et l'automne 2002 au Pakistan.

Deux autres ONG saoudiennes, officiellement spécialisées dans l'aide aux victimes de la guerre de Bosnie, Wafa Humanitarian Organization, installée à Kandahar en Afghanistan, et surtout al-Kifah qui a pignon sur rue en plein cœur de Brooklyn, ont, en fait, servi de refuge aux commanditaires et exécutants du premier attentat contre le World Trade Center en février 1993. Ces associations sont parfaitement connues des services de renseignement américains depuis le début des années quatre-vingt-dix. La plupart d'entre elles fonctionnent selon une idéologie assez particulière : « La bienfaisance doit servir l'expansion de la communauté, et non pas alimenter ceux qui la mettent en danger[1] ». Cette conception de l'aide conforme à la dawa'a – la propagation de l'islam – peut s'affirmer par différents moyens, des plus pacifiques aux plus radicaux, et même s'assimiler au jihad. « Lorsque des frères ont faim ou sont en danger, en proie aux tracas des infidèles, chaque musulman a le devoir sacré de venir en aide à ces frères, et ce par tous les moyens, même les plus radicaux, impliquant des actions violentes – donc une forme de combat qui, bien sûr, peut être assimilée à la guerre sainte, la guerre sacrée que chaque croyant est tenu de mener », nous explique à Londres Khaled al-Fawwaz, alors porte-parole de l'association d'Oussama Ben Laden, Advice and Reformation Committee[2]. Et d'indiquer « l'importance des frères en exil chez les infidèles, où ils sont également tenus de se regrouper et de s'organiser afin, d'une part, de ne pas se laisser contaminer par les idées impies, mais surtout pour récolter et acheminer l'aide dont d'autres frères auront besoin ».

La séquence diasporique et affairiste : C'est le plus vieux fondement du financement des mouvements armés. Il s'agit de se procurer des ressources hors des

1. Jérôme Bellion-Jourdan, « Prédication, secours, combat : l'action humanitaire des ONG islamiques entre dawa'a et jihad, thèse de doctorat, Institut d'études politiques de Paris, septembre 2002.

2. Entretien avec l'auteur le 14 février 1998, à Wembley. Né en 1950 en Arabie Saoudite, il rencontre Oussama Ben Laden en Afghanistan, où il est l'un des premiers volontaires arabes. Il se lie à Ben Laden et le suit au Soudan, puis au Yémen. En 1994, il s'installe à Londres pour représenter la mouvance et y défendre ses intérêts parmi les autres factions de l'opposition saoudienne et les organisations sœurs du Londonistan. Assigné à résidence en septembre 1998, il est soupçonné par Scotland Yard d'être l'un des organisateurs des attentats de 1998 contre les ambassades américaines en Afrique. Il est alors remplacé comme porte-parole de la mouvance par Omar Abou Omar, alias Cheikh Abou Ketadaj, alias Abou Koutada, né en 1954 à Jérusalem.

zones de conflits ouverts, dans les territoires voisins, parmi les populations de même ethnie (Macédoniens durant la guerre civile grecque, Pachtounes en Afghanistan), ou parmi les réfugiés ayant fui les zones de combat, ou encore au sein de diasporas plus lointaines. Les soutiens lointains ont la plus grande valeur.

A des relations politiques et économiques fondées sur des appareils d'Etat, et par conséquent sur des stratégies d'Etat, succèdent des relations essentiellement économico-financières impliquant des acteurs privés. « Des chaînes de connivences sont nécessaires : relais à travers les frontières (ce qui en cas de blocus ou de surveillance peut nécessiter des équipes entraînées de passeurs), dans les pays voisins ou, à distance, dans les pays riches, toujours destinataires in fine [1]. »

Hormis les collectes dans et aux abords des mosquées et autres lieux de rassemblement des communautés en diasporas, la mouvance organise un système de prélèvement parafiscal sur les activités traditionnelles de délinquance (vols, escroqueries à la carte de crédit ou aux systèmes d'aides sociales, attaques à main armée, vols de véhicules, trafic et usage de faux documents administratifs, prostitution et trafic de drogues), comme sur les activités légales du petit commerce (boucheries, épiceries, etc.). Dans le premier cas, la petite délinquance trouve une justification idéologique, sinon sociale, dans un système de blanchiment qui finit par normaliser ses activités.

Dans le second, l'acquittement d'un impôt religieux, voire révolutionnaire, qui ne s'apparente pas à un racket imposé de l'extérieur, raccorde le petit commerce à la

1. *Economies des guerres civiles*, sous la direction de François Jean et Jean-Christophe Rufin, Hachette, 1996.

sociabilité et surtout au système de protection de sa communauté d'origine. Il est d'autant plus efficace et coercitif qu'il concerne aussi les membres de la famille restés au pays. Ainsi, entre les diasporas proches et lointaines finissent par se développer des échanges de toutes sortes, dont les plus durables sont médiatisés par la plus vieille activité du monde : le commerce. Cette recomposition communautaire, voire communautariste, implique aussi un imaginaire spécifique qu'on peut traduire par la notion de tribu globale. On pense aux systèmes d'échanges et de communication des Libanais d'Afrique (chi'ites et sunnites), aux filières trabendistes algériennes, ou aux Indiens de la côte orientale de l'Afrique.

Des routes maritimes et aériennes entre la Corne de l'Afrique, les ports pakistanais ou indiens et l'Asie du Sud-Est se sont ainsi développées durablement. En décembre 2002, après le double attentat de Mombasa revendiqué par une « Armée de Palestine » inconnue, les services secrets israéliens installés au Kenya depuis des années ont immédiatement lancé leurs recherches en direction de ces routes affairo-islamistes qui sillonnent tout l'océan Indien jusqu'aux confins de la mer de Chine. On oublie trop souvent que l'islam s'est propagé en Afrique moins par le sabre, comme en Méditerranée, que par le commerce. Entre les VIIe et XIVe siècles, cette progression ne s'est du reste pas limitée à l'Afrique noire, mais a poussé ses comptoirs et escales maritimes jusqu'en Asie centrale, en Chine et aux confins de l'Asie du Sud-Est. Ces routes, qui ont acquis aujourd'hui une certaine stabilité, se reconfigurent d'une manière plus sophistiquée. « Par exemple, les Somaliens jouent un rôle essentiel dans l'importation de produits (tissus, électronique, électroménager) au Kenya, sans payer la moindre taxe : ceux-ci sont le plus souvent achetés à Dubaï, acheminés à Mogadiscio et expédiés à Nairobi par voie aérienne (les avions apportant le qat ne repartent plus à vide) ou maritime par les boutres qui vont à Mombasa. Les marchands indiens crient au scandale à Nairobi, car les Somaliens commercent sans payer les taxes[1]. »

Favorisée par la modernisation des transports et des moyens de communication, cette économie informelle provoque l'émergence ou la réémergence de tribus globales et de leurs lieux de passage obligés. Elle entraîne ainsi la résurrection d'anciennes « villes-mondes », pour reprendre le terme de l'historien Fernand Braudel : Rotterdam, Istanbul, Kuala Lumpur…, mais favorise aussi le surgissement de nouvelles : Bandar Abbas, Dubaï, Karachi ou Kano. Foncièrement déterritorialisées, les séquences qui composent la mouvance Ben Laden se réenracinent ponctuellement, pour mieux proliférer à nouveau. Appartenant au même rhizome, elles transitent par des passages obligés comme le royaume saoudien, la City de Londres et les Etats-Unis, mais aussi par les places offshore qui garantissent l'anonymat et l'opacité de leurs transformations.

Ces différents pôles, vers lesquels convergent des intérêts militaires, politiques et pétroliers indissociablement mêlés depuis la fin de la Seconde Guerre mondiale, peuvent cependant difficilement se maintenir dans la même perspective depuis le 11 septembre 2001. L'Arabie Saoudite est dans le collimateur. L'opinion américaine, en effet, a retenu un chiffre : quinze des dix-neuf pirates de l'air ayant commis les attaques meurtrières contre

1. « Mille trafics – Dubaï entre Afrique et Asie centrale », in *Dubaï, cité globale*, sous la direction de Roland Marchal, avec la contribution de Fariba Adelkhah et Sari Hanafi, CNRS-Editions, 2001.

New York et Washington sont saoudiens ou d'origine saoudienne. Par conséquent, l'administration Bush peut difficilement éviter de reconsidérer sa relation particulière avec la monarchie des Saoud. L'exercice est malaisé à plus d'un titre. On ne peut pas remettre à plat une alliance de cinquante-six ans sans mettre en cause ses protagonistes, ses bénéficiaires et ses garants, ni sans faire quelque dégât.

La vieille garde républicaine, notamment Henry Kissinger et James Baker, a rappelé à Bush junior durant l'été 2002 que l'on ne pouvait aisément changer de système d'alliances dans un Orient si compliqué. Et hormis les intérêts pétroliers en cause, on ne dit pas suffisamment qu'à l'issue de la guerre du Golfe de 1991 l'Arabie Saoudite a signé avec son allié américain des contrats d'armements pour quelque 35 milliards de dollars.

Durant ce même été 2002, alors que le roi Fahd se faisait soigner à l'hôpital cantonal de Genève, certains experts du Pentagone estimaient pourtant que la monarchie saoudienne constituait désormais la principale menace pour les intérêts américains au Proche-Orient. Et la presse se mit à faire d'intéressantes révélations.

CHAPITRE VII

Poussée de fièvre à Washington

> « Toute vie sociale est essentiellement pratique. Tous les mystères qui orientent la théorie vers le mysticisme trouvent leur solution rationnelle dans la pratique humaine et dans la compréhension de cette pratique. »
>
> KARL MARX
> (*Huitième thèse sur Feuerbach*, mai 1845).

Nawaf al-Hazmi et Khalid al-Midhar, ressortissants saoudiens et membres du commando qui avait pris le contrôle de l'avion d'American Airlines devant s'écraser sur le Pentagone ont, à leur arrivée aux Etats-Unis en janvier 2000 et pendant toute la durée de leur séjour, bénéficié de l'aide d'un de leurs compatriotes résidant déjà dans le pays : Omar al-Bayoumi. Il leur avait trouvé un appartement à San Diego (Californie) dont il avait payé la caution, et c'est par son intermédiaire que les deux activistes ont pu s'inscrire dans une école de pilotage. Deux mois après leur prise de contact, l'épouse d'al-Bayoumi, Manal Ahmed

Bagader, aurait commencé à recevoir chaque mois un versement de deux mille dollars. Ces sommes étaient perçues par endossement de chèques émis sur le compte de la princesse Haïfa Bent Fayçal, épouse de l'ambassadeur d'Arabie Saoudite à Washington, dont la bénéficiaire initiale était une amie de Manal Ahmed Bagader : Majeda Ibrahim Dweikat. C'est le mari de celle-ci, Osama Basnan, qui avait pris l'initiative de solliciter la générosité de la princesse. Les versements se sont arrêtés en août 2002, lorsque Osama Basnan, convaincu de séjour irrégulier, fut expulsé à destination de l'Arabie Saoudite. Quant à Omar al-Bayoumi, il avait déjà quitté les Etats-Unis pour la Grande-Bretagne.

Ces révélations de l'hebdomadaire *Newsweek* du 25 novembre 2002 font couverture sous le titre : « La piste financière saoudienne ». L'accroche de la une est des plus aguichantes : « Des loyers offerts aux pirates de l'air du 11 septembre et des chèques mystérieux tirés sur le compte d'une princesse. Y a-t-il un lien entre l'Arabie Saoudite et le terrorisme ? Voyage à l'intérieur d'une enquête dont l'administration Bush veut que vous ignoriez tout ». Aussitôt disponible sur le site Internet de l'hebdomadaire, cette histoire fait les gros titres de la presse et des télévisions pendant tout un week-end, les médias les plus sérieux accréditant l'idée d'une action gouvernementale saoudienne concertée. Les allégations de *Newsweek* sont reprises et commentées par des experts en terrorisme, prompts à ignorer les réalités du terrain et à analyser les faits en dehors de tout contexte, notamment culturel.

Malgré les démentis de la princesse, l'ambassade d'Arabie Saoudite à Washington prend les choses suffisamment au sérieux pour envoyer nuitamment une dizaine d'employés éplucher ses chèques au siège central de la banque Riggs, utilisée par nombre de diplomates étrangers. La princesse ne signant pas elle-même, ces chèques étaient émis directement sur la base d'une liste informatisée. Les comptables saoudiens ont donc pu vérifier facilement l'identité des ultimes bénéficiaires, grâce aux endossements. L'ambassade a ensuite rendu publics les démentis les plus vigoureux. De Riyad, le ministre de l'Intérieur a même parlé de « mensonges », tout en rappelant, une nouvelle fois, la pleine et entière coopération de la monarchie dans la lutte contre le terrorisme.

Dans cette affaire, l'administration américaine tient un langage étrange. Le porte-parole de la Maison-Blanche Ari Fleischer affirme, le lundi 25 novembre 2002, que « le président pense que les Saoudiens sont de bons partenaires dans la lutte contre le terrorisme ». De son côté, un porte-parole du Département d'Etat déclare : « Nous pensons que la réponse des Saoudiens est très satisfaisante. Dans le même temps, je dois dire qu'on peut toujours en faire plus, et qu'il faut encore en faire beaucoup pour, ensemble avec les Saoudiens, trouver et couper les sources du financement du terrorisme. »

Au-delà de leurs dimensions rocambolesques, les mésaventures de la princesse révèlent une différence d'approche de la question saoudienne entre l'administration et le Congrès. Car des membres du Congrès se sont emparés de l'affaire. Ancien candidat démocrate à la vice-présidence, le sénateur Lieberman a été on ne peut plus clair : « Je crois que nous devrions appliquer les mêmes standards, non seulement à des ennemis comme l'Irak et l'Afghanistan sous les Taliban, ou encore l'Iran, mais aussi à des amis comme l'Arabie Saoudite. » Et d'ajouter : « Mes collègues de la commission mixte sur le renseignement – qu'ils soient démocrates ou républicains – ont le sentiment que l'administration n'a pas pleinement coopéré avec eux et sont arrivés à la conclusion que le FBI, et peut-être d'autres secteurs du gouvernement, donnent l'impression de vouloir défendre les Saoudiens, ou de ne pas être, avec eux, aussi rigoureux qu'ils devraient l'être. »

Créée par les deux chambres pour enquêter sur l'échec des agences de renseignement concernant les attentats du 11 septembre, la commission mixte a produit un rapport – aujourd'hui partiellement déclassifié – qui déplore la pusillanimité des enquêtes menées sur les implications présumées de l'Arabie Saoudite. Le même document relève le mutisme des responsables de la CIA et du FBI durant les auditions, et critique sévèrement l'attitude du vice-président Dick Cheney qui, à ce moment-là, refuse d'ouvrir le dossier saoudien. Il est vraisemblable que les fuites à l'origine des révélations de *Newsweek* proviennent de la commission mixte elle-même. Elles traduisent la volonté très forte du Congrès de mettre en cause la relation Riyad/Washington, en impliquant des personnalités saoudiennes de premier plan.

Caisse de résonance d'une certaine saoudophobie, qui ne vise pas que les implications financières du royaume dans la mouvance Ben Laden, nombreux sont les membres du Congrès à penser qu'outre la Syrie et l'Iran, l'Arabie Saoudite constitue la principale menace des intérêts américains au Proche-Orient.

En recevant, le 25 avril 2003 dans son ranch texan le prince héritier Abdallah, puis le prince Bandar, le président George Bush n'a pas dissipé le malaise ; au contraire, la crispation américaine n'a fait que s'amplifier. Du reste, le vice-président Cheney répète désormais à qui veut l'entendre : « Je suis très préoccupé par l'Arabie Saoudite. Elle constitue une source d'inquiétude permanente. Les tendances profondes du pays ne peuvent que l'entraîner sur la mauvaise pente : une croissance démographique non maîtrisée, une diminution de la richesse par tête d'habitant et une augmentation du fondamentalisme. » Il surenchérit : « La famille royale est assise sur une poudrière qui pourrait exploser à tout moment. Quoi que fassent les Etats-Unis, l'explosion aura lieu tôt ou tard. »

Cette sombre prédiction en dit long sur le changement de perspective qui s'est opéré à Washington depuis le 11 septembre 2001 à l'égard de la monarchie pétrolière. Avant les attentats, il était impossible de critiquer cette « dictature protégée ». Durant les semaines qui ont suivi l'effondrement des tours du World Trade Center, un chiffre n'a cessé de revenir dans la plupart des réunions de l'administration américaine, malgré les efforts de la Maison-Blanche pour protéger l'Arabie Saoudite : quinze des dix-neuf pirates de l'air étaient saoudiens ou d'origine saoudienne.

Il s'opère alors un curieux glissement : dans la presse, au Congrès, comme parmi de nombreux hauts fonctionnaires du Pentagone, les doutes, sinon les critiques émises à l'encontre de l'Arabie Saoudite, se transforment en autant d'arguments en faveur d'une action militaire contre l'Irak. On ne peut qu'être frappé par le strict parallélisme qui s'installe entre l'effritement de la relation Riyad/Washington et la volonté de plus en plus obsédante d'en découdre avec l'Irak. Il faut examiner de près les raisons de ce glissement, qui fait passer progressivement de la chasse à un Ben Laden mort ou vif à une confrontation avec Saddam Hussein. Cela nous impose de revenir quelques mois en arrière.

Washington, 10 juillet 2002. Sanglé dans un costume trois pièces sombre, Yves-Laurent Murawiec arpente nerveusement les couloirs du Pentagone, son attaché-case à la main. Toutes les huiles sont là : deux douzaines de représentants de la fine fleur des experts américains en affaires militaires et en défense stratégique. Assistent notamment à cette réunion, qui clôt une série d'une vingtaine de séances, l'ancien vice-président Dan Quayle, deux ex-secrétaires à la Défense, James Schlesinger et Harold Brown, plusieurs officiers supérieurs en retraite et l'ancien secrétaire d'Etat Henry Kissinger, référence incontournable en matière de politique étrangère des Etats-Unis.

Cette réunion fermée a été convoquée par le Defense Policy Board (DPB), un organe de réflexion du ministère américain de la Défense dirigé comme une secte par Richard N. Perle, chef de file des faucons qui veulent une nouvelle guerre contre l'Irak. Surnommé Raspoutine ou le Sphinx par ses pairs, cet ancien haut fonctionnaire du Pentagone ne ménage pas sa peine pour convaincre les capitales étrangères du bien-fondé d'une « action salvatrice et définitive » contre Saddam Hussein. Pour cette dernière réunion, Raspoutine a décidé de frapper un grand coup en donnant la parole à son protégé, son disciple préféré, sa dernière trouvaille, d'autant plus exotique qu'elle arrive de la « vieille Europe ». Il espère secrètement que sa prestation déclenchera un incident diplomatique avec Riyad, jalon décisif dans la campagne que le DPB mène depuis plusieurs mois pour que les Etats-Unis déclarent une nouvelle guerre à l'Irak.

Pour Yves-Laurent Murawiec, c'est le jour de gloire, l'aboutissement d'une carrière patiemment et méthodiquement élaborée. La cinquantaine élégante et l'allure d'un éternel étudiant, ce Français d'origine tchèque parle parfaitement l'anglais et l'allemand et a notamment réalisé une nouvelle traduction française de l'ouvrage de Clausewitz : *De la guerre*. Se disant « spécialiste des guerres du XXIe siècle », le personnage a de quoi surprendre son auditoire. Après quelques données techniques de géopolitique générale, il désigne l'Arabie Saoudite, l'alliée indéfectible des Etats-Unis au Proche-Orient depuis 1945, comme l'épicentre du terrorisme mondial, qualifiant la monarchie pétrolière de « principal et plus dangereux adversaire dans le monde arabo-musulman ». « Les Saoudiens sont actifs à tous les maillons de la chaîne de la terreur, de la planification au financement, du militant de base à l'idéologie et au meneur. (...) L'Arabie Saoudite soutient nos ennemis et s'attaque à nos alliés », précise avec éloquence le conférencier, sous le regard approbateur de son mentor Richard Perle.

Après une vingtaine de minutes, face à un auditoire de plus en plus médusé, Murawiec conclut en expliquant que la voie la plus sûre pour faire changer l'Arabie Saoudite consiste tout simplement à renverser le président irakien Saddam Hussein. Sur ce dernier développement très peu argumenté, Henry Kissinger fronce les sourcils et demande la parole.

Dans un silence glacial, l'ancien secrétaire d'Etat, visiblement furieux et qui sera le seul à prendre la parole, explique, au cours d'un contre-exposé d'une dizaine de minutes brillamment improvisé, qu'une disparition du dictateur n'aurait pas obligatoirement de conséquence directe sur le processus de succession actuellement en cours en

Arabie Saoudite et que, par conséquent, l'éventualité d'une nouvelle intervention militaire en Irak devrait être envisagée indépendamment d'une criminalisation du royaume, qui ne saurait favoriser les intérêts américains dans la région. Et il affirme qu'au contraire « les Saoudiens restent pro-américains, même s'ils sont actuellement dans une situation difficile à gérer, tant au Proche-Orient que dans l'ensemble du monde arabo-musulman ». Et il ajoute d'un ton péremptoire : « Nous avons les moyens de contrôler l'évolution du régime de Riyad. » Enfin il conclut, pour une fois hors de son flegme habituel : « Je ne considère pas aujourd'hui l'Arabie Saoudite comme un adversaire stratégique des Etats-Unis. Certes, les Saoudiens font parfois des choses que je n'approuve pas, mais je ne les considère pas comme une menace prioritaire. »

Notre conférencier a le nez sur sa copie. La séance est levée dans la précipitation. Atterré, le patron du DPB poursuit l'ancien secrétaire d'Etat dans les couloirs en lui disant qu'il a mal interprété la portée d'un exposé prospectif. Lorsqu'il le quitte pour rejoindre Murawiec, il marmonne suffisamment fort pour être entendu que « Kissinger a beaucoup vieilli ». L'incident est clos, mais le mal est fait et les fuites déjà prévues. L'incident diplomatique a commencé.

Dans son édition du mardi 6 août, le *Washington Post* révèle les grandes lignes de la réunion, qui devait pourtant rester secrète. A Genève, où est soigné le roi Fahd, c'est la consternation. Le ban et l'arrière-ban des conseillers saisissent aussitôt la Mission permanente américaine auprès des Nations unies. Trêve estivale bien incompréhensible pour les princes saoudiens, l'ambassadeur Kevin Moly demeure introuvable. Le diplomate de permanence ne semble pas déployer une gande énergie pour mettre la main sur son patron et finit par plaider l'incompétence de la Mission sur cette question bilatérale. Assailli par les correspondants de presse accrédités à la Maison-Blanche, le prince Bandar Ben Sultan, qui représente la monarchie à Washington, s'efforce lui aussi de calmer le jeu en minimisant la portée de l'incident. Il déclare : « Répéter des mensonges et des contrevérités ne transformera jamais la réalité. »

A Riyad, le prince héritier ne décolère pas contre ce nouvel affront des infidèles. Son cabinet demande des explications à l'ambassade des Etats-Unis, qui renvoie la patate chaude sur la Maison-Blanche. « L'Arabie Saoudite est un pays ami et allié de longue date », finit par déclarer Scott McClellan, l'un des porte-parole de la présidence américaine. « Nous apprécions beaucoup sa collaboration dans la guerre contre le terrorisme », ajoute-t-il. « Les propos rapportés par la presse ne reflètent pas la position du gouvernement américain, ni l'analyse du DPB », renchérit le secrétaire à la Défense Donald Rumsfeld. La Maison-Blanche somme le secrétaire d'Etat Colin Powell de téléphoner à son homologue saoudien Saoud al-Fayçal pour stopper l'incident diplomatique.

A Washington, on rappelle qu'à quelques jours du premier anniversaire des attentats du 11 septembre 2001, il n'est pas question de plaisanter avec la relation américano-saoudienne. Deux questions obsèdent les administrations mobilisées : qui est le conférencier gaffeur ? D'où viennent les fuites ? Pour la seconde, tous les regards se tournent vers Richard Perle qui n'en est pas à son coup d'essai. Pour la première, les directions du FBI et de la CIA sont saisies. Yves-Laurent Murawiec est une vieille connaissance des agences américaines de renseignement. Lui non plus n'en est pas à son premier coup.

Il n'est pas inutile de dresser du personnage un portrait détaillé, parce qu'il représente une sorte d'archétype des agents d'influence qui s'agitent dans les coulisses de la guerre.

Les services américains disposent d'informations très précises concernant « le gaffeur », comme ils ont baptisé le conférencier provocateur ; en tout cas depuis qu'ils se sont intéressés de près aux acteurs du mouvement étudiant français de mai 1968. A cette époque, inscrit en philosophie à la Sorbonne, Murawiec participe à la révolte de la jeunesse parisienne et s'engage successivement dans plusieurs groupuscules gauchistes d'obédience trotskiste. Au début des années soixante-dix, le FBI l'identifie comme membre actif de l'European Labour Committee (ELC), une organisation communiste revendiquant « la révolution permanente dans tous les pays ». L'ELC, qui se présente comme « Fraction ouvrière internationale », affirme coordonner onze organisations-sœurs dont l'US Labour Party de Lyndon LaRouche, agitateur politique très controversé, accusé aux Etats-Unis de ses prises de position antisémites.

Yves-Laurent Murawiec a rencontré Lyndon LaRouche en 1972 à Londres. Partageant les idéaux de l'agitateur américain, notre conférencier travaille pour son organisation pendant dix-huit ans. LaRouche et son parti affichent une filiation communiste tout en s'associant à plusieurs organisations d'extrême droite antisémites. En 1974, Lyndon LaRouche fonde l'*Executive Intelligence Review* (EIR) à laquelle collabore Murawiec. Se présentant comme « éditeur économique », il participe en 1985 à Londres à une conférence organisée par l'EIR. L'année suivante, toujours pour cette organisation et toujours dans la capitale britannique, il anime une nouvelle réunion consacrée à la Syrie et à ses implications présumées dans les réseaux du terrorisme international qui auraient notamment commandité l'assassinat d'Olof Palme. Fort de ses titres de gloire d'ancien soixante-huitard qu'il ne cesse d'exhiber, il débarque en Suisse en 1988 et y lance le mouvement « Nouvelle Solidarité », une couverture de l'EIR chargée de collecter des fonds.

Voilà donc Yves-Laurent Murawiec responsable de « Nouvelle Solidarité » pour la Suisse et la RFA, l'EIR étant installée à Wiesbaden. En 1993, il édite avec des amis une lettre d'information confidentielle spécialisée dans l'étude des mouvements islamistes radicaux : *Fundamentalist Watch*. C'est à cette époque qu'il fait la connaissance d'Elisabeth Kopp, conseillère fédérale entre 1984 et 1989, et de son mari Hans W. Kopp, radié du barreau de Zurich. En août 1993, Murawiec cofonde et dirige avec sa nouvelle amie la société genevoise Geopol Services SA. Membre du conseil d'administration, l'ancienne responsable du Département helvétique de justice et de police explique que « Geopol effectue des analyses géopolitiques et géoéconomiques approfondies destinées aux chefs d'entreprise qui souhaitent investir en Asie, dans les pays de l'Est et en ex-URSS ».

En 1995, sous le coup de plusieurs plaintes pénales, l'un des principaux administrateurs de Geopol, le gérant de fortunes genevois H. H., est inculpé de gestion déloyale et d'abus de confiance et écroué à la prison de Champ-Dollon (Genève) par le juge Denis Mathey. Administrateur unique de la société PMH, H. H. est accusé d'avoir effectué des placements à risques. Les montants disparus approchent la centaine de millions de francs suisses. Ces fonds étaient placés auprès de l'Union bancaire privée (UBP), anciennement CBI-TDB (Compagnie de banque et d'investissement – Trade Development Bank), au conseil d'administration de laquelle il appartenait. Mme Kopp prend alors la défense de l'accusé qu'elle admet connaître depuis la création de Geopol, affirmant qu'il n'y a aucun lien entre la société de consulting et PMH. Interrogé par plusieurs journalistes, Yves-Laurent Murawiec déclare qu'en sa qualité de directeur de Geopol il ne fera aucun commentaire.

Outre le futur conférencier, Elisabeth Kopp et H. H., Geopol abrite des gens tout aussi hauts en couleur : l'ex et très contreversé Monsieur Réfugiés suisse Peter Arbenz, et un marchand d'armes allemand, Helmut Kaiser, qui a vendu à l'Irak pour plusieurs milliards de dollars de munitions et de missiles durant les années quatre-vingt. Ce même « industriel » établi à Zoug (Suisse) dirige la société Consen, qui a également participé à l'équipement militaire de l'Argentine et de l'Egypte. Sur ses associés de Geopol et leurs activités, Murawiec observe le même mutisme, se bornant à préciser que ses occupations genevoises ne sont qu'un passe-temps en regard de l'essentiel de ses activités de chercheur associé au London International Institute for Strategic Studies.

Orfèvre dans l'utilisation de ses multiples cartes de visite, Murawiec pénétre progressivement dans le cercle très fermé des néoconservateurs américains grâce à l'ancienne conseillère fédérale suisse. Elisabeth Kopp a pour cousin l'ancien secrétaire adjoint américain à la Défense Fred Ickle, lui-même partenaire de John Boland dans Telos Corporation, un important fournisseur du Pentagone. Rien de tel que les relations de famille pour se créer des liens solides. Revendiquant quelques piges à la Direction des affaires stratégiques du ministère français de la Défense, Murawiec se fait pourtant le pourfendeur acharné de la force de dissuasion nucléaire française, tout en louant les bienfaits du bouclier antimissiles cher au président George Bush. Cette constance dans l'effort lui vaut de réaliser son rêve : intégrer la Rand Corporation. C'est du reste comme chercheur associé à la Rand qu'il s'exprime le 10 juillet 2002 au Pentagone. Organiquement et financièrement liée à l'armée de l'air américaine ainsi qu'à la CIA, la Rand est l'un des *think tanks* soupçonnés par plusieurs chancelleries européennes d'avoir financé, avant la chute du mur de Berlin, de nombreuses organisations d'extrême gauche d'obédience trotskiste, hostiles à l'impérialisme américain mais surtout au communisme soviétique. « Avec les agents d'influence », explique un responsable de la DST, « on finit toujours par boucler la boucle. »

Enfin, le FBI présente Yves-Laurent Murawiec comme un ancien cadre trotskiste de Lutte ouvrière. Il aurait été aussi l'un des dirigeants de la branche renseignement de l'ex-Parti ouvrier européen (POE), organisation d'extrême gauche, puis d'extrême droite, avant de virer au gaullisme de gauche. « Le POE », estime un commissaire des Renseignements généraux français, « est fortement suspecté d'avoir été noyauté, puis instrumentalisé par les services secrets américains. » Selon *Le Canard enchaîné*, Yves-Laurent Murawiec est bien « une taupe américaine chargée d'infiltrer les milieux gauchistes en Europe ». Et l'hebdomadaire satirique cite un conseiller du roi Fahd : « Le trotskisme mène à tout, mais à condition d'en sortir. (…) Si à la cour de Riyad on montre désormais un poil d'humour, c'est que le pire n'est plus forcément sûr [1]… » Porte-parole des plus bruyants du bien-fondé de la guerre américaine en Irak, Murawiec a dû quitter la Rand Corpo-

1. *Le Canard enchaîné* du 21 août 2002.

ration, éprise de discrétion, pour trouver un autre point de chute : *Senior Fellow* auprès du Hudson Institute, un autre nid de faucons.

Notre conférencier n'en reste pas à sa prestation anti-saoudienne de juillet 2002 : il s'agit, pour lui et ses employeurs, d'établir des liens entre la monarchie et l'Irak, un exercice propice à tous les sophismes. En septembre 2002, il explique : « Entre les Etats-Unis et l'Arabie Saoudite, un partenariat a existé, fondé sur le pétrole et la géostratégie du Moyen-Orient. On peut débattre du bien-fondé de ce partenariat, mais il avait des raisons. Son intérêt s'est progressivement atténué avant de disparaître. Il a aujourd'hui des effets négatifs et dangereux. On le voit bien, puisque les dirigeants saoudiens sont devenus des protecteurs attitrés de Saddam Hussein [1]. » Est-ce un rappel du sommet arabe de Beyrouth, en mars 2002, ou bien la chaleureuse accolade entre le numéro deux irakien Ezzat Ibrahim et le prince héritier Abdallah avait-elle déclenché l'ire de la Maison-Blanche ? En tout cas, l'affirmation est d'autant plus péremptoire qu'elle ne s'appuie sur aucune explication concrète.

Fidèle à son style « plus c'est gros, plus ça passe », caractéristique des techniques provocatrices des agents d'influence, Murawiec récidive en contestant le bien-fondé de la mission de Hans Blix, le chef de la Commission de vérification et d'inspection de l'ONU (Cocovinu), chargée de la localisation éventuelle des armes de destruction massive en Irak : « S'appuyant sur les positions de trois pays – la France, l'Allemagne et la Russie, qui ont intérêt à la perpétuation d'un Irak saddamien –, Hans Blix donne une interprétation hautement contestable de son mandat. Il affirme que celui-ci consiste à

1. *Le Point* du 13 septembre 2002.

découvrir les armements éventuellement dissimulés[1]. » C'est pourtant exactement ce que le texte de la résolution 1441, adoptée à l'unanimité le 8 novembre 2002 par le Conseil de sécurité de l'ONU, stipule noir sur blanc. En accusant les trois principaux pays opposés à une action militaire unilatérale en Irak et favorables à la poursuite des inspections en désarmement de l'ONU de soutenir la dictature de Saddam Hussein, Murawiec reprend le vieux poncif antionusien des néoconservateurs américains, qui accusent l'organisation mondiale, depuis des années, d'affaiblir la puissance des Etats-Unis.

Fermons cette édifiante parenthèse, et revenons à la crise américano-saoudienne.

Nécessaire à la campagne des faucons de l'administration Bush, la criminalisation académique et diplomatique de l'Arabie Saoudite se double d'une procédure judiciaire chargée de frapper au cœur même de la monarchie. C'est le sens de l'action civile intentée à l'encontre de plusieurs institutions et personnalités saoudiennes par quelque six cents proches des victimes du 11 septembre 2001.

Parmi la centaine de noms d'organisations et d'individus visés par la plainte déposée le 15 août 2002 devant un tribunal fédéral de Washington, figurent ceux de trois princes saoudiens de la famille royale, mis en cause pour leur rôle présumé dans le financement du terrorisme international, et en particulier d'Al-Qaïda. Il s'agit de l'actuel ministre de la Défense et de l'Aviation, Sultan Ben Abdelaziz al-Saoud, également président de la compagnie aérienne Saudi Arabian Airlines ; de l'ancien patron des services secrets saoudiens Turki al-Fayçal

1. *Le Figaro* du 17 février 2003.

al-Saoud, démis de ses fonctions en août 2001[1] ; et d'un homme d'affaires, Mohammed al-Fayçal al-Saoud, frère du prince Turki et actuel directeur de Faysal Islamic Bank, la première banque islamique du Proche-Orient.

Le texte de l'assignation, qui compte quelque 250 pages, affirme que le prince Turki a accepté en 1998 de ne pas demander l'extradition d'Oussama Ben Laden d'Afghanistan, et fourni une « aide généreuse » aux Taliban en échange de l'accord du chef d'Al-Qaïda de ne pas utiliser l'Afghanistan comme base d'opérations pour déstabiliser le régime wahhabite. La plainte précise que cet accord fut scellé lors d'une rencontre à Kandahar en Afghanistan, à laquelle participaient trois collaborateurs de Ben Laden. Au lendemain de cette réunion, quatre cents véhicules, flambant neufs et portant encore leurs plaques d'immatriculation saoudiennes, furent livrés aux Taliban.

Le prince Sultan, pour sa part, aurait fait don depuis 1994 d'au moins 6 millions de dollars à quatre organisations caritatives, dont l'International Islamic Relief Organization (IIRO), mentionnée par le Département d'Etat sur la liste des organisations finançant les réseaux terroristes[2].

Enfin, le prince Mohammed a dirigé jusqu'au début 2002 le groupe bancaire Dar al-Mal al-Islami (DMI, la maison de l'argent islamique), dont l'un des membres du conseil d'administration est Haydar Mohamed Ben Laden, un demi-frère d'Oussama ; la DMI est suspectée, elle aussi, d'être une pièce maîtresse dans le financement des organisations islamistes : « La DMI est impliquée

---

1. Voir le chapitre V : « L'impossible traque du cheikh Oussama ».
2. Voir le chapitre VI : « Les dollars de la terreur en fuite ».

dans le financement d'Al-Qaïda à travers plusieurs filiales », affirme encore le texte [1].

« Cette plainte ne vise pas à déstabiliser le régime saoudien, sinon nous l'aurions explicitement mentionné », précise l'avocat français Jean-Charles Brisard, « mais ce que le gouvernement américain ne peut pas faire parce qu'il se trouve face à des intérêts stratégiques majeurs, c'est le devoir de la justice de le faire. Il s'agit de penser aux victimes. » Si la compassion vertueuse constitue l'une des figures préférées de l'agent d'influence, son arme de prédilection reste la dénégation. En soulignant qu'il ne s'agit pas de « déstabiliser le régime saoudien », l'avocat français en dit trop ou trop peu, négligeant notamment de préciser que l'évolution de la procédure est régulièrement médiatisée par les soins d'une agence de communication officieusement mandatée par le Defense Policy Board de Richard Perle.

L'avocat, du reste, n'est pas n'importe qui. Agé de 35 ans, ce jeune Niçois fondateur de World Information Network (société d'expertise économique) rédige en 1996, pour la DST (le service français de contre-espionnage), un « Rapport sur l'environnement économique de la famille Ben Laden ». Titulaire d'un doctorat de droit international, le jeune homme a étudié à l'université de Georgetown. Alors, explique-t-il, il rédige des notes pour des membres du Congrès spécialistes des questions de défense. De retour en France, Brisard devient assistant parlementaire du député Alain Marsaud, ancien chef du parquet antiterroriste qui, plus tard, en fait son adjoint à la direction de la prospective de Vivendi. Auteur d'une

1. *Ibid.*

biographie de Charles Pasqua, Brisard est aussi le fondateur d'un éphémère mouvement de jeunesse. Aujourd'hui, il intervient volontiers comme expert en terrorisme pour le compte de la DST. A ce titre, il a été associé à diverses expertises menées conjointement par ce service et la CIA. Par conséquent, lorsqu'il nous dit qu'il s'agit de « ne pas déstabiliser le régime saoudien », on peut légitimement se poser quelques questions dans le contexte du bras de fer engagé entre Washington et Riyad.

Employé par l'étude d'avocats américaine Motley Rice, spécialisée dans les plaintes collectives, pour mettre au jour les liens entre la mouvance Ben Laden et l'oligarchie financière saoudienne, Jean-Charles Brisard s'installe en Suisse durant l'été 2003 « pour se rapprocher de ses cibles », déclare-t-il à un journal local, en ajoutant, sûr de sa mission salvatrice : « Mon rôle, c'est d'empêcher les financiers d'Al-Qaïda de dormir. » S'il n'est pas certain que ces financiers cherchent le sommeil dans la tranquille Helvétie, il est, en revanche, plus assuré que notre jeune avocat trouvera sur les rives du Léman un biotope fiscal des plus accueillants. Certes, les places de Genève, Zurich et Lugano en Suisse italienne restent très attractives pour les capitaux saoudiens en général, mais les montages financiers les plus importants et les plus suspectés de subvenir aux besoins d'organisations terroristes ramènent inexorablement à des gestionnaires de fortune américains et des sociétés financières éparpillées dans les paradis offshore.

A la suite du dépôt de la plainte américaine et devant les menaces de saisie de leurs avoirs bancaires, plusieurs investisseurs saoudiens décident de retirer leurs fonds placés aux Etats-Unis. La totalité des fonds saoudiens investis outre-Atlantique était alors estimée à plus de 750 milliards de dollars, en placements à faible risque dans l'immobilier, mais aussi en bons du Trésor, en obligations et en actions. Les fonds d'investissement saoudiens avaient déjà largement diversifié leurs placements au profit des places bancaires européennes – notamment Londres et Genève – et asiatiques, comme Kuala Lumpur et Djakarta. Mais « le mouvement s'est amplifié depuis les attentats du 11 septembre et la dégradation des relations américano-saoudiennes », relève le *Financial Times* du 21 août 2002. Selon plusieurs sources bancaires arabes à Londres, 250 milliards de dollars auraient été retirés des Etats-Unis. Même si le montant des retraits saoudiens est aussitôt contesté par les analystes et économistes de Wall Street, Riyad n'en continue pas moins de multiplier les manifestations de mauvaise humeur à l'encontre de Washington.

Officiellement, les autorités du royaume s'opposent au boycott des produits et des investissements américains mais, non sans opportunisme, la Sagia – l'autorité pour les investissements en Arabie Saoudite – espère que « ce nouveau climat permettra le retour au pays d'une partie "des avoirs saoudiens de l'étranger" ». Et, durant ce même mois d'août 2002, le gouvernement saoudien décide de suspendre l'introduction de l'enseignement de l'anglais dans les écoles primaires.

Sur le front diplomatique, le royaume estime qu'une « catastrophe humaine » pourrait se produire en cas de bombardements américains sur l'Irak. Une guerre menée par les Etats-Unis contre l'Irak « ébranlera la paix, la sécurité et la stabilité dans la région et le monde », ajoute le communiqué publié à Jeddah à l'issue de la réunion du Cabinet saoudien, le 18 août 2002. Cette mise en garde intervient au lendemain des déclarations du prince héritier Abdallah et du président yéménite Ali Abdallah Saleh, réaffirmant leur opposition commune à une nouvelle guerre américaine au Proche-Orient.

CHAPITRE VIII

Riyad-Washington, divorce à l'italienne

« La famille saoudienne est particulièrement attentive à tous ceux qui, dans le monde sunnite et en Arabie même, pourraient, tels les Frères musulmans, élever le débat sur le pouvoir dans le champ du religieux que Riyad s'efforce donc d'occuper de la façon la plus extensive possible. »

ALAIN CHOUET
(« L'islam confisqué : stratégies dynamiques pour un ordre statique », septembre 1994).

La crise de l'été 2002 entre Washington et Riyad laisse des séquelles durables, qui confortent la monarchie pétrolière dans son opposition affichée à une opération militaire en Irak. Si les Etats-Unis attaquent le régime de Saddam Hussein, seul un retour à la charia et une stricte surveillance de son application sauveront le royaume et la dynastie de l'éclatement : c'est l'avis que le Conseil des grands Oulémas donne, fin 2002, au prince héritier Abdallah. Composée de la vingtaine des maîtres en théologie les plus influents du pays, cette institution continue à peser sur les choix fondamentaux de la monarchie, surtout en période de crise.

Dans un pays qui compte quelque 30 000 mosquées, le corps des Oulémas constitue avec les familles un réseau d'environ 15 000 personnes, autant d'agents d'influence quadrillant la cinquantaine de tribus du pays. C'est sur l'avis du Conseil des Oulémas que le prince héritier a réitéré, à plusieurs reprises, son refus de prêter les bases aériennes saoudiennes aux forces américaines en vue d'une attaque contre l'Irak. En écho à ces bruits de bottes, princes et chefs de tribu se tournent en effet vers les Oulémas, qui préconisent un durcissement théologique et par conséquent politique, synonyme d'une plus grande fermeture du royaume.

La fermeture s'était déjà prononcée avec la fin de la première guerre contre l'Irak en 1991. Mal acceptée, l'installation durable de troupes américaines à proximité des deux principaux lieux saints de l'Islam, La Mecque et Médine, n'a fait qu'accentuer le ressentiment d'une population dressée en permanence à la diabolisation d'un Occident infidèle, impur et corrompu. Tout le paradoxe saoudien est là : une oligarchie totalement acquise à l'*American way of life*, devenue un rouage essentiel du capitalisme mondial, et une population constamment nourrie d'une des idéologies les plus obscurantistes de la planète, le wahhabisme. Du nom de son fondateur Mohammed Ibn Abdel Wahhab (1703-1792), professeur et juriste originaire du Nedjd (la province centrale de l'Arabie d'aujourd'hui), cette doctrine adoptée en 1744 par la tribu des Saoud se confond historiquement avec la dynastie. Quand Ibn Saoud fonde le royaume d'Arabie Saoudite en 1932, le wahhabisme devient doctrine d'Etat.

Fondé essentiellement sur les enseignements d'Ibn Hanbal (780-855) et d'Ibn Taymiya (mort en 1328), il prône la croyance en l'unité absolue de l'essence divine qui englobe tous les aspects de la vie terrestre, et abolit tout signe susceptible de rappeler le polythéisme, comme par exemple la visite des tombes ou la vénération des saints. Cette doctrine condamne radicalement toute innovation par rapport à l'enseignement original de l'islam, fondé sur le Coran et les Hadith (recueils rassemblant les actes et les paroles du prophète Mahomet). La foi y est inséparable de la pratique religieuse. Le Coran étant primordial et incréé, son interprétation doit être absolument littérale. La croyance en la prédestination est obligatoire. Tout acte ou point de vue non orthodoxe doit être condamné et combattu. Enfin, l'Etat musulman doit fonctionner exclusivement selon les principes intangibles de la foi religieuse. Dans cette perspective, l'évolution historique, les changements et le progrès doivent s'adapter au Coran, et non l'inverse. Et les docteurs de la loi doivent ruser en permanence avec les accélérations de l'Histoire, afin de produire des textes exégétiques rendant licite ou illicite telle ou telle pratique nouvelle.

En réalité, il est très difficile de savoir et de comprendre ce qui se passe réellement en Arabie Saoudite, ce pays volontairement dépourvu d'observatoire fiable. Financés par les compagnies pétrolières, plusieurs centres de recherches spécialisés existent aux Etats-Unis et en Grande-Bretagne, mais leurs travaux, comparables à ce que fut la Kremlinologie du temps de la guerre froide, n'atteignent que rarement le grand public. En France, les études saoudiennes demeurent très marginales, sinon inexistantes. De fait, l'Arabie Saoudite reste largement aujourd'hui terra incognita, réduite le plus souvent à ses puits de pétrole, ses fast-foods, sa police religieuse qui empêche les femmes de sortir seules et ses décapitations publiques en guise de justice divine.

La deuxième guerre américaine contre l'Irak n'a fait qu'accentuer la schizophrénie saoudienne. En effet, malgré les annonces répétées du prince héritier affirmant que les forces américano-britanniques n'utiliseraient pas les bases militaires saoudiennes – déclarations quotidiennement reproduites dans la presse arabe –, le commandement américain s'est pour sa part publiquement félicité, et à plusieurs reprises, de la collaboration « pleine et entière » de l'allié saoudien, les bases aériennes de Tabuk et Arar, au nord de la péninsule, ayant servi de tête de pont aux principales opérations des forces spéciales américaines, dès les premières heures de l'offensive contre le régime de Saddam Hussein. En échange de cette assistance, Riyad a obtenu le droit de baser des chasseurs-bombardiers F-15 à Tabuk et An Nabk, ce qui lui était jusque-là interdit par les Etats-Unis, soucieux de la proximité de ces sites avec Israël. Cette coopération discrète, quasi clandestine, a souligné la permanence de relations étroites entre les forces militaires des deux pays.

Schizophrénie saoudienne, mais aussi américaine. Washington, tout à la défense de ses intérêts stratégiques – militaires, énergétiques et régionaux – au Proche-Orient, continue à protéger le sanctuaire wahhabite tout en reconduisant son soutien inconditionnel aux gouvernements israéliens successifs. Même si, avec les attentats du 11 septembre 2001, cette schizophrénie symétrique a perdu de sa rigidité, laissant apparaître la possibilité d'un divorce américain avec la monarchie pétrolière.

C'est seulement le 25 septembre 2001, après les Emirats arabes unis, que Riyad a annoncé officiellement la rupture de ses relations diplomatiques avec les Taliban au pouvoir à Kaboul, en raison du soutien que ceux-ci accordent au terrorisme. Et l'agence officielle de presse saoudienne (SPA) de déplorer que les Taliban « aient fait de leur territoire un centre d'accueil, de formation et de mobilisation de nombre d'égarés de toutes les nationalités, particulièrement des citoyens saoudiens, pour qu'ils entreprennent des actes criminels contraires à toutes les religions, tout en refusant de livrer ces criminels à la justice ». Rappelons qu'il a fallu des mois pour que le royaume se résigne à admettre que quinze des dix-neuf auteurs des attentats de New York et Washington étaient bel et bien de nationalité saoudienne.

Dans ce contexte des plus troubles, le secrétaire américain à la Défense Donald Rumsfeld annonce, le 29 avril 2003 à Riyad, le départ des forces américaines d'Arabie Saoudite. En réalité, le déménagement est amorcé depuis le printemps 2002. Il reste que le transfert du commandement aérien opérationnel de la base Prince Sultan, au sud de Riyad [1] (qui a continué depuis 1991 à assurer la coordination quotidienne des opérations aériennes contre l'Irak), à la base d'Al-Udeïd au Qatar (solution de repli au cas où l'Arabie Saoudite aurait refusé l'usage de Prince Sultan) confirme le redéploiement des forces américaines dans la région. Celui-ci avait débuté avec l'installation à Doha, au Qatar, du nouveau centre américain de commandement régional, le Centcom.

Bien que réitérant à de multiples reprises sa satisfaction d'« une parfaite coopération saoudienne » – *extremely helpful* – dans la conduite de la deuxième guerre en Irak, Washington exprime ainsi sa volonté de réduire sa dépendance vis-à-vis de l'Arabie Saoudite. Pour

---

1. A 80 kilomètres au sud-est de Riyad, cette base, implantée dans le désert, a été construite par des sociétés appartenant à la famille Ben Laden.

s'assurer que ce divorce à l'italienne ne tourne pas à la rupture brutale, les deux alliés sont convenus qu'il était de leurs intérêts respectifs de faire chambre à part. Oussama Ben Laden a atteint au moins l'un de ses objectifs : le départ des soldats américains de sa terre natale. Mais, encore une fois, ce divorce à l'amiable ne répond pas à toutes les exigences de la rupture qu'appellent de leurs vœux les faucons les plus militants, qui cherchent à provoquer une partition pure et simple du royaume en plusieurs émirats.

Pour eux, l'éclatement de l'Arabie Saoudite s'inscrit logiquement dans la suite d'une mise sous tutelle durable de l'Irak. Un rapport de leur cru, qui préconise un démembrement complet de l'Arabie Saoudite, circule dans les plus hautes sphères de l'administration à Washington. Plus précisément, ce document prône la sécession de la province du Hasa, à l'est. Cette région n'est pas seulement la zone pétrolière la plus riche du pays, elle est aussi majoritairement peuplée de chi'ites, toujours enclins à s'émanciper de la tutelle wahhabite : en 1979, les tribus du Hasa tentèrent de se soulever, avec l'aide de Téhéran, contre la monarchie des Saoud. Le rapport prévoit aussi de confier la gestion des lieux saints de l'Islam aux Hachémites : cette dynastie, qui peut revendiquer une filiation directe avec le Prophète, bénéficierait d'une légitimité qui fait défaut à la tribu des Saoud. Elle avait du reste la garde des lieux saints jusqu'à en être dépossédée par les Saoud en 1927.

Considéré par Riyad comme une nouvelle provocation, ce rapport est d'autant plus mal perçu qu'il a été rédigé par un chercheur israélien de l'université de Bar-Ilan à Tel-Aviv. Cette vision d'un Proche-Orient fragmenté en petits morceaux, qui est celle des néoconservateurs américains, ne tombe pas du ciel. Elle s'inscrit au contraire dans la continuité de la stratégie israélienne du gouvernement Sharon et Eitan, dans les années quatre-vingt. Datée de février 1982, une note d'Oded Yinon, haut fonctionnaire du ministère israélien des Affaires étrangères, détaille le projet géostratégique de cette politique de fragmentation de l'ensemble proche-oriental en des unités les plus petites possible : autrement dit le démantèlement des Etats arabes voisins d'Israël.

En guise de préambule, Oded Yinon précise : « Le monde arabe islamique n'est qu'un château de cartes construit par des puissances étrangères – la France et la Grande-Bretagne dans les années vingt – au mépris des aspirations des autochtones. Cette région a été arbitrairement divisée en dix-neuf Etats, tous composés de groupes ethniques différents, de minorités hostiles les unes aux autres, si bien que chacun des Etats arabes islamiques d'aujourd'hui se trouve menacé de l'intérieur en raison de dissensions ethniques et sociales, et que dans certains d'entre eux, la guerre civile est déjà à l'œuvre [1]. » S'appuyant principalement sur une bibliographie américaine et des citations de responsables politiques israéliens, la note passe en revue ces dix-neuf Etats arabes, en répertoriant les principaux facteurs annonciateurs de troubles et de désintégrations possibles ; « telle est la triste situation de fait, la situation troublée des pays qui entourent Israël ». La recommandation d'Oded Yinon est parfaitement claire : « C'est une situation lourde de

1. *Kivunium*, n° 14, février 1982. Revue publiée par le Département de la propagande. Organisation sioniste mondiale – Jérusalem. Cet article a été envoyé à la *Revue d'études palestiniennes* par Israël Shahak et publié dans le n° 5, automne 1982.

menaces, de dangers, mais aussi riche de possibilités, pour la première fois depuis 1967. Les chances qui n'ont pas été saisies alors peuvent se présenter à nouveau, plus accessibles, dans les années quatre-vingt, dans des circonstances et avec une ampleur que nous ne pouvons pas même imaginer aujourd'hui. »

L'analyse politique d'Oded Yinon mérite toute notre attention : « La politique de paix, la restitution des territoires sous la pression des Etats-Unis, excluent cette chance nouvelle qui s'offre à nous. Depuis 1967, les gouvernements successifs d'Israël ont subordonné nos objectifs nationaux à d'étroites urgences politiques, à une politique intérieure stérilisante qui nous liait les mains aussi bien chez nous qu'à l'étranger. » Après une ultime recommandation qui invite Israël à « agir directement ou indirectement pour reprendre le Sinaï en tant que réserve stratégique, économique et énergétique », Oded Yinon conclut : « La décomposition du Liban en cinq provinces préfigure le sort qui attend le monde arabe tout entier, y compris l'Egypte, la Syrie, l'Irak et toute la péninsule arabe. Au Liban, c'est un fait accompli. La désintégration de la Syrie et de l'Irak en provinces ethniquement ou religieusement homogènes, comme au Liban, est l'objectif prioritaire d'Israël, à long terme, sur son front Est ; à court terme, l'objectif est la dissolution militaire de ces Etats. La Syrie va se diviser en plusieurs Etats, suivant les communautés ethniques, de telle sorte que la côte deviendra un Etat alaouite chi'ite ; la région d'Alep un Etat sunnite ; à Damas, un autre Etat sunnite hostile à son voisin du nord ; les Druzes constitueront leur propre Etat, qui s'étendra sur notre Golan peut-être, et en tout cas dans le Hourân et en Jordanie du Nord. Cet Etat garantira la paix et la sécurité dans la région, à long terme : c'est un objectif qui est, dès à présent, à notre portée. »

Selon cette note, l'objectif « prioritaire d'Israël à long terme » consiste donc à favoriser tous les facteurs de désintégration des Etats arabes ; démantèlement devant déboucher sur la création de « provinces ethniquement ou religieusement homogènes ». Dix ans avant l'embrasement des Balkans, dix ans avant les massacres, les charniers et autres « terribles cortèges » de Croatie et de Bosnie, cet encouragement prémonitoire à la purification ethnique et religieuse fait littéralement froid dans le dos. Cet « objectif prioritaire » anticipe aussi l'aide bienveillante qu'Américains et Israéliens apporteront aux « brigades islamistes » engagées en ex-Yougoslavie, après avoir sciemment sabordé les plans de paix successivement proposés par l'Union européenne et les Nations unies. Ce recours à l'idéologie islamiste comme facteur de désintégration des Etats est un héritage en droite ligne de la politique de *divide et impera* de l'ex-Empire britannique. Au-delà de la filiation historique, son actualité éclaire la formule « islamisme et sionisme = ennemis complémentaires ».

Pour exorciser le spectre de l'éclatement annoncé, et afin de répondre à cette campagne de dénigrement sans précédent, le royaume saoudien décide de lancer une contre-campagne de relations publiques, qu'il confie au cabinet de lobbying Patton-Bogg. A Washington, Abdel al-Joubeir, le conseiller diplomatique du prince héritier, annonce en grande pompe, lors d'une conférence de presse à laquelle sont conviés le ban et l'arrière-ban de la haute administration américaine, la création d'une unité de renseignement financier au sein de la banque centrale et des grandes banques privées saoudiennes, ainsi que la relance d'une Commission antiterroriste mixte saoudo-américaine. Lors du sommet du G8 d'Evian (1er, 2 et

3 juin 2003), le prince Abdallah est invité à la première journée, consacrée à un débat élargi à de grands pays du Sud. Dans les couloirs, sa délégation fait distribuer une petite brochure luxueusement éditée et intitulée « Sommet d'Evian : les défis et les perspectives du royaume d'Arabie Saoudite », dont la conclusion est justement consacrée à la lutte antiterroriste.

On peut notamment y lire que « le Royaume d'Arabie Saoudite a été parmi les premiers pays signataires des quarante recommandations du Groupe d'action financière sur le blanchiment des capitaux en 1999. De même, il a lancé le projet de loi contre le blanchiment des capitaux et le financement du terrorisme, qui reçoit aujourd'hui les dernières modifications et devrait être mis en application très bientôt. Il a également mis en application les résolutions de l'ONU concernant le gel des avoirs des sociétés et des individus suspectés d'entretenir des relations avec des organisations terroristes. Concernant la réglementation intérieure, les transferts d'argent sont aujourd'hui soumis à un contrôle très sévère. En effet, seules les banques sont autorisées à effectuer des virements, et les organisations caritatives ne peuvent avoir une quelconque activité sans l'obtention d'une autorisation préalable. Les comptes et les activités de ces dernières font également l'objet d'une étroite surveillance de la part des autorités concernées, et nous travaillons actuellement à leur réorganisation de manière à pouvoir exercer une surveillance accrue sur elles et pour augmenter la transparence de leurs activités. Ce projet est aujourd'hui sur le point de voir le jour. En ce qui concerne le contrôle des organisations saoudiennes à l'extérieur du pays, le gouvernement travaille sur une loi de distribution centralisée des donations pour éviter qu'une partie ne soit détournée en faveur d'activités ou d'entités suspectes». Ces bonnes résolutions ne mangent pas de pain.

Mais c'est sur le front intérieur que les autorités saoudiennes doivent parer au plus pressé. Les seuls revenus pétroliers ne suffisent plus à assurer la croissance d'une économie dans un pays de plus de vingt millions d'habitants. Durant les années quatre-vingt, il suffisait aux jeunes Saoudiens de s'inscrire à l'université pour recevoir une allocation mensuelle de l'Etat. Et l'obtention d'un diplôme leur garantissait un poste de fonctionnaire, pourvu d'un salaire très confortable et d'horaires des plus légers (de 10 heures du matin à 2 heures de l'après-midi). Ces jeunes sont désormais confrontés à une réalité nouvelle : il va leur falloir travailler, s'ils trouvent un travail.

Actuellement, le taux de chômage dépasse officiellement 20 % de la population active, avec des chiffres certainement plus élevés encore parmi les récents diplômés, alors que les perspectives d'avenir ne font que s'assombrir. «Il ne faudra pas longtemps avant que ce qui n'est encore aujourd'hui qu'une inquiétude ne devienne un problème de taille, et de taille nationale», prédit Brad Bourland, le directeur du service économique de la Saudi American Bank. «L'année dernière», explique-t-il, «plus d'un millier de personnes se sont présentées pour les dix postes proposés par l'école militaire de Riyad, provoquant une véritable mêlée au cours de laquelle plusieurs candidats furent blessés.»

Cherchant à saoudiser tous les secteurs de l'économie, et notamment celui des hydrocarbures, le prince héritier Abdallah a lancé, voilà quatre ans, un train de négociations avec les compagnies internationales. L'objectif consiste à mettre en exploitation de nouveaux gisements de gaz dans trois zones vierges, afin de stimuler l'économie nationale et de créer de nouveaux emplois. L'enjeu est de taille, puisque les prévisions d'investissements sont évaluées à quelque 25 milliards de dollars. Trois consortiums ont été présélectionnés au printemps 2001 : deux associés aux majors américaines Exxon-Mobil, le troisième étant constitué par un partenariat européen entre Shell et Totalfina. L'administration américaine a déjà exercé de féroces pressions pour emporter l'affaire, en tentant de faire modifier les conditions d'attribution fixées par les Saoudiens, jugées défavorables aux majors. A défaut de la propriété des réserves, Exxon exige un retour sur investissement d'au moins 18 %, ce qui a passablement irrité les responsables du projet.

L'offre européenne apparaît donc la mieux placée. Si elle parvenait à l'emporter, ce serait une première depuis 1945, qui constituerait un cuisant revers pour les majors habituées à jouer en pays conquis. Pour la première fois, des « étrangers » mettraient un pied dans le pré-carré américain. Si cette péripétie n'explique pas tout, elle constitue un révélateur de plus du refroidissement des relations Riyad/Washington.

Les structures de l'enseignement supérieur saoudien sont très mal adaptées aux besoins de l'économie nationale. Les fils de familles princières poursuivent encore presque tous leurs études supérieures en dehors du pays, dans les universités américaines ou britanniques les plus prestigieuses. Mais c'est dans l'enseignement primaire et secondaire que le besoin de « déwahhabisation » serait le plus urgent. Le cours obligatoire de religion pour tous les élèves de seconde des lycées publics reste particulièrement édifiant, par exemple : à la difficile question de quel type d'amitié doit entretenir un bon musulman, le manuel encore en vigueur aujourd'hui répond qu'il est dangereux d'entretenir des relations avec des chrétiens ou des juifs, avant de conclure : « Les musulmans doivent se montrer loyaux les uns envers les autres et considérer les infidèles comme des ennemis. » Inculquée dès les plus jeunes années, cette vision du monde unilatérale demeure la règle pour l'ensemble du système éducatif.

Hors de l'école, cette *Weltanschauung* est reproduite à l'infini à travers les prêches des mosquées, les émissions de télévision et les sites Internet, tous dévolus à la reproduction de l'idéologie wahhabite. Bien qu'ayant édicté une *fatwa* (décret religieux) condamnant les attaques du 11 septembre 2001, le cheikh Amoud al-Shuaibi, l'un des Oulémas les plus populaires du royaume, répond invariablement à la question de savoir si la guerre sainte est conforme à la vraie religion : « Le jihad est permis contre les infidèles comme les juifs, les chrétiens et les athées. » Pur produit local, cet exemple du dogmatisme wahhabite, doctrine officielle de tous les appareils d'Etat de la monarchie, finit par se retourner contre ses initiateurs et par favoriser non seulement les Oulémas du palais prêts à tout pour sauvegarder leurs privilèges, mais aussi les Oulémas du Conseil, majoritaires, qui soutiennent les revendications d'Oussama Ben Laden, au premier rang desquelles le départ de la famille régnante qu'il accuse d'avoir trahi l'islam et souillé les saintes mosquées par une alliance trop étroite avec les Etats-Unis.

Si un retour à l'observation la plus stricte de la doctrine wahhabite pouvait, dans un premier temps, sauvegarder l'unité du royaume, elle entraînerait à terme sa fragilisation, sinon sa mise en accusation. Les attentats du 12 mai 2003, menés contre trois complexes résidentiels pour étrangers de la banlieue ouest de Riyad, ont visé prioritairement des « infidèles », mais sonnent comme une sérieuse mise en garde adressée à la famille régnante : tous saoudiens, les exécutants font partie d'organisations islamistes locales opposées à la monarchie. L'élément le plus inquiétant est que les explosifs utilisés pendant ces attaques proviennent directement des entrepôts de la Garde nationale saoudienne, laissant supposer des complicités au cœur même de certains appareils du régime.

Initialement alliés au clan des Sudeïri – formé par les sept fils de Hassa Bent Sudeïri, l'épouse favorite du roi Abdel Aziz al-Saoud, qui régna de 1932 à 1953 –, Oussama Ben Laden et sa mouvance n'ont cessé de jouer un jeu trouble dans la succession saoudienne. Et il se pourrait que le jeu se poursuive actuellement, car le prince héritier Abdallah, n'appartenant pas au clan des Sudeïri, voit son autorité toujours contestée par le prince Sultan (ministre de la Défense depuis 1963) et ses frères. Tant que Fahd, le premier des Sudeïri, roi depuis 1982, est encore vivant, le prince Sultan ne perd pas sa chance de lui succéder à la place d'Abdallah ; raison de plus pour prolonger la vie du souverain en titre, qui ne disposerait plus que de quelques minutes de lucidité par jour. Les attentats du 12 mai 2003 sont à mettre dans ce contexte de décadence monarchique.

Dans le cadre de cette guerre de succession, d'aucuns prêtent aux princes Sultan et Turki [1] des sympathies pour la mouvance Ben Laden, voire une complicité active. Les péripéties de cette guerre qui n'est pas que de palais se cantonneraient aux colonnes de *Point de vue - Images du monde* si elles n'avaient pour enjeu la sauvegarde de l'intégrité de l'Arabie Saoudite ou son éclatement.

Après l'étrange divorce avec l'allié-protecteur améri-

1. Voir le chapitre V : « L'impossible traque du cheikh Oussama ».

cain, c'est l'avenir même de la monarchie saoudienne qui est en cause. Un avenir dont dépendent les réserves pétrolières les plus importantes du monde. Un avenir qui concerne plus largement toute la région, donc aussi la deuxième réserve pétrolière de la planète – qui se trouve en Irak.

CHAPITRE IX

En attendant le Ben-Ladengate

> « Aujourd'hui, il y en a qui aimeraient récrire l'histoire ; des historiens révisionnistes, voilà comment je les appelle. »
>
> GEORGE W. BUSH
> (le 16 juin 2003,
> devant des hommes d'affaires du New Jersey).

Comme la lettre volée d'Edgar Allan Poe, les secrets du financement du terrorisme sont depuis longtemps posés sur la table à la vue de tous, et surtout des administrations américaines successives. Depuis le premier attentat contre le World Trade Center en février 1993, et les attaques contre les ambassades américaines de Nairobi et Dar es-Salaam en août 1998, les agences spécialisées dans la lutte contre le terrorisme et les services américains de renseignement connaissent parfaitement les outils principaux du financement de la mouvance Ben Laden, leurs animateurs, les banques et les ONG qu'ils utilisent depuis longtemps. Ce qu'ils savent aussi, c'est qu'un jour ou l'autre les enquêtes établiront les relations complices entre les intérêts financiers américains et les responsabilités saoudiennes dans le financement de l'islamisme radical et de ses produits dérivés. Ce qu'ils savent encore, c'est qu'un jour ou l'autre les enquêtes remonteront au cœur de la technostructure américaine, et qu'elles finiront par mettre directement en cause, peu ou prou, la famille Bush et ses amis politiques et pétroliers.

Un séisme de première grandeur couve dans ces eaux troubles, que les enquêteurs appellent, entre eux, le Ben-Ladengate.

L'équipe des pétroliers texans constitue le premier cercle de financement du parti républicain et de la campagne présidentielle de George Bush, mais aussi les principaux collaborateurs du président américain, Dick Cheney (vice-président) et Condoleeza Rice (conseillère pour la sécurité nationale) ont exercé des fonctions de direction dans les principales compagnies américaines d'hydrocarbures : Halliburton pour le premier, Chevron pour la seconde. Celles-ci sont encore aujourd'hui garantes de l'indéfectible relation Riyad/Washington. Des hydrocarbures, ce rhizome financier très diversifié dérive vers d'autres activités, notamment les industries aéronautiques et d'armements.

Avant de réussir en politique, Bush junior a connu quelques difficultés dans le secteur pétrolier. Au début des années quatre-vingt, sa première société, Arbusto Energy, allait sûrement vers le dépôt de bilan. Pour la sauver, le futur président fusionna son entreprise avec Spectrum 7, une autre société du secteur, puis Harken. Peu après, en 1987, la chance se manifesta à nouveau sous les traits de deux hommes : David Edwards, un investisseur proche de Bill Clinton et bien introduit au Proche-Orient, et le financier saoudien Abdullah Taha

Bakhsh[1], qui acheta 17 % de Harken[2]. Selon le *Wall Street Journal*, le banquier de Bakhsh n'était autre que Khaled Ben Mahfouz, beau-frère d'Oussama Ben Laden, qui dirigeait alors la National Commercial Bank (NCB) en Arabie Saoudite, aujourd'hui suspectée d'avoir été l'une des principales chevilles ouvrières du financement de la mouvance du même Ben Laden.

Représentant les intérêts de Salem Ben Laden aux Etats-Unis depuis 1976, un autre personnage, James Bath, ami de longue date de George W. Bush, avait investi 50 000 dollars dans la société Arbusto. Il se trouve que Khaled Ben Mahfouz était l'un des investisseurs de la banque de Houston dirigée par Bath. Plus tard, l'Etat de Bahreïn confia à Harken le droit exclusif, pour trente-cinq ans, d'explorer ses fonds offshore à la recherche de pétrole et de gaz. Pourquoi Harken ? C'est la question que se posèrent tous les milieux pétroliers. Le fait que George Bush senior était alors président des Etats-Unis n'est sans doute pas étranger au redressement inespéré des affaires de son fils. Des affaires qui créent des liens.

L'empire Ben Mahfouz s'est établi à partir de trois holdings principaux : la National Commercial Bank (NCB), la Nimir Petroleum Limited et la Sedco (l'un des principaux actionnaires de Ben Laden Telecommunications Company Ltd). Sur cette base, la famille Ben Mahfouz dispose d'actifs dans près de soixante-dix structures financières, dont une société pakistanaise particulière-

1. Abdullah Taha Bakhsh était représenté au conseil d'administration de la société pétrolière Harken par Talat Othman, membre du Middle East Policy Council américain aux côtés de Frank Carlucci, ancien secrétaire à la Défense du président Reagan.

2. George W. Bush a été directeur de cette société pétrolière de 1986 à 1993.

ment intéressante installée à Lahore, la Prime Commercial Bank Ltd.

La Prime Commercial Bank Ltd est présidée par un conseiller saoudien de Ben Mahfouz, Sami M. Baarama, membre actuel du comité exécutif de la Saudi Bank, dirigeant de SNCI Securities Limited à Londres, responsable de la division internationale de la NCB saoudienne et, jusqu'en décembre 2001, membre du comité directeur de Carlyle Group[1].

Officiellement créé en 1987 à Washington, Carlyle Group s'annonçait à ses débuts comme une société privée spécialisée dans la gestion de fortune. Le premier fonds connu, Carlyle Partners I (CP I), fut lancé en 1990 avec un capital de 100 millions de dollars. Aujourd'hui, Carlyle possède vingt-quatre bureaux à travers le monde, emploie deux cent cinquante experts en gestion de fortune et gère des placements de 14 milliards de dollars à travers quatorze fonds (sept aux Etats-Unis, quatre en Europe, trois en Asie). En outre, le groupe contrôle environ cent soixante sociétés dans cinquante-cinq pays, qui emploient quelque soixante-dix mille personnes et dégagent un chiffre d'affaires annuel d'environ 16 milliards de dollars. Depuis une dizaine d'années, Carlyle affiche un retour sur investissement annuel de 34 % en moyenne, résultat largement au-dessus de la norme dans son secteur.

Alors qu'à ses débuts 60 % des fonds étaient placés dans le secteur de la défense, aujourd'hui le portefeuille est nettement plus diversifié. Selon Chris Ullman, le responsable des relations publiques du groupe, la défense ne

1. Les informations qui suivent proviennent notamment d'une note confidentielle d'une agence française de renseignement économique.

pèserait plus que 10 % des activités, l'aviation commerciale 15 %, le reste demeurant inconnu. Parmi les quelques données accessibles, l'on sait que pour le Carlyle Partners II Fund la répartition est de 24 % pour la défense, 23 % pour l'aviation commerciale et 24 % pour les télécommunications et l'énergie. Quel que soit le niveau actuel de diversification, il faut souligner que le groupe était en 2001 le onzième fournisseur du Pentagone avec des contrats atteignant 1,2 milliard de dollars, et qu'il est l'une des firmes les plus bénéficiaires du budget 2003 du Pentagone, qui s'élève à 379 milliards de dollars [1].

Notons également que l'on retrouve la signature de Carlyle en Asie centrale, aux côtés d'Unocal et d'Enron, dans le montage financier du projet de pipeline en Afghanistan, au cœur des négociations menées par Washington avec le régime taliban en 2001 [2].

Quelque quatre cent cinquante institutions ou personnes physiques (fonds de pension, banques, mais aussi particuliers parmi les plus riches familles des Etats-Unis, du Royaume-Uni, du Proche-Orient...) ont placé de l'argent dans les divers fonds gérés par Carlyle. Parmi les grands actionnaires du groupe figurent de nombreuses personnalités de l'entourage de l'ancien président américain George Bush ou de son fils, George W. Bush, l'actuel président, des princes de la famille royale saoudienne – comme Al-Walid Ben Talal, neveu du roi Fahd, qui dispose d'une participation indéterminée dans le

1. L'augmentation demandée et obtenue par le président Bush en 2002 (pour le budget 2003) s'élève à 48 millards de dollars. C'est la plus forte augmentation des dépenses militaires intervenue durant les deux dernières décennies.

2. Voir le chapitre II : « Le grand jeu trébuche à Berlin ».

fonds –, et aussi plusieurs membres de la famille Ben Laden.

Après le 11 septembre 2001, la presse s'est fait l'écho de ce que la famille Ben Laden figurait parmi les investisseurs de Carlyle à hauteur de 2 millions de dollars, et qu'elle avait, officiellement, été évincée du fonds. Mais en avril 2002, un incident plutôt cocasse s'est produit dans un grand hôtel de Genève : Carlyle Group y organisait l'un de ses traditionnels dîners à l'intention des banquiers privés genevois et de leurs gros clients européens. Bush père assistait à la soirée. Yeslam Ben Laden, le demi-frère d'Oussama, se présenta à la réception, arguant de sa qualité d'actionnaire en brandissant une invitation. Tétanisé, le service d'ordre l'invita à tourner les talons. Il reste que les Ben Laden sont très liés à la famille Mahfouz, qui entretient des relations étroites, et pas seulement financières, avec Carlyle Group [1]. Et qu'à travers Carlyle les Ben Laden sont liés aux plus grands noms du parti républicain, et plus directement à la famille Bush elle-même.

La composition du conseil d'administration de Carlyle Group est particulièrement édifiante. Le président n'est autre que Frank Carlucci, qui fut secrétaire à la Défense sous la présidence de Ronald Reagan et directeur adjoint de la CIA, et deux des membres les plus influents, Richard G. Darman, ancien directeur de l'Office of Management and Budget du président Bush père, et John Sununu, ancien secrétaire général de la Maison-Blanche sous le même président. On y retrouve également James Baker, qui fut secrétaire d'Etat au budget, puis secrétaire d'Etat dans l'équipe de George Bush de 1989 à 1992. L'ancien Premier ministre britannique John Major

1. Voir le chapitre VI : « Les dollars de la terreur en fuite ».

(1990-1997) préside Carlyle-Europe. L'ancien président des Philippines Fidel Ramos est conseiller du groupe, comme l'ancien Premier ministre thaïlandais Anand Panyarachun, l'ex-président de la Deutsche Bundesbank Karl Otto Pohl, et Artur Levitt, ancien président de la SEC (Securities Exchange Commission), l'organisme américain de régulation des opérations boursières. George W. Bush a été, de 1990 à 1994, membre du conseil d'administration de Caterair, filiale de Carlyle Group. Enfin, George Bush père s'occupe spécialement de toutes les affaires concernant le Golfe et le Proche-Orient.

Professeur à Harvard, Paul Krugman commente cette galerie de portraits : « Toute cette affaire a une apparence légale, mais elle pue [1]. »

La liste des clients est tout aussi impressionnante : citons Goldman Sachs, Salomon Smith Barney, les autorités d'investissement d'Abu Dhabi, de Dubaï et du Koweït, l'Union Labor Life, les fonds de pension d'entreprise d'American Airlines, Boeing, BP Amoco, General Motors et, *last but not least*, ceux de la Banque mondiale. Il faut ajouter à cette liste la compagnie d'assurances American International Group (AIG), dont l'histoire très particulière a beaucoup pesé sur l'identité de Carlyle. Ce poids lourd des assurances américaines, qui compte Henry Kissinger parmi ses conseillers, bénéficie de la plus forte capitalisation boursière de toutes les sociétés de services financiers (198,4 milliards de dollars en 2000). Troisième pôle d'investissement au monde, AIG détient aussi une licence pour gérer des services

1. « Un actionnaire nommé Ben Laden », *L'Intelligent* n° 2195, 2 au 8 février 2003.

bancaires dans trois pays, dont les Etats-Unis depuis 1999, et dispose de succursales dans 130 autres pays. Elle est la plus importante compagnie étrangère au Japon et dégage plus d'un tiers de son chiffre d'affaires en Extrême-Orient.

L'ancêtre d'AIG fut C.V. Starr Insurance Company, du nom de son créateur Cornelius V. Starr, un ressortissant britannique né en Californie et décédé en 1968. Starr avait commencé sa carrière en 1919 en vendant des polices d'assurances à Shanghai. Après l'invasion de la Chine par le Japon en 1939, il s'installa à New York et y fit la connaissance de William Donavan, « Wild Bill », le directeur de l'Office of Strategic Services (OSS, l'ancêtre de la CIA), l'homme clé de la célèbre Insurance Intelligence Unit (IIU) mise sur pied par l'OSS dès le début de la Seconde Guerre mondiale.

Pendant la guerre, la C.V. Starr Insurance Company avait son siège dans le même immeuble new-yorkais que l'IIU. Cette proximité a lié l'AIG à la CIA pour toute la suite. Ainsi, l'AIG fut impliquée avec Goldman Sachs et l'Arkansas Development Financial Authority dans les opérations de blanchiment d'argent de la drogue organisées par la CIA dans le cadre de ses activités au Nicaragua entre 1982 et 1988. L'AIG apparaît également dans le scandale de la BCCI [1], dont une figure centrale était Khaled Ben Mahfouz. Par ailleurs, le plus gros actionnaire de l'AIG partage un siège social aux Bahamas avec la société Capital Investment Group, très présente dans les affaires de la CIA et du Cartel de Medellin.

Depuis son achat de l'International Lease Finance Corporation, l'AIG détient, avec plus de 490 appareils, la flotte aéronautique la plus moderne du monde et serait,

1. Voir le chapitre VI : « Les dollars de la terreur en fuite ».

comme FedEx, le partenaire privilégié des opérations aéroportées de la CIA. L'AIG, assureur de la plupart des compagnies aériennes américaines et de plus de la moitié des aéroports du pays, est également l'assureur de Pacific Corp, propriétaire d'Air America, société qui coiffe la pyramide des entreprises contrôlées par la CIA. Enfin, depuis 1993, l'AIG est l'actionnaire principal, avec une participation estimée entre 25 et 40 %, de la société de renseignement stratégique Kroll, étroitement liée à la CIA.

Dans la définition de Carlyle Group, l'AIG est une donnée, et fonctionne comme un symptôme. Difficile en effet de cerner le groupe, qui n'est pas coté en Bourse – peut-être à cause des contraintes de transparence quant à l'actionnariat et aux comptes imposées par la Securities Exchange Commission (la COB américaine).

La galerie de portraits des dirigeants de Carlyle, qui organisent son opacité, donne quelques indications supplémentaires sur la vraie nature du groupe. Frank Carlucci, on l'a vu, est le président du conseil d'administration. Très lié à la famille Bush, mais aussi à Donald Rumsfeld qu'il a connu étudiant à Princeton, Carlucci entretient d'excellentes relations avec les oligarchies financières et politiques du Proche-Orient. Il est l'un des administrateurs de la Rand Corporation[1] et l'homme important de l'influent Center for Middle East Public Policy. Il dispose aussi de solides connexions en Extrême-Orient, où il préside notamment l'US Taiwan Business Council, dont les membres américains importants sont les sociétés Boeing, General Electric, Honeywell, Babcock & Wilcox. Membre du très controversé

1. Voir le chapitre VII : « Poussée de fièvre à Washington ».

Council on Foreign Policy, créé par la famille Rockefeller, il appartient à la Trilatérale [1], comme bon nombre des hommes influents à Washington.

Lorsqu'il officiait au Pentagone, Carlucci s'est lié notamment avec Caspar Weinberger, qui fut lui aussi secrétaire à la Défense sous Reagan, aujourd'hui président de Forbes Inc, Richard Stilwell, fils du général Stilwell qui fut l'un des fondateurs de l'OSS et de la CIA, Colin Powell, et Richard Armitage, ancien patron de la CIA en Asie du Sud-Est, ancien secrétaire d'Etat adjoint à la Défense et numéro deux actuel du Département d'Etat dirigé par Colin Powell – que l'establishment washingtonien considère comme une « créature » de Weinberger, Armitage et Carlucci. Le fils de Colin Powell, Michael, fervent promoteur de la dérégulation des marchés, a été nommé par le président Bush à la tête de la Federal Communications Commission (FCC). Il travaille régulièrement pour Carlyle dont les membres influents « protègent sa carrière », explique un haut fonctionnaire du Département d'Etat.

1. La Commission trilatérale a été créée en novembre 1972 pour « construire une coopération politique et économique entre l'Europe occidentale, l'Amérique du Nord et le Japon », affirment ses fondateurs les plus importants dont David Rockefeller, Henry Kissinger et Zbigniew Brzezinski. Société internationale semi-secrète, son nom est inspiré du triangle des francs-maçons, ayant à son sommet les Etats-Unis (Wall Street) et à sa base le Japon et l'Europe, autrement dit : le Tokyo Stock Exchange et la City de Londres. Son siège se trouve à New York au 345 East 46th Street. Les membres de la Trilatérale se recrutent par cooptation, aussi bien dans les cercles financiers et économiques que parmi les politiciens et les patrons de presse. Seul critère : ils doivent s'engager à comprendre et à promouvoir le grand dessein mondialiste de l'organisation. Son action feutrée, volontairement ignorée des gouvernements et des médias, lui permet de placer des hommes à elle et d'infiltrer les appareils de décision du monde occidental. Parmi les participants français les plus connus au meeting de Paris en 1989, on peut citer : Claude Imbert, Thierry de Montbrial, Hubert Curien, Jacques Rigaud, Alain Cotta, Raymond Soubie, Robert Lion, Raymond Barre, Roland Dumas, Jacques Delors, Jacques Chirac, etc.

En 1982, lorsque Carlucci quitta le Pentagone, ce fut pour rejoindre l'année suivante, en qualité de président, la société Sears World Trade (SWT), conçue sur le même mode que les Sugososha japonaises, sociétés de renseignement économique. SWT a été accusée de servir de couverture à des opérations d'espionnage des services américains. Le *Washington Post* a révélé que SWT disposait d'une filiale secrète conseillant des entreprises américaines et étrangères spécialisées dans la vente d'armes. Finalement, SWT a fait faillite en 1986, ce qui a permis à Frank Carlucci de toucher un chèque d'indemnités confortable. L'un des responsables de SWT, Grant S. Green Jr., ancien conseiller pour la Sécurité nationale de Ronald Reagan, est aujourd'hui le sous-secrétaire d'Etat pour le management de Colin Powell.

Avec son ami Richard Armitage, expert comme lui en montages financiers très spéciaux, Frank Carlucci est aussi derrière la création, en 1985, de la société de gestion de fonds d'investissement The Blackstone Investment Group. A diverses reprises, cette société, accusée de se servir de certaines de ses filiales pour mener des opérations commanditées par la CIA, a défrayé la chronique. Ainsi, Blackstone aurait servi à des transactions visant à acheter de la matière fissile dans l'ex-Union soviétique et a été impliquée dans des affaires douteuses au Mexique, en Russie et en Indonésie. Là, Blackstone et Carlyle ouvrirent un bureau à Jakarta juste avant la crise financière de 1998. Grâce aux relations de Carlucci et Armitage avec Suharto, les deux sociétés auraient ainsi réalisé de considérables profits en spéculant en Bourse.

Cette amicale affairiste, quoi qu'il en soit, ramène toujours peu ou prou à la CIA et à deux questions centrales : Blackstone et Carlyle appartiennent-elles à la même entité ? Sont-elles des excroissances de la centrale américaine de renseignement ? Si on ne peut pas pleinement répondre à cette question, on peut néanmoins apporter quelques précisions concernant les relations troubles que la CIA entretient avec le secteur financier américain. Pour cela, il suffit d'examiner attentivement l'organigramme des sociétés financières américaines les plus importantes et le *Who's who* de l'agence.

C'est ainsi que l'actuel vice-président du New York Stock Exchange, Dave Doherty, est un ancien conseiller général de la CIA. Directeur légendaire de l'agence durant les années Reagan, et maître d'œuvre des scandales de l'Irangate et des Contras nicaraguagens, William Casey a été président de la Security Exchange Commission (SEC) sous le même Reagan. A.B. « Buzzy » Krongard, qui s'illustra dans le scandale de la BCCI, aujourd'hui numéro trois de l'agence, fut président de la banque A.B. Brown, devenue filiale de Bankers Trust en 1997, puis vice-président de BT-ABB, avant de rejoindre en 1998 le cabinet du directeur de la CIA, George Tenet. Rachetée par la Deutsche Bank en 1999, BT-ABB figurerait en bonne place dans le Top 20 des banques américaines soupçonnées de blanchiment massif d'argent[1]. BT-ABB fait également partie de la liste des institutions bancaires suspectées d'avoir effectué des mouvements de capitaux illicites dans le contexte des attentats du 11 septembre 2001. Il faut rappeler ici qu'Alex. Brown & Sons a été l'un des investisseurs financiers à l'origine de la création de Carlyle.

Un ancien directeur de la CIA, John Deutch, siège au conseil d'administration de Citigroup, société financière

1. Ce « classement » a été établi en 2001 par le sénateur américain Carl Levin.

organiquement liée à la CIA. Ex-numéro trois de l'agence, Nora Slatkin est elle aussi chez Citigroup. Bankers Trust et Citigroup ont été les promoteurs du projet dit « Identrus », destiné à la mise sur pied d'un service d'espionnage global du système financier mondial. En 1991, Carlyle a convaincu le prince saoudien Al-Walid Ben Talal d'acquérir 9,9 % du capital de Citibank/Citigroup pour la somme de 590 millions de dollars.

Créateur du National Security Act de 1947, qui impose notamment le secret sur le budget des services américains de renseignement, l'ancien ministre de la Défense Clark Clifford fut le président de la First American Bankshares et la cheville ouvrière de l'installation de la BCCI aux Etats-Unis à la fin des années quatre-vingt.

Maurice « Hank » Greenberg, président-directeur général d'AIG, a brigué la direction de la CIA en 1995. Cet ancien des services de renseignement de l'armée a été président et directeur de la New York Federal Reserve. Il est, aujourd'hui, membre du conseil d'administration du New York Stock Exchange et vice-président du Council on Foreign Relations, membre de la Trilatérale et de la société Bilderberg, président de l'US-China Business Council et l'un des principaux donateurs de The Heritage Foundation.

Vice-président d'AIG, Frank Gardner Wisner II est membre du conseil de direction d'Enron depuis octobre 1997. Cet ancien ambassadeur des Etats-Unis en Inde, aux Philippines, en Egypte et en Zambie, qui fut sous-secrétaire d'Etat pour les affaires de politique et de défense sous le président Clinton, a été également chargé de la sécurité au Département d'Etat. Expert en espionnage économique pour le compte de la CIA, il est le fils de Frank G. Wisner, vétéran de l'OSS pendant la Seconde Guerre mondiale. L'un des créateurs de la CIA actuelle dont il fut directeur adjoint, Frank Gardner Wisner II est, par ailleurs, responsable de l'Office for Policy Coordination (OPC), chargé des opérations secrètes en temps de paix.

Enfin, Allen W. Dulles, directeur de la CIA de 1953 à 1961 sous les présidents Eisenhower et Kennedy, fut – comme son frère John Foster Dulles, secrétaire d'Etat d'Eisenhower – un grand avocat d'affaires de Wall Street. Durant des années, les deux frères ont été les avocats de Prescott Bush, le grand-père de l'actuel président des Etats-Unis. Et Eric Laurent[1] nous rappelle que Prescott Bush faisait de juteuses affaires avec l'Allemagne nazie, en 1942 encore. Directeur de l'OSS à Berne entre 1942 et 1945, Allen W. Dulles, lui aussi, a été impliqué dans des affaires très lucratives de collaboration économique avec de grandes entreprises du IIIe Reich, contre lequel les Etats-Unis étaient pourtant officiellement en guerre depuis 1941.

Quant à George Herbert Bush, le fils de Prescott, on sait qu'il passa sa carrière de vice-président et de président des Etats-Unis à octroyer de très généreux prêts à l'Irak de Saddam Hussein. Il conseilla, en 1990, d'« oublier » les propos du maître de Bagdad qui venait pourtant de menacer d'attaquer Israël avec des armes chimiques.

Carlucci, Armitage, Carlyle ou Blackstone, la CIA, le Council on Foreign Policy, la dynastie Bush : on pourrait continuer longtemps à tenter de démêler les croisements serrés des hommes, des sociétés, de la politique et de l'argent. Carlyle est emblématique de la privatisation des

---

1. Eric Laurent, *La guerre des Bush – Les secrets inavouables d'un conflit*, Plon, 2003.

pouvoirs régaliens aux Etats-Unis, portant l'art de l'influence politique, du mélange des genres et de l'effacement des frontières entre administration d'Etat et monde des affaires à un niveau encore jamais atteint.

Mais Carlyle Group n'est pas unique en son genre et l'on pourrait tout aussi bien explorer les arcanes de la puissante Science Applications International Corp. (SAIC) par exemple, comptant quelque 40 000 collaborateurs dans le monde, spécialisée dans les domaines du lobbying et de la haute finance… « Des SAIC ou des Carlyle sont à la fois des entreprises formidablement efficaces, dynamiques et rentables », analyse l'un des responsables du renseignement économique français, « et des outils avancés de souveraineté nationale. Elles sont le résultat d'un certain génie américain bien pragmatique, qui ne s'interdit pas de mêler argent et vertu, ce qui leur permet d'attirer et de fidéliser quelques-uns des meilleurs cerveaux ; le risque principal de cette évolution étant, évidemment, la criminalisation progressive de l'Etat. »

De ce phénomène, la grande presse américaine ne parle pas, ou si peu, comme elle a passé sous silence les actions du mouvement social américain opposé à une action militaire en Irak. Jusqu'à quand cette même presse pourra-t-elle différer l'éclatement du Ben-Ladengate ?

CHAPITRE X

L'invention de la guerre préventive

> « L'idéologie dominante. Cette expression est incongrue. Car l'idéologie, c'est quoi ? C'est précisément l'idée en tant qu'elle domine : l'idéologie ne peut être que dominante. »
>
> ROLAND BARTHES
> (*Le Plaisir du texte*, hiver 1973).

Menée au nom de la lutte contre le terrorisme et pour détruire un arsenal d'armes de destruction massive, la guerre américano-britannique menée contre l'Irak restera dans l'Histoire comme l'une des plus grandes impostures du XXIe siècle. A ce jour, en effet, aucun lien n'a pu être établi entre le régime de Saddam Hussein et la mouvance terroriste d'Oussama Ben Laden [1], à ce jour aucune arme de destruction massive n'a été découverte en Irak.

1. Le président d'une commission d'experts de l'ONU supervisant la lutte contre le réseau terroriste Al-Qaïda, Michael Chandler, a déclaré le jeudi 26 juin 2003 n'avoir rien trouvé sur l'existence de liens entre la mouvance d'Oussama Ben Laden et l'Irak de Saddam Hussein.

Après trois semaines de combats, l'invasion de l'Irak a fait, selon les estimations les plus sérieuses, plus de 10 000 morts et blessés, civils pour la plupart, dont beaucoup de femmes et d'enfants. Autant d'Irakiens qui ne verront pas la libération promise. Le bilan provisoire de cette guerre, qui aurait pu être évitée, contraste singulièrement avec la mise en images de la prise de Bagdad. Les équipes de télévision « embarquées » dans les unités de l'armée américano-britannique montrent la chute de la statue de Saddam Hussein. Autour du char qui abat le monument, la foule clairsemée ne dépasse pas cinq cents personnes, comptant principalement la garde prétorienne d'Ahmed Chalabi, l'opposant à Saddam Hussein chéri de Washington. Et il faut toute la grossière impudence du chef du Pentagone Donald Rumsfeld pour comparer cette chute à celle du mur de Berlin.

Deux jours auparavant, l'hôtel Palestine, qui abrite la presse internationale, a été délibérément pris pour cible par un char américain. Le bureau de la chaîne qatarienne Al-Jazeera a subi le même sort, et plusieurs reporters y trouvèrent la mort.

Selon différentes sources militaires, il s'agissait de dissuader les preneurs d'images indépendants de couvrir les opérations des forces spéciales qui mènent la chasse aux dignitaires du régime dans les faubourgs de Bagdad. Cette mission est éminemment politique, puisque la coalition américano-britannique souhaite mettre sur pied un procès de type Nuremberg afin de juger les complices de Saddam Hussein, dont les effigies ont été imprimées sur un jeu de cartes à jouer distribué à l'ensemble de la troupe. Est-il besoin de s'appesantir sur le sommet de vulgarité et de mépris atteint par cette opération de communication ? Mené en négation de la Cour pénale internationale (CPI) par un tribunal ad hoc nommé par les forces d'occupation, ce procès constituerait une première tentative de légitimation de la guerre.

Une deuxième perspective de légitimation concerne la sécurisation du pays. Cherchant à cantonner l'ONU à des tâches strictement humanitaires, Washington et Londres veulent passer par l'OTAN pour constituer une « force de stabilisation » qui intégrerait le plus grand nombre de pays de la liste des trente Etats qui soutenaient la guerre. Et pour contourner l'opposition de Paris, Berlin et Moscou, Washington laisse entendre que la décision sera prise par les structures du Commandement intégré de l'Alliance, dont la France ne fait pas partie. Ce nouveau contournement des Nations unies par l'OTAN n'est pas négociable pour Washington, qui veut désormais éviter les tractations multilatérales qui ont prévalu avant la guerre.

Enfin – et c'est absolument vital pour l'entreprise de légitimation internationale de la guerre –, Washington et Londres sont obligés de découvrir les fameuses armes de destruction massive qui ont fourni la principale justification de leur guerre. Selon les responsables américains et britanniques, ces stocks d'armes menaçaient non seulement les Etats-Unis eux-mêmes, mais aussi la paix et la stabilité de la planète entière. Il est par conséquent de la plus haute importance de mettre la main sur cet arsenal maléfique. Là encore, il s'agit de contourner les Nations unies, en l'occurrence l'expertise internationale des inspecteurs en désarmement de la Cocovinu, empêchés de poursuivre leur mission pourtant cadrée par la résolution 1441, adoptée le 8 novembre 2002 à l'unanimité du Conseil de sécurité. Du matériel irakien a été illégalement transféré par avion aux Etats-Unis vers des laboratoires du Pentagone, et un nombre impressionnant d'inspecteurs américano-britanniques, mille trois cents, pas moins, reprennent, sur le terrain irakien, les inspections que l'ONU avait été empêchée de poursuivre avec des moyens dérisoires.

Derrière les images fabriquées de la chute de Bagdad, il y a celles du pillage du Musée national. L'Irak fut le berceau des premières civilisations urbaines, dont l'histoire commence à Sumer. Ce patrimoine de l'humanité n'a pas été protégé, alors qu'un char, quelques hommes et surtout un peu de volonté y auraient suffi. L'armée américaine s'est montrée beaucoup plus empressée d'occuper le ministère de la Production pétrolière, et de sécuriser ses plans d'exploitation et ses archives cartographiques.

Cet ordre de priorité ne s'invente pas et éclaire d'un jour cru l'impératif besoin de légitimité internationale qui doit servir à couvrir d'un voile vertueux l'attribution des contrats de la reconstruction à des sociétés comme Halliburton ou Bechtel, aux liens directs et personnels avec l'entourage du président Bush[1]. Cette reconstruction entre amis entraîne prioritairement la privatisation de l'industrie pétrolière irakienne. Une fois encore, l'avidité se mêle à l'impudence : ces opérations de privatisation sont menées, rappelle le Département d'Etat, « pour rétablir le peuple irakien dans ses droits à la dignité et à la démocratie ».

Sans accréditer la thèse d'un complot pétrolier, force est de reconnaître que « s'il n'est pas le seul, l'objectif pétrolier a constitué l'une des motivations les plus importantes de Washington dans la marche inexorable à cette nouvelle guerre contre l'Irak. Washington cherche aujourd'hui à augmenter les sources de pétrole amies, à diversifier ses sources d'approvisionnement et surtout à

1. Voir le chapitre IX : « En attendant le Ben-Ladengate ».

stabiliser le prix du baril autour de 20 dollars », explique Pierre Terzian, directeur de *Pétrostratégies*[1]. « Avec un régime ami à Bagdad, qui a toujours été favorable à un prix élevé, Washington encouragerait une augmentation de la production et une baisse des prix. Autant de bonnes raisons visant à réduire sa dépendance vis-à-vis de l'Arabie Saoudite. Cet objectif est apparu comme une priorité de l'administration américaine bien avant les attentats du 11 septembre 2001. »

Selon l'Agence internationale de l'énergie (AIE), les réserves irakiennes de pétrole brut seraient de 90 milliards de barils, auxquels il faudrait ajouter 51 milliards de barils de réserves « non découvertes », mais « probables ». « Nombre d'experts pensent que le potentiel réel du pays est encore sous-estimé, car les calculs sont fondés sur un taux de récupération de seulement 25 % du pétrole identifié », souligne encore le rapport annuel du Centre arabe d'études pétrolières. Au-delà des querelles d'experts sur le volume vérifiable des réserves, les avis convergent en tout cas sur un point : l'Irak demeure potentiellement le deuxième producteur mondial de pétrole et dispose des réserves les plus importantes après l'Arabie Saoudite. Comme le souligne un expert américain qui requiert l'anonymat : « Si les Etats-Unis décident de mettre 20 à 30 milliards de dollars dans une guerre en Irak, c'est qu'ils savent pouvoir en recueillir le retour sur investissement assez rapidement. »

Les gisements contrôlés par l'Irak Petroleum Company ont toujours intéressé Washington. A deux reprises déjà, au début du XXe siècle, les Etats-Unis sont intervenus en Irak pour des raisons directement liées à leur poli-

1. Entretien avec l'auteur, le 15 octobre 2002.

tique énergétique. La première se situe dans les années vingt, après que la Grande Guerre eut démontré l'importance stratégique de l'or noir dans les affaires du monde. Les Etats-Unis produisent alors les deux tiers du pétrole mondial, mais leur consommation augmente si vite que leurs réserves, estiment les prévisions, seront vite épuisées. Il faut donc les augmenter substantiellement et trouver de nouvelles sources d'approvisionnement. L'attention se porte alors sur la Mésopotamie, une province de l'empire turc où Allemands, Britanniques et Néerlandais viennent de créer la Turkish Petroleum Company, qui règne sur les gisements situés de part et d'autre de la voie ferrée Constantinople-Bagdad. Après des négociations difficiles entre Lloyd George et Clemenceau, un compromis est signé à San Remo en avril 1920. La France récupère la part allemande (25 %) du pétrole de Mésopotamie, qui passe sous mandat britannique.

Outre-Atlantique, la presse se déchaîne et réclame un droit d'accès pour les compagnies américaines. Londres et Paris acceptent à contrecœur et le dossier traîne six ans avant d'aboutir. Avec le démantèlement de l'Empire ottoman, la Mésopotamie est devenue l'Irak. Les prospections du sous-sol produisent des résultats au-delà de toute espérance. Le 31 juillet 1928, un accord historique est signé entre les Néerlandais de la Shell, les Britanniques de la future BP, les Français et les Américains de l'US Nedec qui s'octroient chacun 23,75 % de la compagnie, rebaptisée Irak Petroleum Company (IPC). Les perspectives sont colossales.

En s'introduisant dans l'IPC, les majors américaines s'ouvrent les portes d'un Proche-Orient où les Britanniques continuent à faire la loi jusqu'à la fin de la Seconde Guerre mondiale. Dès 1943, le secrétaire d'Etat Harold Ickes lance une campagne intitulée « Nous manquons de pétrole », qui préfigure la doctrine de la conservation, selon laquelle les Etats-Unis doivent disposer de réserves extraterritoriales afin de ne pas entamer leurs potentialités nationales. Désormais, les Etats-Unis ne se contentent plus de faire de la figuration et entendent clairement supplanter Londres pour s'attribuer le contrôle de la plus grande part, sinon de la totalité des réserves pétrolières proche-orientales.

Avant la Seconde Guerre mondiale, les compagnies américaines qui prospectaient dans la région avaient découvert les gisements d'Arabie Saoudite. En créant l'Aramco, elles obtiennent du roi Ibn Séoud le monopole pour l'exploitation de ces immenses gisements [1]. Devant faire face à d'énormes investissements d'infrastructures excédant leurs capacités, elles sollicitent la Standard Oil, qui ne peut se désengager de ses accords contractés au sein de l'Irak Petroleum Company (IPC). Dès 1946, le Département d'Etat américain n'a de cesse de remettre en cause la viabilité de l'IPC, devenu un obstacle à l'expansion saoudienne de l'Aramco. Britanniques et Néerlandais se laissent convaincre, tandis que les Français contre-attaquent en justice. En 1947, Paris finit par céder contre l'obtention d'une part accrue dans l'IPC. Les accords fondateurs de l'IPC expirent en 1948. Les Européens ont fait le mauvais choix puisque, dix ans plus tard, l'IPC se voit retirer le droit d'exploitation sur les territoires non explorés. En 1972, l'IPC est nationalisée par le régime baassiste. Désormais, les compagnies américaines et le Département d'Etat concentrent tous leurs efforts sur l'Arabie Saoudite et l'Iran satellisé du Chah,

1. Par le pacte du *Quincy*. Voir le chapitre II : « Le grand jeu trébuche à Berlin ».

afin de contenir et de minimiser l'importance des gisements irakiens.

Aujourd'hui, en prenant le contrôle des gisements irakiens, l'administration américaine s'émancipe du pré-carré saoudien et redistribue ses intérêts sur l'ensemble du Proche-Orient. La mise sous tutelle américaine du pétrole irakien constitue certes un moyen de pression sur Riyad pour l'amener à coopérer dans la lutte contre le terrorisme, mais elle permet surtout à Washington de faire la loi au sein de l'OPEP (Organisation des pays exportateurs de pétrole). Si les Etats-Unis cherchent à réduire leur dépendance à l'égard du brut saoudien, ils veulent surtout favoriser l'apport de productions concurrentes afin de pouvoir mieux réguler le marché. Washington n'a jamais voulu détruire l'OPEP, il a toujours cherché à la contrôler. « Même les Etats-Unis, qui visent toujours un prix du baril variant autour des 20 dollars, ont besoin de l'OPEP », explique encore Pierre Terzian. « Sans l'OPEP, les prix tomberaient beaucoup plus bas, sous la barre des 10 dollars. Dans cette hypothèse, même les puits américains ne seraient plus rentables, et la dépendance des Etats-Unis par rapport au brut importé passerait de 50 à 75 %. Raison pour laquelle, dans la perspective de Washington, l'OPEP doit demeurer l'instance centrale de régulation. »

Pour atteindre ces objectifs, il importe de maîtriser les réserves irakiennes. Ainsi Washington se distancie-t-il de l'héritage exclusivement saoudien de l'Aramco. Pour la Grande-Bretagne, cette perspective représente aussi une opportunité historique, qui lui permet de revenir dans l'une de ses anciennes possessions coloniales et de reprendre pied au Proche-Orient, qu'elle avait dû quitter en 1948. Evidemment, ces objectifs ne sont pas avouables, aussi les deux capitales vont-elles réaliser un tour de passe-passe idéologique conçu à partir du traumatisme causé par les attentats du 11 septembre 2001. Dans le sillage de la campagne d'Afghanistan, qui anéantit le régime taliban de Kaboul coupable de donner refuge à Oussama Ben Laden, il fallait trouver des liens entre le régime de Saddam Hussein et le milliardaire saoudien.

A défaut de trouver et de démontrer de tels liens, il suffit de les proclamer. C'est ce à quoi s'emploie Condoleezza Rice, la conseillère pour la Sécurité nationale à la Maison-Blanche. Le 15 septembre 2002, elle lance sur Fox News, une chaîne de télévision acquise à cette campagne de propagande : « L'Irak a clairement des liens avec le terrorisme, y compris avec Al-Qaïda, l'organisation d'Oussama Ben Laden. » Le journaliste ne lui demande même pas de préciser la nature de ces liens. Mme Rice se borne à affirmer que « des membres d'Al-Qaïda ont été vus à Bagdad ». Puis, se rendant peut-être compte de l'énormité de son propos, elle se reprend et précise : « Personne ne dit que Saddam Hussein a planifié et comploté en vue des attaques du 11 septembre, mais c'est un régime qui a des intentions hostiles à l'égard des Etats-Unis, un régime qui permet à toutes sortes de gens de se réfugier à Bagdad, des gens qui sont impliqués dans le terrorisme. »

Simpliste, l'amalgame télévisuel de Condoleezza Rice n'en est pas moins très efficace. On peut découper le syllogisme sur lequel repose sa prestation de la manière suivante : premièrement, Bagdad abrite toutes sortes de gens ; deuxièmement, ces gens nourrissent des intentions hostiles à l'égard des Etats-Unis ; troisièmement, ces gens sont forcément des terroristes ; par conséquent, Bagdad abrite des terroristes. Plus prudent, le secrétaire d'Etat

Colin Powell souligne pour sa part, sur la chaîne CBS, que la première raison des pressions américaines pour que la communauté internationale agisse contre l'Irak réside dans la possession par ce pays d'armes chimiques et bactériologiques et dans sa volonté d'acquérir l'arme nucléaire. Mais il ajoute : « Nous examinons toutes les connexions qui existent, et il y a des indications sur des contacts entre le régime irakien et des membres d'Al-Qaïda. » Dans les vitrines des magasins des grandes villes américaines, on voit fleurir des écriteaux portant la mention *« We have been attacked first »* – on a été attaqués en premier. Et les autorités continuent d'accréditer le fait que la menace provient du Proche-Orient pris dans sa globalité, sinon du monde arabo-musulman en général.

De son côté, l'hebdomadaire britannique *The Sunday Telegraph* de la même semaine annonce en une que le dossier contre l'Irak promis par le gouvernement britannique va révéler des liens entre Bagdad et Al-Qaïda. L'hebdomadaire prétend que « le dossier contiendra la première preuve définitive que le président irakien Saddam Hussein a permis aux principaux chefs d'Al-Qaïda de s'entraîner sur son territoire ». Et l'article cite une version provisoire du dossier, précisant comment deux dirigeants présumés d'Al-Qaïda, Abu Zubair et Rafid Fatah, se sont entraînés dans des camps terroristes en Irak et sont encore en relation avec Bagdad.

Toujours est-il que le 24 septembre, devant les Communes, le Premier ministre britannique Tony Blair reprend à son compte la thèse de Condoleezza Rice et l'argumentation de Colin Powell, en se fondant sur des informations tirées d'un mémoire d'étudiant vieux d'une dizaine d'années. Non seulement Tony Blair fait un flop, mais les meilleurs experts en terrorisme de Grande-

Bretagne expriment leurs doutes publiquement. Dénoncé par plusieurs organes de presse dont l'AFP, le montage est aussitôt démenti et présenté comme une erreur des services secrets britanniques, qui auraient confondu différentes sources. Quelques semaines plus tard, le site Internet du 10 Downing Street publie un nouveau dossier, qui entend prouver la rouerie de Saddam Hussein et son art de la dissimulation, un dossier qui prolonge l'intervention de Tony Blair aux Communes. Sur les dix-neuf pages de ce réquisitoire chargé, douze, pas moins, reprennent le mémoire d'étudiant déjà éventé et différents articles de la revue *Jane's Intelligence Review*. Ce mémoire se fonde sur des interviews d'opposants irakiens réalisées il y a plus de douze ans, les papiers de la publication remontant, quant à eux, à 1997.

On croit rêver, surtout lorsqu'on se souvient qu'un président américain a failli être destitué parce qu'il avait menti au sujet d'une relation sexuelle avec une stagiaire de la Maison-Blanche. Mais le plus grave est encore à venir. Non seulement Tony Blair ne s'explique pas sur cette bavure gravissime, qui en d'autres temps aurait pu faire tomber un gouvernement, mais en plus le secrétaire d'Etat américain Colin Powell qualifie ce dossier bidonné d'« excellente contribution » aux fameuses preuves que lui aussi prétend bientôt produire à la face du monde. Il n'hésite pas, lui non plus, à brandir des photos satellitaires qui datent du début des années quatre-vingt-dix. Et le 5 février 2003, devant le Conseil de sécurité de l'ONU, il affirme encore une fois qu'il détient la preuve de la collusion Ben Laden-Saddam Hussein et projette l'organigramme de la prétendue branche irakienne d'Al-Qaïda. Non seulement le document incrimine des activistes qui se rattachent, pour la plupart, à la branche saoudienne de la mouvance, mais il met en cause un prétendu responsable chargé, au plus haut niveau, des relations avec Bagdad. Cet homme répond à l'identité de Moussa el-Zarkawi.

Sur ce point, laissons la parole au juge français antiterroriste Jean-Louis Bruguière [1], dont la compétence est reconnue des deux côtés de l'Atlantique : « Le nom de Moussa el-Zarkawi a été mentionné dans un tel contexte. Il aurait eu des contacts avec le régime irakien et aurait contrôlé, à partir de l'Irak, des réseaux implantés dans le Caucase et spécialisés dans la fabrication de toxines. Si de tels réseaux existent bien dans cette partie du monde, tout ce que je peux dire, c'est qu'aucune preuve n'a pu être avancée en ce qui concerne des liens potentiels entre el-Zarkawi et l'Irak, ou encore en ce qui concerne son implication directe dans les groupes qui agissent au Caucase, dont certains ont été démantelés en décembre dernier. Certes, il est établi que cet homme est dangereux. Ex-émir du Jund Al-Sham, Abou Moussa el-Zarkawi a rejoint Al-Qaïda, dont il est devenu un des leaders depuis 2002. »

Le juge poursuit : « Après l'intervention militaire de la Coalition en Afghanistan, il s'est réfugié dans le Kurdistan d'Irak (qui n'est pas contrôlé par Bagdad), où il a rejoint le mouvement radical Al-Ansar Al-Islam. Parcourant le territoire iranien, il y a reçu le soutien des structures islamistes de toute la région du Sham, entre la Jordanie, la Syrie et le Liban. Actuellement, il représente une réelle menace pour les intérêts occidentaux et israéliens, d'autant plus qu'il a acquis une large connaissance dans le domaine des toxines, compétence qu'il a partagée

1. Ces propos sont tirés de l'allocution du juge Bruguière prononcée le 12 mai 2003 à la Brookings Institution de Washington.

avec d'autres membres d'Al-Qaïda liés aux mouvements tchétchènes. Ce sont des éléments qui, dans le contexte de l'après-guerre d'Irak, rendent les structures d'Al-Qaïda et ceux qui ont été ralliés à la cause du jihad particulièrement dangereux. »

Enfin : « A part l'Afghanistan, aucun Etat n'a soutenu délibérément le mouvement Al-Qaïda. Et la situation diffère de celle qui a prévalu au Proche-Orient durant la guerre froide, même si des pays comme le Pakistan, le Yémen, l'Arabie Saoudite sont utilisés comme bases arrière par les réseaux d'Al-Qaïda. Aujourd'hui, la situation est plus complexe, les divergences plus troubles, les organisations plus fluides et les évolutions plus difficiles à définir. »

Cette complexité de la mouvance Ben Laden, telle que la décrit le juge Bruguière, n'intéresse visiblement pas les responsables américains qui ont besoin, au contraire, d'idées simples pour justifier leur guerre contre l'Irak. Et la problématique terroriste ne suffisant pas à elle seule à emporter la conviction de la communauté internationale, le Pentagone va sortir un autre lapin de son chapeau : la prolifération des armes de destruction massive.

Là aussi les mensonges vont succéder aux mensonges. Cette stratégie est d'autant plus lourde de conséquences qu'elle s'inscrit dans le cadre des débats menés par le Conseil de sécurité des Nations unies, en charge du désarmement de l'Irak depuis plus de dix ans, précisément depuis la fin de la première guerre contre l'Irak en février 1991. Le président américain s'est finalement résolu à écouter la vieille garde républicaine, Henry Kissinger en tête. Son discours du 12 septembre 2002 devant la 57e Assemblée générale de l'ONU évite soigneusement d'exiger le changement pur et simple de régime en

Irak, pour s'en remettre au Conseil de sécurité des Nations unies. Il affirme que son pays travaillera avec le Conseil à une nouvelle résolution en forme d'ultimatum pour imposer à Bagdad le retour des inspecteurs internationaux en désarmement.

George Bush a bien parlé d'une seule résolution : aux diplomates maintenant de déterminer si un texte unique peut mêler les conditions de nouvelles inspections avec les modalités d'un recours à la force armée. D'ores et déjà, Washington fait circuler le brouillon de son projet de résolution, qui ne fixe aucun calendrier aux inspections. Pour être viables, celles-ci devraient intégrer la promesse d'une levée des sanctions, mais Washington n'envisage rien de tel, et il est symptomatique que le passage du discours de George Bush consacré à la coopération avec le Conseil de sécurité soit resté blanc jusqu'à la dernière minute.

Ce retour américain au respect de la légitimité onusienne était attendu. Pour autant, il ne trompe personne : au-delà de l'habillage international de ses intentions, le président américain tient absolument à garder les mains libres. « Il ne doit pas y avoir de doute sur les objectifs des Etats-Unis », dit-il. « Les résolutions du Conseil de sécurité seront appliquées ou alors une action sera inévitable. » Outre le fait que bien des résolutions onusiennes concernant d'autres crises, notamment le conflit israélo-palestinien, restent lettre morte depuis plus de cinquante ans, il est parfaitement clair que Washington a déjà décidé que la deuxième guerre du Golfe aurait bien lieu.

Impossible de ne pas penser au dessin de Pancho qui fait la une du *Canard enchaîné*. On y voit le président américain proclamer à la tribune de l'ONU : « Il faut attaquer l'Irak, parce qu'il faut attaquer l'Irak. » La question est de savoir quand et comment ?

Pourtant, le 15 novembre 2002, avec quarante-huit heures d'avance sur l'échéance fixée par le Conseil de sécurité, l'Irak dit « oui » et « sans réserve » à la résolution 1441. Après un faux suspense qui a vu le parlement irakien rejeter ce même texte deux jours auparavant, les diplomaties russe, française, syrienne, ainsi que la Ligue arabe et les Etats du Golfe n'ont pas ménagé leurs efforts pour persuader Saddam Hussein d'accepter cette résolution, adoptée à l'unanimité du Conseil de sécurité, il faut le rappeler. Le maître de Bagdad a compris que la résolution 1441 ne comportait plus de recours automatique à la force et ne se résumait pas à un humiliant diktat, mais qu'elle laissait toujours une marge de manœuvre aux Etats-Unis pour frapper en cas d'entrave aux inspections. Même si la lettre irakienne d'acceptation transmise au secrétaire général des Nations unies reste à déchiffrer à la loupe – une lettre de neuf pages dont les sept premières constituent une violente charge antiaméricaine –, à ce stade et pour l'instant, c'est une très belle victoire de l'ONU, du droit international et de la diplomatie préventive.

C'est aussi un très beau résultat de la société civile internationale dont on garde une image rassurante et prometteuse : celle des 500 000 manifestants qui défilaient pacifiquement, une semaine plus tôt, dans les rues de Florence, non pour cautionner un dictateur, mais pour dire qu'une nouvelle guerre ne constituait pas la bonne réponse aux crises complexes de notre monde complexe. A ce stade toujours, l'acceptation de Bagdad fait rêver d'un monde où la raison finit par produire quelques effets. Le 27 novembre 2002, soit bien avant le délai maximum de quarante-cinq jours et la date butoir du 23 décembre, les inspecteurs en désarmement de l'ONU et de l'AIEA reprennent leurs travaux après quatre ans d'interruption.

A Washington, les autorités font aussitôt acte de scepticisme ; le secrétaire d'Etat à la Défense déclare : « Cela va être dur, très dur pour les inspecteurs de trouver quelque chose. » Et Donald Rumsfeld d'ajouter que « le régime irakien a dispersé ses armes illégales en les enterrant profondément » (sic). Désormais, le chef des inspecteurs de l'ONU Hans Blix et celui de l'Agence internationale de l'énergie atomique Mohammed el-Baradeï ont une responsabilité majeure dans la suite des événements.

Le 7 décembre 2002, un jour avant la date imposée, Bagdad transmet aux Nations unies le document très attendu censé faire l'inventaire exhaustif de ses différents programmes d'armes de destruction massive – nucléaires, biologiques et chimiques – ainsi que de ses moyens logistiques. Un des porte-parole de la Maison-Blanche a déjà qualifié d'annuaire téléphonique le document de 12 000 pages, en ajoutant : « Nous en savons déjà beaucoup sur ce que l'Irak possède réellement. » « Examiner ce document va prendre du temps », rectifie le président George Bush. Selon plusieurs sources officielles américaines, Washington fera ses premiers commentaires d'ici au 16 décembre. Sans provoquer immédiatement de casus belli, Washington opterait pour « la dénonciation d'une violation patente » des engagements contenus dans la résolution 1441.

En opposant les preuves prétendument détenues par les services secrets américains aux éléments fournis par Bagdad, Washington chercherait, dans un premier temps, un durcissement des inspections et un raccourcissement de leur calendrier. Calendrier qu'il faut absolument brusquer, estime la grande presse américaine qui continue à préparer l'opinion à l'inexorabilité d'une guerre, évaluant déjà son coût entre cent et deux cents milliards de dollars.

La mobilisation du mouvement antiguerre, de plus en plus perceptible dans de nombreuses capitales et sur Internet, est complètement passée sous silence, alors qu'on assiste à une véritable campagne de dénigrement contre Hans Blix et les inspecteurs de l'ONU. Organe attitré des faucons du Pentagone, le *Washington Times* qualifie M. Blix de « petit homme redoutablement stupide ». « Le chef des inspecteurs en désarmement », poursuit le quotidien, « vient, il est vrai, d'un continent qui a connu Attila, le chef des Huns, la peste noire, l'Inquisition, les guerres de religion, la boucherie de la Première Guerre mondiale, le génocide d'Hitler et l'obscurantisme de Staline. » La conclusion est limpide : « La communauté internationale veut jouer au poker des définitions avec le président Bush. Tout dépendra du sens de l'expression "violation patente". La communauté internationale peut gagner cette partie. Mais dans quelques jours, le président Bush devra se tenir prêt à frapper du poing sur la table de jeu, pour signifier que la plaisanterie a assez duré. »

Politique de communication bien étrange que celle du Département d'Etat américain et celle du président Bush qui, depuis l'adoption de la résolution 1441, continuent à répéter deux choses : premièrement, nous avons les preuves que l'Irak poursuit des programmes d'armes de destruction massive et deuxièmement, de toute façon les inspections ne servent à rien, car la guerre contre l'Irak aura fatalement lieu. Le 18 novembre, le Département d'Etat organise une téléconférence avec Kenneth Pollack qui fut, pendant quinze ans, analyste de la CIA sur l'Irak. Actuellement chercheur associé à la Brookings, l'un des principaux centres américains de recherches en relations internationales, il vient de publier un gros livre de quatre cents pages intitulé *La tempête qui menace : le temps d'envahir l'Irak.* Ayant longtemps travaillé pour l'équipe

Clinton, Ken Pollack est désormais l'un des analystes les plus écoutés de l'administration Bush. Que dit donc M. Pollack ?

Trois choses très simples : la première, c'est que Saddam Hussein est le dictateur le plus dangereux du monde ; la deuxième, c'est que la mission des inspecteurs de l'ONU ne servira à rien, parce que tout simplement, ils ne trouveront rien ; la troisième, c'est qu'une guerre contre l'Irak et l'invasion de ce pays sont inévitables. A la question : pourquoi, dans ces conditions, avoir mené pendant deux mois une négociation difficile au Conseil de sécurité, débouchant justement sur la relance d'inspections vouées à l'échec avant même d'avoir commencé ? Ken Pollack répond tranquillement qu'après la guerre les Etats-Unis auront besoin de la communauté internationale pour faire face à la reconstruction du pays, et qu'il n'est pas question que « [mon] pays assume seul un tel fardeau ». Il faut comprendre que cette reconstruction aura un coût très élevé, selon les évaluations les plus réalistes. Les Etats-Unis comptent sur leurs alliés, explique Ken Pollack à mots couverts, pour contribuer au règlement de la facture. Quant à la réalité de la menace, notre analyste est encore plus déconcertant lorsqu'il affirme, sans ciller, que « toutes les agences américaines de renseignement, comme les services britanniques et français, s'accordent consensuellement pour conclure que l'Irak représente une menace nucléaire importante et imminente ». Le moins que l'on puisse dire est que les explications de Kenneth Pollack concernant l'hyper-menace irakienne relèvent davantage de la propagande que des sciences politiques.

Propagande, mensonges et communication, cette trilogie n'a cessé d'encadrer les péripéties qui, de l'adoption de la résolution 1441, mènent au déclenchement de la guerre le 20 mars 2003. Rappelons seulement, pour l'Histoire, ces quelques déclarations.

Le 8 septembre 2002, le secrétaire d'Etat américain Colin Powell sur Fox News : « Nous sommes sûrs qu'il (Saddam Hussein) continue à tenter d'acquérir la technologie qui lui permettrait de fabriquer une arme nucléaire ».

Le même jour sur NBC, le vice-président des Etats-Unis : « Il (Saddam Hussein) a tenté d'acquérir – nous n'avons pu l'empêcher – les tubes qui permettent de fabriquer une centrifugeuse nucléaire ».

Le 7 mars 2003, l'Agence internationale de l'énergie atomique, pour sa part : « Il n'y a aucune indication que des activités nucléaires aient lieu en Irak depuis 1998 ».

Le 24 septembre 2002, le Premier ministre Tony Blair devant les Communes : « L'Irak a cherché à acquérir de l'uranium en Afrique, qui pourrait être utilisé pour fabriquer des armes nucléaires (…) L'Irak possède des armes chimiques et biologiques (…) Ses missiles peuvent être déployés en quarante-cinq minutes ».

Le 2 octobre 2002, le président George Bush depuis la Maison-Blanche : « Les inspecteurs des Nations unies estiment que l'Irak pourrait détenir assez d'agents biologiques et chimiques pour tuer des millions de gens ».

Le 7 octobre 2002, George Bush à Cincinnati : « Nous avons (…) découvert que l'Irak dispose d'une flotte croissante d'aéronefs, avec ou sans pilotes, qui pourrait être utilisée pour disperser des armes chimiques et biologiques ».

Le 5 février 2003, le secrétaire d'Etat Colin Powell brandit devant le Conseil de sécurité une mystérieuse fiole pleine de poudre grise, affirmant qu'il s'agit d'un agent chimique très dangereux provenant d'Irak : « Nous avons des descriptions de première main d'unités roulantes de production d'armes biologiques et chimiques (...) Saddam a fait des recherches sur des douzaines d'agents biologiques provoquant des maladies telles que la gangrène gazeuse, la peste, le typhus, le choléra, la variole et la fièvre hémorragique ».

Dans son rapport au Conseil de sécurité début juin 2003, le chef des inspecteurs en désarmement de l'ONU Hans Blix, pour sa part : « La Commission n'a jamais trouvé la preuve d'une poursuite ou d'une reprise des programmes d'armes de destruction massive ».

Le 8 février 2003, George Bush à la nation : « L'Irak a envoyé des experts en explosifs et en fabrication de faux papiers travailler avec Al-Qaïda. Il a aussi dispensé à Al-Qaïda un entraînement aux armes biologiques et chimiques. Un agent d'Al-Qaïda a été envoyé en Irak à plusieurs reprises à la fin des années 90 pour aider Bagdad à acquérir des poisons et des gaz ».

Même le FBI n'a pas voulu confirmer ces allégations.

Le 2 juin 2003, au sommet du G8 à Evian, George Bush et sa conseillère Condoleezza Rice demandent « du temps » pour permettre aux 1 300 inspecteurs américano-britanniques désormais en Irak de faire mieux que leurs collègues de l'ONU, à qui l'équipement et le temps nécessaires avaient été refusés.

Le 9 juin 2003, le président américain réaffirme à la Maison-Blanche devant un groupe de journalistes : « Au cours de la dernière décennie, les renseignements montrent qu'ils (les Irakiens) avaient un programme d'armement. Je suis absolument convaincu qu'avec le temps nous découvrirons qu'ils en avaient bien un. »

Le 13 juin 2003, devant un groupe de journalistes au siège des Nations unies à New York, Hans Blix, le chef des inspecteurs en désarmement de l'ONU : « Ce n'est pas la première fois que la force a été employée sur la base de renseignements qui se sont révélés erronés. Le bombardement de l'ambassade de Chine à Belgrade a résulté de faux renseignements. Une usine de produits chimiques près de Khartoum a été détruite de la même manière. Ici, une guerre a commencé sur la base de renseignements. Nous ne savons pas encore s'ils étaient exacts. »

Le 15 juin 2003, sur CBS, la conseillère Condoleezza Rice : « Nous avons encore des milliers et des milliers de documents à examiner (...) Mais tout montre que nous avions affaire à un régime qui avait les capacités, qui avait les stocks manquants, les armes manquantes ».

Enfin, la Maison-Blanche a pris acte le 26 juin 2003 du rapport du Département d'Etat, qui conteste que les camions-laboratoires trouvés en Irak étaient utilisés pour créer des armes biologiques, soulignant toutefois que le président George Bush estimait toujours que tel était le cas. Son porte-parole Ari Fleischer, à qui l'on demandait si le président maintenait ses déclarations selon lesquelles ces camions représentaient la preuve que l'Irak était engagé, avant la guerre, dans la fabrication d'armes biologiques et chimiques, a répondu « oui » et s'est lancé dans une brillante démonstration. « Je pense que les agences chargées d'examiner cette question et qui ont la plus grande expertise ont rendu leur jugement de manière très publique. Celui-ci est clair (...). Il n'est pas exceptionnel que d'autres agences qui ne sont pas impliquées s'expriment également. Je ne vais pas entrer dans les détails d'un rapport du Département d'Etat qui est classé secret, mais ce n'est pas exceptionnel, cela fait partie de la possibilité, pour les agences, de pouvoir s'exprimer en interne ».

La division du renseignement du Département d'Etat

s'est inscrite en faux contre l'affirmation de la centrale de renseignement américaine CIA, selon laquelle les camions-laboratoires étaient destinés à produire des armes biologiques. Différentes sources proches de la Maison-Blanche ont ajouté que la division du Département d'Etat juge prématuré de dire que « les camions constituent une preuve attestant que l'Irak menait bien un programme d'armement biologique ». A Washington comme à Londres, l'affaire est loin d'être close. De futures commissions d'enquête, ou en tout cas les historiens, diront demain que la décision définitive d'attaquer l'Irak a été prise entre décembre 2001 et janvier 2002 par trois hommes : le président George Bush, le secrétaire d'Etat à la Défense Donald Rumsfeld et le chef du Commandement central, le général Tommy Franks. Sans attendre, on peut noter que l'idéologue de Washington, Paul Wolfowitz, a déclaré à *Vanity Fair* en juin 2003 que personne n'avait jamais cru à l'existence des armes de destruction massive, mais que c'était le meilleur argument en faveur de la guerre.

Pendant un an, le général Franks et Donald Rumsfeld se sont opposés sur des plans d'attaque très divergents. Le premier préconisait l'engagement d'une force terrestre et aéronavale la plus large possible, tandis que le second privilégiait l'emploi plus léger des forces spéciales et des commandos. Le patron du Centcom (Commandement central) voulait au minimum quinze jours de bombardements avant l'engagement de ses troupes au sol, le secrétaire d'Etat à la Défense considérait que quarante-huit heures suffiraient. Ce n'est qu'en septembre 2002 que les deux hommes se mettent d'accord et présentent à George Bush leur « OPlan 1003 V ». Il ne reste plus qu'à déployer l'ensemble du dispositif. Les six mois qui suivent permettent au gouvernement américain de parachever ses préparatifs sans qu'il soit jamais question de suspendre l'opération, quels que soient les résultats des inspections de l'ONU. Des forces spéciales américaines, britanniques et australiennes sont en territoire irakien depuis décembre 2002. Un commando spécial pénètre en Irak le mercredi 19 mars à 20 heures (midi à l'heure de Washington), soit huit heures avant la fin de l'ultimatum lancé par George Bush à Saddam Hussein.

Durant toute la marche vers la guerre, une offensive américaine nourrie a progressivement fait admettre à l'opinion nationale et internationale que la prévention pouvait et devait s'imposer comme une doctrine stratégique, et non plus être simplement considérée comme une option parmi d'autres. Le concept de prévention est utilisé publiquement pour la première fois par le président américain lors d'un discours prononcé le 1er juin 2002 à l'école militaire de West Point. Le raisonnement est simple : « La dissuasion ne signifie rien contre les réseaux terroristes, sans assise territoriale et sans population à défendre. Par ailleurs, l'endiguement n'est pas possible contre les dictateurs déséquilibrés disposant d'armes de destruction massive et de missiles pouvant armer des groupes terroristes. » Par conséquent, les doctrines de la guerre froide sont insuffisantes et inadaptées aux nouvelles menaces : « Il faut porter la bataille chez l'ennemi, perturber ses plans et maîtriser ses menaces avant qu'elles ne soient en mesure de se concrétiser. »

Le concept est ensuite martelé à loisir. Par George Bush, le 19 juillet 2002 à Fort Drum, devant la 10e Division de montagne : « Ignorer le danger, c'est l'inviter à frapper. L'Amérique doit agir contre ces menaces avant qu'elles n'aient pris complètement forme. »

Par le vice-président Cheney, fin août 2002, devant les

anciens combattants au Tennessee puis au Texas : après avoir repris le discours présidentiel de West Point, il aborde la crise irakienne et cite l'attaque japonaise de Pearl Harbor le 7 décembre 1941 et les attentats du 11 septembre 2001 comme deux exemples illustrant le coût humain et stratégique d'actions militaires entreprises trop tard.

Enfin, par le rapport annuel du Pentagone en septembre 2002, page 30, dans le chapitre intitulé « Sur les leçons de l'Afghanistan » : « La défense des Etats-Unis nécessite la prévention et parfois la préemption. »

C'est aussi en septembre 2002 que l'administration Bush publie son rapport sur la « stratégie de sécurité nationale ». Censé servir depuis 1986 de canevas à l'action du Pentagone et du Département d'Etat, cet exercice annuel prend une tournure nouvelle. La conseillère Condoleezza Rice dirige le comité de rédaction avec Lewis Libby. Directeur du cabinet de Dick Cheney, cheville ouvrière du clan des faucons, ce conseiller presque occulte de l'administration Bush fut l'avocat et l'ami de Marc Rich pendant quinze ans [1]. Concis, le document d'une quinzaine de pages élève l'action préventive au rang de « clé de voûte doctrinale » et précise que cette priorité doit désormais guider la politique étrangère et les actions extérieures américaines. Le soutien politique et la contribution militaire des autres pays à cette doctrine et aux actions conduites par Washington conditionneront l'importance de leur place dans les futures coalitions.

---

1. En 1983, le bureau du procureur du District sud de New York a inculpé l'homme d'affaires Marc Rich pour évasion fiscale et pour « commerce avec l'ennemi », en l'occurrence l'Iran. Rich encourait une peine de 325 ans de prison, mais il a échappé à la justice américaine en se réfugiant à Zoug (Suisse). Marc Rich a été gracié par le président Clinton quelques jours avant son départ de la Maison-Blanche début 2001.

Cette doctrine de l'action préventive énoncée par la Maison-Blanche va très vite excéder les simples bombardements (nommés pudiquement « frappes »), pour déboucher sur l'action élargie, mettant en œuvre des moyens diplomatiques, policiers et, le cas échéant, militaires. L'adoption de cette doctrine d'action préventive élargie a des conséquences concrètes et immédiates en matière de programmation militaire. Le cycle de détection et de décision doit être ramené de quelques jours à quelques heures. En priorité, le traitement et l'utilisation du renseignement doivent être considérablement améliorés, les investissements les plus urgents devant être destinés aux capacités aéroportées, satellitaires (constellation Discover II) et sous-marines de la collecte de l'information, comme à l'amélioration des moyens humains.

Parallèlement, les moyens conventionnels américains doivent être adaptés pour pouvoir conduire des opérations de grande précision, en profondeur et à de très brefs préavis. Les experts parlent déjà de « nouvelle révolution dans les affaires militaires ». La conversion de quatre submersibles nucléaires lanceurs d'engins (SNLE) en plates-formes de missiles de croisière représente une première étape. Sont aussi évoqués une version attaque au sol du futur chasseur furtif F-22, l'usage de matériaux novateurs et l'utilisation de missiles intercontinentaux équipés de charges conventionnelles, voire sans charge du tout : l'énergie cinétique de la tête serait suffisante pour détruire avec précision n'importe quelle cible (peut-être même enterrée), n'importe où dans le monde, moins d'une heure après la prise de décision politique. La conception d'armes nucléaires miniaturisées est aussi débattue, pouvant être utilisées contre des installations enterrées, de type bunker. « Dans le cadre d'une doctrine préventive, il s'agit en somme, pour l'Amérique », explique un attaché militaire européen en poste à Washington, « de transformer son immense avantage technologique – véritable vulnérabilité en cas d'attaque asymétrique – en supériorité incontestable, notamment dans la gestion du temps. »

En marge de l'arsenal technique, les responsables américains se montrent toujours soucieux des apparences morales. L'Amérique peut-elle être l'agresseur ? Telle est l'autre question. Il semble, en effet, difficilement concevable pour nombre d'Américains d'affirmer dans le même souffle : « Plus jamais Pearl Harbor » et : « A l'avenir, faisons comme le général Tojo [1] ». L'historien Arthur Schlesinger, qui fut collaborateur du président John Kennedy, a d'ailleurs rappelé dans la presse américaine la teneur des débats qui eurent lieu concernant une attaque de Cuba au moment de la crise des missiles : « Comme l'avait fait valoir à l'époque le président, en pareille hypothèse les Etats-Unis perdraient en légitimité internationale, en légitimité morale, bien davantage que ce qu'ils pourraient gagner sur le plan militaire. » George Bush a vite tranché en devançant l'objection dans son discours de West Point, affirmant que « les Etats-Unis agiraient en premier pour promouvoir les valeurs traditionnelles de l'Amérique et des nations civilisées » (sic) ; toute guerre conduite par Washington étant jugée, par principe, comme une guerre juste.

La doctrine préventive est largement incompatible avec le droit constitutionnel américain et le droit international. Le sénateur Robert Byrd (républicain de Virginie occidentale, gardien traditionnel des prérogatives du Congrès) lance, le 21 août 2002, un appel à tous les pro-

1. Dirigeant du gouvernement japonais de 1941 à 1944.

fesseurs de droit constitutionnel des Etats-Unis pour leur demander leur avis sur la constitutionnalité d'une doctrine permettant au pouvoir exécutif de lancer des actions militaires sans autorisation du Congrès. L'appel du sénateur s'est perdu dans le grand vide émotionnel creusé durablement par les attentats du 11 septembre 2001. Quelques universitaires ont néanmoins souligné, dans la presse américaine, l'incompatibilité de fond entre une telle doctrine et le droit international. Le droit à l'autodéfense tel qu'il est reconnu par l'article 51 de la Charte des Nations unies ne permet pas une « riposte par anticipation », surtout si elle est dirigée contre une menace qui n'est ni certaine, ni imminente. Et les juristes rappellent au passage que le gouvernement Reagan avait condamné, aux côtés des autres membres du Conseil de sécurité de l'ONU, l'attaque israélienne sur la centrale nucléaire irakienne d'Osirak en 1981, tandis que le vice-président Cheney et Donald Rumsfeld se réfèrent volontiers à cette opération comme à un modèle dont les Etats-Unis doivent s'inspirer.

Dans le numéro de septembre 2002 de la revue *Foreign Affairs*, le professeur John Ikenberry s'inquiète des risques stratégiques de « l'ambition impériale américaine », en soulignant d'abord la nature de « précédent » que créerait une telle doctrine. Aujourd'hui les Etats-Unis face à l'Irak, demain la Chine contre Taïwan et l'Inde contre le Pakistan, ou vice versa… Si l'Etat agresseur est à la fois juge et partie de la légitimité de son action, il est à craindre qu'il n'y ait plus de limite à la contagion de la violence. Seraient ainsi balayés tous les progrès du droit international réalisés depuis la fin de la Seconde Guerre mondiale pour canaliser, réguler, sinon empêcher les crises ouvrant la brèche à une terrible régression à l'état de nature, où les hommes, comme chez Thomas Hobbes, sont en proie à la vanité et à la jalousie, et où chacun dispose d'assez de force pour tuer l'autre. Régression à la guerre de tous contre tous, à la guerre sans foi ni loi, à la guerre du feu. La doctrine préventive des faucons américains, c'est l'ordre barbare et l'instauration de la loi du plus fort en loi universelle. Beau progrès et vaste programme.

Même Henry Kissinger ne parvient pas à se prononcer de façon satisfaisante sur cette question, dans sa tribune publiée le 12 août 2002 par le *Washington Post*, se contentant de reconnaître l'existence du problème tout en défendant la supériorité de la doctrine préventive. Il est assez paradoxal, dans ce débat kafkaïen, de voir, au nom d'une « exception américaine » chère au président Bush, les outils du droit international pulvérisés par un Etat qui fut l'un de leurs principaux forgerons. Les conséquences stratégiques de la généralisation de la guerre préventive sur les crises à venir ont été, en fait, très peu discutées, alors qu'elles paraissent évidentes ; évidence qui renvoie à une figure simple de logique formelle : sachant qu'il est susceptible de faire l'objet d'une attaque préventive, le chef de guerre en question a tout intérêt à frapper le premier. C'est du reste exactement ce qui s'est passé lors de l'exercice inter-armées *Millenium Challenge*, durant l'automne 2002 : le chef de l'« Etat voyou » visé, préemptant les préempteurs, a envoyé par le fond la totalité d'une escadre aéronavale américaine.

Cette figure de la régression ne constitue en rien une nouveauté et nous ramène au cadre familier de la dissuasion nucléaire, plus précisément à la question classique de « l'usage en premier » – *use 'em or lose 'em* –, dont la crise des missiles de Cuba demeure le paradigme. Comme l'ont appris les responsables américains en

1992 [1], les officiers soviétiques qui commandaient les rampes de missiles installées sur l'île avaient l'ordre de Moscou de faire usage de leurs armes nucléaires tactiques en cas d'opération préemptive conventionnelle des Etats-Unis. A l'époque, les responsables du Pentagone poussaient justement à une telle extrémité.

L'idéologie de la guerre préventive excède de très loin les données de la crise irakienne. Se justifiant d'une prétendue insuffisance de la dissuasion nucléaire, elle rend cette dernière obsolète, ce qui n'est pas sans danger. Elle s'accompagne d'une remise en cause, à terme, de la notion de souveraineté nationale. Dans le même temps, elle fait passer la notion pourtant centrale de « stabilité internationale » d'un statut clé à un statut marginal, pouvant constituer tantôt un obstacle, tantôt un avantage pour mener des opérations extérieures dont la légitimité n'aura plus à être soumise à l'appréciation de la communauté internationale. Autant dire que l'idéologie de la guerre préventive sonne le glas du Conseil de sécurité de l'ONU comme seule instance légitime garante du recours à la force. En contournant les Nations unies pour mener à bien leur guerre en Irak, Washington et Londres portent la lourde responsabilité d'une marginalisation de l'organisation internationale et de sa conception du maintien de la paix et de la sécurité mondiales. Cette marginalisation n'a pas encore produit tous ses effets.

Le 26 juin 2003 à Londres, la conseillère Condoleezza Rice a violemment critiqué « la vision multipolaire du monde chère à la France », affirmant qu'il s'agissait d'une « théorie des rivalités ». Devant l'Institut international d'études stratégiques (IISS), Mme Rice a déclaré que « la

1. Avec l'ouverture des archives militaires soviétiques.

multipolarité n'a jamais été une idée ou une vision unificatrice ». « C'est un mal nécessaire qui a prolongé l'absence de guerre mais n'a pas contribué à promouvoir la paix », a-t-elle ajouté, s'interrogeant sur les motivations de ceux qui, avec « nostalgie », défendent cette « conception dépassée des relations internationales ». « La multipolarité est une théorie de rivalités, d'intérêts rivaux et, dans le pire des cas, de valeurs rivales », a poursuivi la conseillère. « Nous avons essayé ça dans le passé : ça a conduit à la Première Guerre mondiale, puis à la Seconde, et enfin à la guerre froide (...) Pourquoi devrions-nous chercher à nous diviser alors que nous pouvons être beaucoup plus efficaces en étant unis ? » a-t-elle encore lancé. « Seuls les ennemis de la liberté se féliciteront de ces divisions. »

Evidemment, les choses seraient plus simples si nous étions tous américains, a osé répondre un auditeur courageux avant d'être copieusement conspué. Condoleezza Rice a ensuite invité les pays européens à lutter contre le terrorisme et à travailler avec Washington et les parties concernées pour la recherche d'une solution pacifique au Proche-Orient.

Dans cette perspective de la promotion d'un ordre international barbare, un autre délice de la guerre préventive est qu'elle permet de faire pression sur les protagonistes de n'importe quel conflit en cours. Il suffit de les accuser de pratiquer le terrorisme ou d'être complices d'organisations terroristes, et la messe est dite. Instaurant une équivalence absolue entre le terrorisme proclamé et le droit légitime à la résistance, cette figure rhétorique de l'idéologie de la guerre préventive trace désormais la ligne directrice de la gestion actuelle du conflit israélo-palestinien et de la saddamisation de Yasser Arafat.

CHAPITRE XI

La saddamisation d'Arafat

> « La fraternité ne peut pas être anéantie parce qu'elle n'est pas une organisation. »
>
> GEORGE ORWELL
> (*1984,* septembre 1950).

Gaza, le 11 novembre 2001. Yasser Arafat a été l'un des premiers responsables politiques à condamner les attentats de New York et de Washington. Et pour que les choses soient plus claires encore, il a donné son sang en faveur des rescapés du World Trade Center, devant les caméras du monde entier. « Il s'agissait d'adresser un message direct et sans ambiguïté, mais profond et qui résume tout notre combat. Nous condamnons le terrorisme où qu'il frappe. Nous avons toujours condamné le terrorisme parce que nous sommes des résistants », nous déclare-t-il, en ajoutant : « Les attaques du 11 septembre dernier ont renforcé notre détermination à lutter contre le terrorisme. N'oubliez pas que nous parlons en connaissance de cause, car les Palestiniens ont payé un très lourd tribut au premier des terrorismes qui soit : l'occupation de sa terre par une armée étrangère. »

Au chef de la diplomatie française Hubert Védrine, qu'il rencontre au siège de l'Autorité palestinienne, il raconte comment il a été condamné à mort dans une fatwa émise par Oussama Ben Laden au lendemain de la signature des accords d'Oslo, en septembre 1993. Les fanatiques religieux ne lui pardonnent toujours pas d'avoir reconnu l'existence de l'Etat hébreu et de s'être engagé personnellement avec les Israéliens dans des pourparlers de paix. Le vieux chef ajoute que quelques semaines avant les attentats du 11 septembre 2001, il a eu l'occasion d'expliquer à un diplomate américain tous les dangers de la politique que les Etats-Unis poursuivent en Asie centrale. « J'ai redit aux Américains ce que je tente de leur faire admettre depuis des années, c'est-à-dire que leur attitude de bienveillance, sinon de soutien aux mouvements islamistes en Afghanistan et au Pakistan, est proprement suicidaire. Bien que les factions de Ben Laden n'aient jamais pu s'implanter en Palestine, de nombreux activistes islamistes palestiniens ont été formés et sont toujours formés en Asie centrale, ce qui n'arrange rien à la situation du Proche-Orient. Et lorsque les Américains me demandent de neutraliser les extrémistes d'ici, je leur réponds qu'ils sont formés là-bas, en Asie centrale, chez leurs amis Taliban. Je leur ai même dit qu'un jour ils regretteraient cette politique, parce que ces mouvements ne respectent aucun accord, aucune parole donnée. »

Yasser Arafat conclut notre entretien en rappelant que « les extrémistes qui viennent d'Afghanistan sont les ennemis de la cause palestinienne et de la lutte pour la formation d'un Etat palestinien, parce que ces objectifs s'inscrivent dans une perspective nationale. Or ces activistes haïssent les causes nationales, dont ils prétendent qu'elles ont été inventées par les juifs et les chrétiens. Et je me souviens qu'Israël les a aidés contre nous, contre l'OLP ».

En effet, au début des années soixante-dix, reconnaît le général Segev qui était gouverneur militaire de Gaza en 1973, « nous offrions un peu d'aide financière à certains groupes islamistes, nous soutenions des mosquées et des écoles dans l'intention de développer une force de réaction contre les forces de gauche qui soutenaient l'OLP ». Essayant de reproduire l'instrumentalisation par la CIA de la confrérie des Frères musulmans contre Nasser dans les années cinquante, les services israéliens multiplient les contacts avec les organisations musulmanes.

Depuis son nouveau quartier général du nord de Tel-Aviv, c'est dans le plus grand secret que le Shin Beth (sécurité intérieure et contre-espionnage) élabore alors un plan destiné à favoriser l'émergence d'organisations islamistes susceptibles de concurrencer l'Organisation de libération de la Palestine. Pour contrer le développement de la résistance palestinienne à l'intérieur d'Israël et la montée en puissance du Front démocratique de libération de la Palestine (FDLP) de Nayef Hawatmeh, comme de l'organisation de Georges Habache, le Front populaire de libération de la Palestine (FPLP), le Shin Beth décide de financer la branche palestinienne des Frères musulmans, qui devra déclarer les hostilités en priorité contre les groupes marxistes et laïcs à l'intérieur de la centrale palestinienne.

Pour les islamistes, la libération de la Palestine n'est pas une finalité, mais une simple étape d'une guerre sainte beaucoup plus large, englobant l'Egypte, mais aussi la Jordanie, le Liban et la Syrie. Dans un premier temps, il s'agit de combattre les dangers du laïcisme et leurs incarnations palestiniennes. Hormis l'aide israélienne, les Frères musulmans palestiniens profitent déjà abondamment des largesses saoudiennes, gonflées par la brusque augmentation du prix du pétrole. Initialement clandestine, l'aide israélienne aux islamistes s'affiche lorsque l'Etat hébreu leur permet des activités qu'il refuse à l'OLP. « L'administration israélienne a notamment permis à la principale institution des Frères de Gaza, le Centre islamique Al-Mujam'a Al-islami, de s'implanter dans la bande de Gaza à partir du début des années soixante-dix, avant de lui accorder une reconnaissance officielle [1]. » En ouvrant ainsi des dispensaires, des crèches, des hôpitaux, des clubs sportifs et des écoles avec l'aval des autorités israéliennes, les islamistes vont considérablement resserrer leur maillage de la société civile palestinienne, non seulement à Gaza, mais aussi dans l'ensemble de la Cisjordanie et notamment à Hébron.

Le mouvement s'amplifie au début des années quatre-vingt, après la révolution islamique d'Iran de 1979, en même temps que l'OLP accumule les revers au Liban. Toujours accompagnée par le Shin Beth, la véritable émergence politique des islamistes palestiniens se révèle deux mois avant le déclenchement de la « guerre des pierres », la première Intifada. Fondée par un cheikh infirme et charismatique, Ahmed Yassine, la Société islamique de 1973 se transforme à Gaza, en février 1988, en Mouvement de résistance islamique, plus communément appelé Hamas (qui signifie enthousiasme). Un changement de taille est intervenu : dans sa charte, le Hamas

1. Wendy Kristiansen, « Les contradictions du Hamas », *Confluences-Méditerranée*, n° 20, hiver 1996-1997.

précise que la revendication nationale n'est plus incompatible avec l'islam et la pratique de la vraie foi.

Tactiquement convertis à la revendication nationale, les islamistes palestiniens se posent désormais en concurrents directs de l'OLP, malgré le prestige historique de son chef Yasser Arafat. Le Hamas prend même l'initiative, lorsqu'il condamne l'acceptation par l'OLP de la résolution 242 des Nations unies et la coexistence des deux Etats. En refusant aussi les accords de Madrid et d'Oslo, les islamistes entendent incarner sans partage la légitimité de la lutte du peuple palestinien. Ce faisant, ils entrent en convergence avec les objectifs de la droite israélienne, qui refuse jusqu'aujourd'hui, elle aussi, des accords de paix qui ont donné trop de place à l'OLP de Yasser Arafat. Credo de la droite et de l'extrême droite israéliennes, cette politique de marginalisation de l'OLP et de Yasser Arafat lui-même vient de loin. Elle a toujours tenté de réduire la résistance palestinienne aux comportements criminels d'une lutte illégale relevant purement et simplement du terrorisme. Avec les événements du 11 septembre 2001, la délégitimation de la direction palestinienne, amorcée par Ehud Barak après l'échec de Camp David II en juillet 2000, va entrer dans une phase décisive.

Aux Etats-Unis, l'effet des attentats suicides de Jérusalem et Haïfa le 2 décembre 2001 est dévastateur. Ce massacre délibéré d'adolescents paisibles n'est pas perçu comme la représaille des assassinats ciblés qui frappent régulièrement les responsables du Hamas, mais comme l'expression d'une haine inexpiable ravivant le traumatisme du 11 septembre, autorisant la réaction la plus brutale. Les Etats-Unis se sentent et se veulent en guerre : leur opinion publique n'attend rien d'autre que le châtiment des terroristes. Les attentats du 2 décembre sont donc interprétés comme la confirmation brutale de ce que les milieux pro-israéliens américains martèlent depuis trois mois : Etats-Unis et Israël sont victimes des mêmes ennemis et mènent le même combat. Ils ont le même droit de se défendre et sont libres d'employer les moyens appropriés. Et gare à ceux qui ne comprennent pas, ou qui résistent à cette union sacrée. L'assimilation entre les opérations militaires menées par les Israéliens contre les Palestiniens et la lutte américaine contre le terrorisme devient systématique.

La Maison-Blanche juge Yasser Arafat responsable de la situation et lui impute le durcissement de la confrontation qui prévaut depuis l'arrivée au pouvoir d'Ariel Sharon, comme elle continue à lui imputer l'échec de Camp David II. Pour la Maison-Blanche, le 11 septembre était l'occasion de repartir du bon pied, et George Bush était convaincu qu'il n'appartenait qu'à Yasser Arafat de rejoindre le camp des gentils, en passant sans tarder à l'offensive contre les méchants, le Hamas et le Jihad islamique, qualifiés d'organisations terroristes, ennemies déclarées de toute solution de paix au Proche-Orient. Cette approche de l'administration Bush, qui fait bon marché de la réalité historique et des événements tels qu'ils se passent sur le terrain, entre en parfaite convergence avec la vision simpliste d'Ariel Sharon : ou Yasser Arafat pouvait faire quelque chose pour empêcher le terrorisme et il ne l'a pas fait, auquel cas il est complice ; ou bien il ne pouvait rien faire et par conséquent ne maîtrise plus rien, donc n'est plus un interlocuteur. Conclusion dans les deux cas : il doit disparaître.

Encore plus qu'Ariel Sharon, Shimon Pérès, toujours très écouté à Washington, dénonce avec force le refus de l'Autorité palestinienne de s'en prendre au Hamas et au

Jihad. En négligeant deux faits essentiels : la deuxième Intifada, réponse de la rue au durcissement de l'occupation israélienne, a pris de court l'Autorité palestinienne, mais aussi les organisations islamistes ; et l'aviation israélienne a choisi comme premières cibles les infrastructures palestiniennes de sécurité. Comment, dans ces conditions, exiger de Yasser Arafat qu'il maintienne un ordre dont il n'a plus les outils [1] ? Le ministre travailliste israélien des Affaires étrangères Shimon Pérès est l'auteur secret de la saddamisation de Yasser Arafat. Dans ce contexte, il est clair désormais que Washington n'entend plus voler au secours d'une Autorité palestinienne qui n'a pas fait ce qu'on attendait d'elle, et ne lance plus que par routine rhétorique ses appels rituels à la retenue.

Confiné dans son quartier général de la Moqata dès décembre 2001, Yasser Arafat est assiégé et pilonné jusqu'en mars 2002. Dans son bureau sans électricité, il demeure plus que jamais le symbole ultime d'une Autorité palestinienne soumise à un travail méthodique de destruction engagé depuis deux ans. Prisonnière de sa vision manichéenne de la lutte contre le terrorisme – « qui n'est pas avec nous est contre nous » – la Maison-Blanche pense militairement la question palestinienne comme elle l'a fait de l'Afghanistan. L'état de guerre

---

1. Selon les chiffres fournis par le commissaire Chris Patten au Parlement européen, « les dommages estimés au 14 décembre 2002 atteignent 24 millions d'euros, sur le total de 39 millions d'euros financés par l'Union européenne et l'ensemble des donations. Parmi les 32 cas de destruction les plus importants, le coût des dégâts est estimé comme suit : l'aéroport de Gaza (part de l'UE : 9,5 millions), les camps destinés à la police civile palestinienne dans la bande de Gaza (part de l'UE : 4,5 millions), la radio palestinienne à Ramallah (3 millions), la route vers Jénine (1,5 million), le réseau électrique de Gaza (1,1 million). » Selon la même source, la population vivant au-dessous du seuil de pauvreté est de 60 % à Gaza.

proclamé par les Etats-Unis contre le terrorisme rend désormais caduque toute tentative de soutenir la voie médiane du secrétaire d'Etat Colin Powell, de poursuite du dialogue avec Arafat. Dans son discours du 14 juin 2002 sur l'avenir du Proche-Orient, George Bush prononce l'éviction pure et simple du président de l'Autorité palestinienne.

Le jour même, le Premier ministre israélien Ariel Sharon téléphone à la conseillère Condoleezza Rice pour lui exprimer toute sa satisfaction : « Je vous prie de transmettre ma considération au président pour sa détermination dans la lutte contre le terrorisme et la direction qu'il assume pour le monde libre », dit-il. A Kananaskis au Canada, George Bush reprend à son compte ce vocabulaire de guerre froide pour justifier sa volonté d'évincer Yasser Arafat, toujours en invoquant la sacro-sainte lutte contre le terrorisme. Et la nouvelle doctrine américaine vis-à-vis du conflit israélo-palestinien peut se résumer en une phrase, explique un diplomate européen en poste à Tel-Aviv, citant un communiqué du Département d'Etat : « Tant qu'Arafat sera au pouvoir, le peuple palestinien en paiera le prix ». Le discours de George Bush a profondément modifié la donne au Proche-Orient, et les protestations vertueuses de Washington devant les provocations d'Ariel Sharon ne sont que des figures de style.

Douze ans après la guerre du Golfe, Washington diabolise Yasser Arafat comme il a diabolisé Saddam Hussein à partir de 1991. Si l'avenir personnel du chef palestinien est incertain, sa saddamisation se poursuit. Après la guerre du Golfe et l'adoption par le Conseil de sécurité de la résolution 687 sur les sanctions, un sénateur américain avait justifié l'embargo contre l'Irak par cette phrase : « Tant que Saddam Hussein gouvernera l'Irak, les Irakiens en paieront le prix». Après douze ans de sanctions économiques sans précédent, le coût pour le peuple irakien est particulièrement élevé. Et on peut faire le parallèle avec la dure réalité endurée par une population palestinienne confrontée quotidiennement aux incursions meurtrières de l'armée israélienne en Palestine, au nom de la lutte contre le terrorisme. Cette criminalisation d'une population débouche fatalement sur de graves violations des conventions internationales, comme ce fut, semble-t-il, le cas à Jénine, dans le nord de la Cisjordanie, en avril 2002.

L'incursion de l'armée israélienne dans le camp de réfugiés a commencé à l'aube du 3 avril 2002. Selon les témoignages recueillis par les organisations humanitaires, les blessés civils, les combattants et les malades n'eurent accès à aucun soin médical d'urgence du 4 au 15 avril, soit pendant onze jours.

Que s'est-il réellement passé ? Le Conseil de sécurité des Nations unies s'était prononcé pour l'envoi d'une mission d'enquête. Le secrétaire général de l'ONU Kofi Annan s'était personnellement engagé à ce que cette mission se rende sur place pour établir les faits. Mais toutes les tentatives de la communauté internationale se sont, jusqu'aujourd'hui, heurtées à une fin de non-recevoir de la part du gouvernement d'Ariel Sharon.

L'organisation de défense des droits de l'homme Amnesty International accuse, dans un rapport de novembre 2002, l'armée israélienne d'avoir commis des crimes de guerre. Intitulé « Un rempart contre une enquête : les violations de l'armée israélienne à Jénine et Naplouse », le rapport appelle Israël et la communauté internationale à enquêter pour identifier les responsables de « ces crimes de guerre », quelles que soient leurs fonctions.

Amnesty affirme qu'à Jénine comme à Naplouse, l'armée israélienne a tué des civils, torturé des prisonniers, utilisé des civils comme boucliers humains, détruit des maisons privées et empêché l'acheminement de l'aide humanitaire et médicale aux civils palestiniens. Amnesty estime que « certains actes de l'armée israélienne, décrits dans le rapport, relèvent de graves violations de la quatrième convention de Genève ». En juin 2002, une autre organisation – Human Rights Watch – apportait des conclusions similaires, tout aussi accablantes.

Un porte-parole de l'armée israélienne répond : « Israël a exercé son droit élémentaire à l'autodéfense en s'attaquant à l'infrastructure terroriste palestinienne dans ces villes du nord de la Cisjordanie. » Depuis le 11 septembre 2001, la même rhétorique antiterroriste ponctue la carcéralisation [1] de l'univers palestinien. Ce durcissement produit de nouvelles réglementations intérieures, de plus en plus restrictives, concernant la circulation des personnes et des biens, au sein d'une population dont 50 % des actifs sont acculés au chômage, une situation de plus en plus préoccupante sur le plan humanitaire.

Le rapport d'Amnesty International est d'autant plus important qu'il engage Israël à observer la législation internationale et à assumer la responsabilité de ses actes, demandant, une nouvelle fois, l'ouverture d'une enquête sur le comportement de son armée durant l'offensive baptisée « Rempart », lancée le 29 mars 2002 en représailles à une vague d'attentats suicide anti-israéliens. Cette nouvelle demande d'enquête intervenait alors qu'Ariel Sharon venait de nommer à la tête du ministère de la Défense le général Mofaz, qui avait personnellement dirigé, en tant que chef d'état-major, les opérations incriminées.

1. Voir le chapitre XII : « Surveiller, punir et faire partir ».

Dans ce contexte, la Feuille de route, ou plan de paix du Quartette (Etats-Unis, Russie, Union européenne et Nations unies), constitue le seul espoir d'un retour à la négociation politique. Dès décembre 2002, l'Union européenne et la Russie ont demandé sa publication immédiate. Mais l'administration américaine a refusé, arguant de la tenue des élections israéliennes en janvier 2003, qu'il ne faudrait pas perturber. Le document prévoit un processus en trois étapes, devant aboutir d'ici à 2005 à la création d'un Etat palestinien viable aux côtés d'Israël.

Première étape : fin du terrorisme et de la violence, normalisation de la vie pour les Palestiniens et création de leurs institutions ; Israël gèle la colonisation et se retire des secteurs réoccupés depuis septembre 2000 ; la direction palestinienne appelle à un cessez-le-feu inconditionnel et reconnaît à Israël le droit d'exister en paix.

Deuxième étape : des élections palestiniennes sont organisées ; le Quartette convoque une conférence internationale pour relancer les efforts de paix au Proche-Orient.

Troisième étape : une seconde conférence, début 2004, doit présider à la création d'un Etat palestinien, aux frontières définitives d'ici à 2005 ; le sort de Jérusalem, des réfugiés palestiniens et des colonies doit être réglé ; les pays arabes normalisent leurs relations avec Israël.

En principe, la Feuille de route ne peut pas se doubler d'une nouvelle phase de négociations portant sur les modalités de son application, mais doit être appliquée telle quelle. En attendant son entrée en vigueur, la vie continue.

Journal de la réalité :

28 mars 2003 : RAS en Palestine. Pas exactement « rien à signaler », mais la routine des violences quotidiennes dans les territoires réoccupés. Deux membres des services palestiniens de sécurité ont été tués et quinze personnes blessées lors d'un raid militaire dans la bande de Gaza, où le nouveau chef du gouvernement palestinien Abou Mazen doit effectuer une visite. Nommé le 19 mars par Yasser Arafat au poste de Premier ministre, Abou Mazen incarne l'esprit des réformes institutionnelles voulues par les Etats-Unis et la Grande-Bretagne, après la mise à l'écart du président palestinien. Apparemment satisfaits de cette évolution, George Bush et Tony Blair annoncent depuis Camp David que la Feuille de route va être bientôt publiée. Mais un nouveau délai est aussitôt demandé par l'administration américaine, qui attend de juger sur pièces la composition du gouvernement que doit former Abou Mazen.

Comme son père l'avait fait après la première guerre contre l'Irak en cautionnant l'ouverture du processus de Madrid puis d'Oslo, George Bush cherche à dire au monde que sa nouvelle guerre contre l'Irak n'est pas une opération antiarabe. La preuve : il s'engage personnellement dans la recherche d'une solution au conflit israélo-palestinien. Mais George Bush y croit-il vraiment ? La première phase de la Feuille de route prévoit un gel de toutes les activités de colonisation israélienne, or Ariel Sharon a déjà exprimé à plusieurs reprises son refus d'arrêter une colonisation qu'il juge toujours historiquement légitime. Ce même Sharon qui disait, dans les années soixante-dix, à propos de la colonisation dont il fut le grand promoteur : « Donnez-moi vingt-cinq ans, et la carte aura tellement changé que ni les Nations unies, ni les Etats-Unis, ni aucune force au monde ne pourra remettre en cause les faits accomplis sur le terrain. »

Et le gouvernement israélien prépare déjà des clauses restrictives à la mise en application du texte et rédige une Feuille parallèle, reprenant les grandes lignes du plan intérimaire dont rêve Ariel Sharon : restitution de 40 % seulement des territoires occupés ; morcellement de la Cisjordanie et de Gaza en bantoustans, mettant définitivement fin à l'idée d'un Etat palestinien viable, doté d'une continuité territoriale et de frontières reconnues. Plus grave encore : durcissement de la répression et intensification des opérations de l'armée israélienne en Palestine – dégradation dont plus personne ne parle, les télévisions mondiales étant toutes mobilisées par la retransmission en direct de la guerre contre l'Irak.

En attendant la publication de cette Feuille d'une route qui risque de ne mener nulle part, les nouvelles morts de ces derniers jours portent à 3 113 le nombre de personnes tuées depuis le début de la deuxième Intifada à la fin de septembre 2000, dont 719 Israéliens et 2 339 Palestiniens.

9 avril 2003 : Jérusalem. « Il faut profiter du Bagdad-Circus », ne cesse de répéter à son entourage le Premier ministre israélien. Sept morts et quarante-sept blessés palestiniens hier soir. Il y a deux jours encore, dans la bande de Gaza, seize enfants et adolescents avaient été blessés par balles.

Négligeant la multiplication des incursions meurtrières de l'armée israélienne et de ses assassinats dits ciblés, qui portent à 3 140 le nombre de Palestiniens tués depuis le début de la deuxième Intifada, Ariel Sharon a affirmé au ministre allemand des Affaires étrangères, Joschka Fischer, qu'il acceptait le principe de la Feuille de route, « à condition qu'elle ne porte pas atteinte à la sécurité d'Israël ». Sur la question du gel des colonies, il ne fait pas mystère qu'il ne veut tout simplement pas entrer en matière. Et pour que les choses soient parfaitement claires, il vient d'accorder son feu vert à une nouvelle colonie israélienne à Ras al-Amoud, un quartier de Jérusalem-Est. Financée par un milliardaire juif orthodoxe de Miami, cette colonie s'inscrit dans un dispositif d'ensemble qui vise à fermer le corridor instaurant une continuité territoriale entre Jérusalem-Est et la Cisjordanie, prévue par le plan Beilin-Abou Mazen de 1995.

A ce coup de canif dans la Feuille de route s'ajoute une autre provocation : le projet de construire un nouveau mur de démarcation en plein cœur de Bethléem. C'est officiellement pour protéger l'accès au tombeau de Rachel que les Israéliens ont programmé l'érection d'un mur coupant la rue Arafat, l'une des artères principales de la ville de la Nativité. Traditionnellement fréquentée par les juifs, les chrétiens et les musulmans, la tombe de Rachel a été transformée depuis trois ans en bunker israélien. Alors que la ligne qui départage la commune de Bethléem se situe, historiquement, à la hauteur du monastère orthodoxe de Saint-Elias, à cinq kilomètres plus au nord, la construction de ce mur risque d'entériner l'annexion de toute la partie septentrionale de Bethléem aux colonies voisines de Gilo et de Har-Homa.

Cette nouvelle annexion vise à parachever la clôture de Jérusalem, destinée à isoler la ville sainte de tous les villages palestiniens voisins. « Si la colonisation israélienne ne s'arrête pas », nous déclare Miguel Angel Moratinos, représentant de l'Union européenne pour le

Proche-Orient, « nous ne pourrons jamais parvenir à un accord raisonnable et la Feuille de route restera lettre morte, comme les accords précédents. »

13 mai 2003 : Gaza. Quelques minutes seulement après le départ du secrétaire d'Etat américain Colin Powell, Israël réinstaure le bouclage total de la bande de Gaza, et trois Palestiniens sont tués. La presse israélienne dresse un bilan plutôt négatif de la visite du responsable américain, estimant qu'il a reçu une véritable « douche froide », d'autant plus que le chef de la diplomatie israélienne Silvan Shalom annonce une rencontre entre Ariel Sharon et Abou Mazen d'ici à la fin de la semaine. Du côté palestinien, la déception est grande puisque Colin Powell n'a pas obtenu la réponse attendue du gouvernement israélien à la Feuille de route. Or, depuis plusieurs jours, le Premier ministre israélien répète publiquement qu'il ne renoncera jamais à la colonisation, et Tel-Aviv confirme quatorze modifications du texte initial du plan de paix du Quartette.

Le même Ariel Sharon, qui ne cesse de répéter qu'il partage la vision de George Bush pour un nouveau Proche-Orient, réserve sa réponse au président américain puisqu'il sera à Washington les 19 et 20 mai 2003. Mais de quel nouveau Proche-Orient parle M. Sharon ? Il considère que la victoire des forces américano-britanniques en Irak est aussi un peu la sienne, et qu'elle permet de faire pression non seulement sur la Syrie et l'Iran, mais aussi sur ce qui reste de l'Autorité palestinienne. Selon plusieurs sources diplomatiques autorisées, Ariel Sharon est fermement décidé à s'opposer à la mise en œuvre effective de la Feuille de route, son voyage américain n'étant destiné qu'à gagner du temps jusqu'à l'ouverture prochaine de la campagne électorale présidentielle américaine. A ce moment-là, George Bush sera encore moins qu'aujourd'hui en position de faire pression sur Tel-Aviv pour l'obliger à respecter le calendrier devant aboutir à l'instauration d'un Etat palestinien.

Initialement conçue comme une synthèse des accords précédents, qui n'ont jamais été appliqués – plan Tenet, accord Wye River, rapport Mitchell –, la Feuille de route n'est pourtant pas un plan américain, mais bien le programme du groupe de contact rassemblant les Etats-Unis, la Russie, l'ONU et l'Union européenne. Par conséquent, et indépendamment des prochaines contraintes électorales américaines qui ne favoriseront pas le processus, « il serait peut-être temps que l'Union européenne, la Russie et l'ONU exercent leur pleine responsabilité sur ce dossier israélo-palestinien, qui ne doit pas rester la chasse gardée de Washington », déclare Leïla Shahid, déléguée de la Palestine en France.

25 mai 2003 : Ce dimanche restera-t-il dans l'Histoire comme le jour de l'acceptation de la Feuille de route par le gouvernement israélien de droite et d'extrême droite ? Cette acceptation formelle ne laisse pas de provoquer un profond malaise. Malaise d'un décalage sidérant entre une Feuille de route totem des nécessités diplomatiques de l'après-guerre d'Irak et tabou de la réalité du terrain, dont on ne parle plus, ou si peu. Hier encore, un convoi diplomatique a été pris pour cible par l'armée israélienne, tous les jours de jeunes vies sont fauchées, tous les jours les incursions d'une sodatesque puissamment armée bousculent une population civile épuisée, tous les jours de nouvelles colonies – pudiquement rebaptisées implantations – dévorent davantage de terre et d'espace, tous les jours le grand mur dit de sécurité accentue une déchirure de plus en plus irréversible.

L'acceptation proclamée de la Feuille de route est assortie de restrictions israéliennes, discrètement nommées « réserves gardées secrètes ». Tabou encore, mais tabou archiconnu ramenant aux blocages qui firent capoter les sommets de Camp David et Taba : le retour des réfugiés, le gel des colonies, le statut de Jérusalem et les frontières de 1967. Toutes modalités fixées par les résolutions 242 et 338 du Conseil de sécurité des Nations unies, parfaitement connues mais non appliquées depuis des années, sans que cela éveille l'attention ou l'impatience de la communauté internationale comme ce fut le cas pour d'autres résolutions concernant d'autres pays. Le malaise vient aussi de la mise à l'écart des coauteurs de cette Feuille de route au profit du seul parrain américain. Initialement conçu selon le même principe que celui qui présida à la création du groupe de contact qui parvint à sortir les Balkans du chaos, le Quartette associe, comme on le sait, les Etats-Unis, la Russie, l'ONU et l'Union européenne. Israël s'obstine à refuser tout rôle à l'Union européenne : exemple unique, à ce jour, d'un membre de la communauté internationale rejetant l'Europe en tant qu'ensemble et acteur politique.

Le sommet du G8 d'Evian n'est pas achevé que George Bush se rend aux sommets de Charm el-Cheikh en Egypte et d'Aqaba en Jordanie, comme si la mise en œuvre de la Feuille de route, après la guerre d'Irak, constituait le nouvel objectif prioritaire de la coalition américano-britannique, visant à la reconfiguration d'un Proche-Orient tel que le prévoit Washington, avec ses seuls partenaires adoubés : l'Egypte, la Jordanie, l'Arabie Saoudite, Bahrein, et un Abou Mazen lui aussi adoubé contre un Yasser Arafat que Washington et Tel-Aviv s'obstinent à vouloir faire disparaître.

5 juin 2003 : George Bush réussira-t-il là où avait échoué Bill Clinton ? L'entourage de l'actuel président américain multiplie petites phrases et confidences sur la sincérité et le désir de paix de son patron. Cette fois, il ferait preuve d'une détermination sans faille pour trouver une issue au conflit israélo-palestinien, prioritaire à ses yeux. Le 3 juin, le président américain a obtenu des cinq dirigeants arabes qu'il trouve fréquentables un soutien à la Feuille de route et une condamnation de « toutes formes de terrorisme ». On pose ainsi l'équation : recherche de la paix = lutte contre le terrorisme. Ce faisant, les mêmes partenaires acceptent sans broncher la définition américaine du terrorisme et sa nouvelle priorité stratégique, sans plus faire une seule référence au droit légitime du peuple palestinien à la résistance, n'établissant plus la distinction qu'ils faisaient traditionnellement entre terrorisme et lutte contre l'occupation par une armée étrangère [1]. Les attentats du 11 septembre 2001 sont passés par là, les dernières attaques kamikazes de Riyad et Casablanca aussi. Les mêmes dirigeants arabes ont toutefois refusé de désavouer Yasser Arafat et de normaliser leurs relations avec Israël, comme le leur demandait à nouveau George Bush.

1. La convention arabe de lutte contre le terrorisme a été adoptée par les conseils des ministres de l'Intérieur et de la Justice au Caire, le 22 avril 1998. Cette convention comporte 42 articles divisés en quatre chapitres : I) Définition du terrorisme et des crimes terroristes, faisant la distinction entre le terrorisme et les cas de lutte armée contre l'occupation par une armée étrangère en violation des conventions internationales (Art. 1 et 2) ; II) Fondements de coopération arabe de lutte contre le terrorisme dans les domaines sécuritaire et judiciaire (Art. 3 à 21) ; III) Mécanismes d'exécution de la loi sur les mesures de livraison des criminels, les mesures de substitution judicaires, les mesures de protection des témoins et experts (Art. 22-38) ; IV) Dispositions finales concernant la ratification de l'entrée en vigueur.

Il est encore trop tôt pour savoir si la Feuille de route sera convenablement appliquée et si un Etat palestinien viable sera réellement créé d'ici à 2005. En attendant on peut, bien sûr, se féliciter des progrès effectués à Aqaba, comme n'a pas manqué de le faire le président américain. On peut sauter comme un cabri en criant « la paix ! la paix ! la paix ! », mais une lecture attentive du communiqué final israélien pondère aussitôt l'enthousiasme. Le texte mentionne notamment « des négociations directes, en fonction des modalités de la Feuille de route telle qu'elle a été adoptée par le gouvernement israélien ». On peut craindre, évidemment, une remise en cause du contenu même de ce plan de paix, qui devait initialement être appliqué sans autre négociation. On peut craindre aussi que le document tel qu'il a été adopté par Tel-Aviv, c'est-à-dire assorti de quatorze clauses restrictives, n'ait passablement altéré le fond et la forme du plan initial, au point que l'on risque de s'enthousiasmer pour une Feuille qui, à l'évidence, n'a plus la même signification. Par exemple, le Premier ministre israélien s'engage à démanteler « les points de peuplement non autorisés » (sic), une autre traduction préférant parler de « colonies illégales ». Qu'est-ce qu'une colonie illégale, à supposer qu'il en existe de légales : c'est toute la question. Pour les observateurs les plus attentifs, l'expression recouvre celle d'« implantations nouvelles » employée par Ehud Barak à Camp David en juillet 2000. En fait, dans l'optique israélienne, cette appellation concerne les colonies isolées, qui posent un réel problème de sécurité, mais pas l'ensemble des logements construits illégalement sur le territoire palestinien depuis juin 1967.

Où mènera la Feuille de route ? Malheureusement peut-être nulle part. Près d'un mois après les sommets de

Charm el-Cheikh et d'Aqaba, qui avaient marqué le lancement officiel de sa mise en application, la colonisation israélienne – sous toutes ses formes – s'est accélérée. Des derniers rapports publiés par les ONG israéliennes et palestiniennes – La Paix maintenant, B'tselem, Land-Defense-Committee et PNGO – il ressort que des centaines d'hectares de terre vont être expropriés pour permettre une extension de la colonie de Ramot, au nord-ouest de Jérusalem. D'autres terrains viennent d'être saisis entre Ramallah et Naplouse pour permettre l'extension des colonies de Maale Levonah et d'Eli. Dans les régions de Tulkarem et Jénine, des dizaines d'hectares sont également gelés pour les besoins de la construction du mur qui s'enfonce de plusieurs kilomètres à l'intérieur des terres palestiniennes.

D'une manière générale, la construction de nouvelles unités d'habitations israéliennes en Cisjordanie se poursuit à un rythme sans précédent depuis le début 2000. Cette politique de construction est officiellement menée au nom de la croissance dite naturelle, alors que la population des colons augmente très faiblement : selon le Yesha, on dénombre aujourd'hui 226 000 colons contre 215 000 en 2001. Et La Paix maintenant affirme qu'au moins un quart des logements existants sont vides. Le ministre du Logement Effie Eitam (NRP, par ailleurs porte-parole des colons) vient d'annoncer un plan gouvernemental prévoyant la construction de 11 806 nouvelles unités en Cisjordanie.

Les colonies isolées ne sont pas oubliées. Quelques jours après les propos d'Ariel Sharon en mai 2003 sur une possible évacuation de Beit-El et Shilo au nord de la Cisjordanie, deux projets du ministère du Logement déterminent une nouvelle extension : 112 pour Beit-El et

40 pour Shilo. Au cœur de la ville d'Hébron, la colonie de Tel-Rumeida continue elle aussi de s'étendre.

Enfin, le chantier de la route de contournement de l'est de Bethléem entre Har-Homa et Tekoa-Noqdim, appelée route Liebermann, du nom du ministre d'extrême droite résidant à Noqdim, progresse également. Les terres du village de Zaatara et de la ville de Beit-Sahour sont amputées par ce chantier qui coupera Bethléem de son arrière-pays agricole et achèvera l'encerclement du district par un réseau de colonies et de routes secondaires de contournement des villages palestiniens.

La presse palestinienne a condamné en juin 2003 les encouragements d'Ariel Sharon à construire « discrètement et sans l'annoncer », ainsi que les propos d'Effie Eitam déclarant : « La construction en Judée et en Samarie doit se poursuivre ; l'arrivée de chaque nouveau colon doit être considérée comme une croissance naturelle, qui ne saurait se limiter aux seules naissances. » D'autres responsables palestiniens soulignent que cette politique israélienne du fait accompli risque de rendre impossible la création d'un Etat viable. « Lorsque nous arriverons à la phase deux de la Feuille de route, nous nous apercevrons que nous sommes en cage et qu'il ne restera plus grand-chose à négocier », explique Khalil Toufakji, responsable de la Maison d'Orient. Il ajoute : « L'attitude complice des Etats-Unis, qui cautionnent le financement de la poursuite de la colonisation, crée l'obstacle principal à la réalisation de la vision du président George Bush. » Autant de craintes légitimes face à des comportements qui contredisent radicalement ce que la presse internationale a salué comme l'esprit d'Aqaba.

En définitive, l'ambiguïté et les non-dits laissent subsister un espoir très médiatisé, qui permet de créer l'illusion du mouvement, ce qui rappelle fâcheusement le contexte et les difficultés qui firent tourner court l'engagement personnel de Bill Clinton. Mais l'exercice diplomatique représente moins la recherche d'une solution politique et territoriale viable pour les deux parties qu'une étape dans la lutte contre le terrorisme, une étape de la guerre sans fin chère aux faucons de l'administration Bush.

Il est significatif qu'en recevant Ariel Sharon à Washington le 29 juillet 2003, le président américain ait donné son feu vert à la poursuite de la construction du mur dit « barrière de sécurité », officiellement destiné à enserrer la Cisjordanie pour protéger Israël des attaques terroristes. Long de 130 kilomètres, le premier tronçon a été achevé durant l'été 2003. Circonstances annexes : se hasardant à des « méandres » de construction pour protéger certaines colonies juives de peuplement, le mur – déplorent les Palestiniens, mais aussi des organisations humanitaires israéliennes – permet à Israël d'annexer sans mot dire 2,9 % supplémentaires du territoire de la Cisjordanie. En outre, la construction de l'édifice s'accompagne de la mise en place d'infrastructures de sécurité diversifiées. La guerre sans fin contre le terrorisme n'entraîne pas seulement des opérations militaires, elle génère aussi une approche carcérale qui est celle d'une pure et simple politique d'apartheid.

CHAPITRE XII

« *Surveiller, punir et faire partir...* »

> « Les conquérants étaient de ceux qui avaient subi eux-mêmes le plus grand génocide de l'histoire. De ce génocide, les sionistes avaient fait un mal absolu. Mais transformer le plus grand génocide de l'histoire en un mal absolu, c'est une vision religieuse et mystique, ce n'est pas une vision historique. Elle n'arrête pas le mal ; au contraire, elle le propage, elle le fait retomber sur d'autres innocents, elle exige une réparation qui fait subir à ces autres une partie de ce que les juifs ont subi (l'expulsion, la mise en ghetto, la disparition comme peuple). Avec des moyens plus "froids" que le génocide, on veut aboutir au même résultat. »
>
> GILLES DELEUZE
> (septembre 1983).

Mardi 19 août 2003. Le même jour que celui de l'explosion du bâtiment de l'ONU à Bagdad qui a coûté la vie au représentant spécial Sergio Vieira de Mello, à son chef de cabinet Nadia Younès et à vingt-deux autres personnes, un attentat suicide tue plus d'une vingtaine de personnes à Jérusalem. Aussitôt le président américain réaffirme la justesse du combat du « monde civilisé » contre le terrorisme. « Les terroristes ont déclaré la guerre à tout pays libre », déclare-t-il, « ils veulent des gouvernements oppressifs comme celui des Taliban. » Le lendemain, George Bush annonce le gel des avoirs de six dirigeants du Hamas en Europe et de cinq organisations accusées de soutenir ce mouvement, ajoutant que les attentats suicides doivent cesser. Le représentant permanent de l'OLP à l'Internationale socialiste Ilan Halévi répondait par anticipation : « On a envie de lui demander de quoi il se mêle, car le caractère suicidaire de ces opérations n'est pas son problème, mais bien celui de la société dont les enfants se font sauter pour donner un sens à leur mort, un sens qu'ils n'ont pas pu donner à leur vie [1]. » Comme on pouvait le prévoir depuis sa publication avant les sommets de Charm el-Cheikh et d'Aqaba du début juin 2003, la Feuille de route a vécu.

Réunie le même jour autour de Yasser Arafat à Ramallah, la direction palestinienne déclare que « le gouvernement de M. Sharon porte la responsabilité de la fin de la trêve » de trois mois décrétée le 26 juin 2003. Le communiqué ajoute que « l'Autorité palestinienne condamne toutes les attaques visant des civils israéliens et palestiniens et redit son engagement à préserver la trêve en appelant toutes les parties palestiniennes à éviter de tomber dans le piège des desseins israéliens visant à conduire à l'escalade de la violence ». Demandant à la communauté internationale de s'engager davantage, l'Autorité se dit « prête à faire respecter la loi et l'ordre, mais que

1. Ilan Halévi, *Face à la guerre – Lettre de Ramallah,* Actes Sud, collection Sindbad, juin 2003.

ses efforts ne pourront être couronnés de succès si les agressions israéliennes se poursuivent ».

En fait, c'est l'assassinat du responsable du Hamas à Gaza, Ismaïl Abou Chanab, le 21 août, qui a mis le feu aux poudres. Le cessez-le-feu avait déjà été passablement malmené lors des interventions de l'armée israélienne à Naplouse, le 8 août, et à Hébron, le 14 août, qui se sont chaque fois soldées par la mort de dirigeants d'organisations palestiniennes. L'Autorité rappelle qu'en janvier 2002, après trois semaines d'une trêve destinée à mettre en application le plan Tenet (du nom du patron de la CIA), le chef des Brigades des martyrs d'Al-Aqsa de Tulkarem avait été l'objet d'un « assassinat ciblé » de l'armée israélienne. « Nous sommes aujourd'hui dans la même situation », déclare un porte-parole de Yasser Arafat, « il faut que Sharon cesse ses agressions et ses assassinats pour pouvoir rétablir un climat propice à un retour au calme. »

Reprenant à leur compte la rhétorique antiterroriste américaine, les autorités israéliennes indiquent, fin août 2003, que « la guerre contre la terreur a recommencé ». Et le quotidien *Maariv* publie, au même moment, un jeu de trente-quatre cartes sur lesquelles figurent les noms des hauts responsables palestiniens, sur le modèle et dans le goût de celui qu'ont publié les forces d'occupation en Irak. Cheikh Ahmed Yassine, le chef du Hamas, est l'as de cœur et Yasser Arafat le joker. Quoi qu'il en soit, le début de l'automne 2003 marque un retour brutal à la logique d'affrontement qui prévaut en septembre 2000, depuis le début de la deuxième Intifada. Malgré la Feuille de route et la tournée proche-orientale du président Bush, aucun des dossiers du conflit israélo-palestinien n'est en voie de règlement. En assimilant toute espèce de résistance à l'occupation militaire israélienne à un terrorisme

« du même type que celui des combattants d'Al-Qaïda », pour reprendre les termes du président Bush, les autorités israéliennes renforcent leur gestion sécuritaire et militaire du problème palestinien. Cercle vicieux et infernal, leur gestion de l'espace et du temps quotidien est destinée à surveiller, à punir et à faire partir. Pour essayer de comprendre cette posture morbide qui ne peut que produire davantage encore de violence, il est nécessaire de remonter un peu dans le temps.

Copenhague, le 17 juillet 2002. « Chaque ville et village de Palestine est désormais une prison à ciel ouvert. » C'est le ministre palestinien de la Culture et de l'Information Yasser Abed Rabbo qui témoigne à la tribune du « séminaire pour la paix », convoqué dans la capitale danoise par l'Organisation des Nations unies. L'ONU a eu toutes les peines du monde à obtenir la sortie du ministre palestinien. Le lendemain, Terje Roed-Larsen, le coordinateur spécial de l'ONU pour le processus de paix au Proche-Orient, explique à son tour qu'il fait tout son possible parce qu'« il faut absolument desserrer l'étau ». Arrivant de New York où vient de se tenir une nouvelle réunion du Quartette, le coordinateur explique toute l'importance que cette instance accorde aux « efforts de réformes politiques et économiques » entrepris par l'Autorité palestinienne [1].

Depuis très longtemps, ce diplomate intègre et courageux fait effectivement tout ce qu'il peut pour la cause d'une paix juste et équitable au Proche-Orient mais, ce jour-là, ses propos s'égarent dans la quiétude de la capitale danoise. Chacun sait en effet – depuis le discours du

1. La première version de ce passage est parue dans la *Revue d'études palestiniennes*, n° 85, nouvelle série, automne 2002.

président américain George Bush, le 24 juin 2002, demandant le départ de Yasser Arafat – que le Quartette est de fait éliminé d'un processus repoussant aux calendes grecques la convocation d'une conférence internationale et l'instauration d'un Etat palestinien.

Les 22 et 23 août 2002 à Paris, une nouvelle réunion du Quartette, augmenté de quatre des principaux donateurs à l'Autorité palestinienne – le Japon, la Norvège, la Banque mondiale et le Fonds monétaire international –, revêt un aspect encore plus étrange. Baptisé *task force,* ce nouveau groupe rappelle la nécessité des réformes palestiniennes en vue de l'organisation prochaine d'élections générales. Et, sur ce point, la *task force* admet qu'un processus électoral « requiert des progrès sur le plan de la sécurité et un allégement graduel et effectif du régime actuel des bouclages », mais elle formule aussitôt de nombreuses conditions préalables dont la mise en application entraîne forcément le report des échéances prévues par le président de l'Autorité palestinienne : janvier 2003 pour les élections présidentielle et législatives, mars pour les municipales.

Après avoir sommé l'Autorité d'organiser au plus vite des élections démocratiques, la communauté internationale, représentée par sa *task force,* cherche maintenant à en différer la tenue. Avant de présenter son rapport détaillé à la prochaine réunion du Quartette, qui se tiendra en marge de l'assemblée générale de l'ONU à New York en septembre 2002, la *task force* exprime ses « vives préoccupations quant à la détérioration de la situation humanitaire des Palestiniens », et réclame « un libre accès des personnels humanitaires et internationaux » aux territoires palestiniens. Outre le fait que, pour l'opinion internationale pressée, les derniers balbutiements du Quartette passent pour une « reprise » des négociations israélo-palestiniennes, interrompues depuis septembre 2000, l'impératif humanitaire sert une fois encore d'habillage à l'inertie, sinon à la désertion politique face à la réoccupation lourde de la Cisjordanie.

Pourquoi un tel éloignement du réel ? Parce qu'il ne se passera rien avant les élections législatives américaines de novembre 2002, disent les plus optimistes. Rien avant l'élection présidentielle américaine de 2004, estiment les plus pessimistes. Dans les deux cas, il y a une explication très simple : l'administration Bush a décidé de coller aux options militaires d'Ariel Sharon pour capter un électorat juif traditionnellement acquis aux démocrates. L'objectif de George Bush n'est pas la recherche d'une solution au conflit israélo-palestinien, mais sa gestion, ponctuée d'apaisements temporaires.

Gagner du temps. C'est l'obsession centrale du gouvernement Sharon et de ses « amis » travaillistes. « Le temps ne travaille pas contre nous », expliquait le Premier ministre dans une interview au quotidien israélien *Ha'aretz* ; « il importe pour cela d'imaginer des solutions qui s'étaleront sur une longue période. [1] » En attendant les sacs de riz du Quartette, les échéances électorales américaines et la tenue d'élections palestiniennes libres et équitables, l'occupation de la Cisjordanie et de Gaza se poursuit.

Il y a un tel décalage entre le processus diplomatique, ce qu'en dit la presse internationale et la réalité du terrain, qu'on en reste éberlué. Subissant quotidiennement les méfaits de la soldatesque israélienne et le poids du couvre-feu, les Palestiniens des rues n'ont accordé qu'une importance très relative au discours de George

1. *L'Intelligent*, n°s 2102-2103 du 24 avril au 7 mai 2001

Bush, dont ils n'attendent plus rien depuis longtemps. La simple survie est devenue la seule préoccupation d'une population dont la colère et le ressentiment vis-à-vis des troupes d'occupation augmentent de jour en jour. A l'exception de Jéricho – géographiquement excentrée et d'une population de moindre importance –, les sept grandes agglomérations autonomes palestiniennes sont repassées sous le régime d'occupation (comme c'est toujours le cas à l'automne 2003), les annonces périodiques de retraits de Gaza et Bethléem, destinées à calmer les critiques internationales, étant en réalité des redéploiements stratégiques : les retraits, en effet, donnent lieu le plus souvent à des réinstallations à proximité des positions évacuées la veille, parfois réoccupées le lendemain ou durant la même nuit.

Plutôt qu'à un retour à la situation qui prévalait avant la signature des accords d'Oslo, qui assumait l'occupation, les villes sont déclarées « zones militaires fermées », les populations civiles soumises au couvre-feu, et les autorités d'occupation refusent officiellement de prendre en charge la responsabilité civile des zones réinvesties. Là non plus, la Feuille de route n'a rien changé. Les déplacements entre les villes de Cisjordanie sont soumis à un régime d'autorisations plus restrictif, limitées à un mois. Le pouvoir s'articule toujours sur le temps, il en assure le contrôle et en prescrit l'usage. La circulation est autorisée entre 5 et 19 heures ; pour les marchandises, on applique le système dit du *back to back* : les camions à plaques israéliennes sont déchargés et, une fois contrôlé, le fret est rechargé dans des camions palestiniens. Déjà en vigueur au point d'entrée de Karni à Gaza, ce système est désormais étendu à l'ensemble de la Cisjordanie, avec huit points d'entrée seulement à proximité des villes principales. On assiste ainsi à une répétition de l'opération Rempart, à la différence que celle-ci s'inscrit dans la durée, alors qu'en avril 2002 il fallait « faire vite » afin de rassurer une communauté internationale de plus en plus critique.

Cette deuxième phase de réoccupation donne lieu à l'instauration méthodique de ce que Michel Foucault nomme « une mécanique de pouvoir ». L'armée israélienne prend ses quartiers dans chaque ville et, selon les explications d'un officier interrogé par *Ha'aretz*, « a pour consigne de ne pas brusquer les choses ». Après une première étape qui a vu se multiplier les accrochages sanglants, le couvre-feu doit être appliqué avec une certaine souplesse. Désormais, les ambulances doivent pouvoir passer (sous-entendu : pas comme lors de l'opération précédente), et un modus vivendi doit être recherché avec les autorités locales, notamment les maires, pour essayer de pourvoir aux besoins vitaux de la population.

Cette mécanique de pouvoir « entend définir comment on peut avoir prise sur le corps des autres, non pas simplement pour qu'ils fassent ce qu'on désire, mais pour qu'ils opèrent comme on veut, avec les techniques, selon la rapidité et l'efficacité qu'on détermine. La discipline fabrique ainsi des corps soumis et exercés, des corps dociles », explique Michel Foucault. « L'invention de cette nouvelle anatomie politique, il ne faut pas l'entendre comme une soudaine découverte. Mais comme une multiplicité de processus souvent mineurs, d'origine différente, de localisation éparse, qui se recoupent, se répètent, ou s'imitent, prennent appui les uns sur les autres, se distinguent selon leur domaine d'application, entrent en convergence et dessinent peu à peu l'épure d'une méthode générale [1]. »

1. *Surveiller et punir – Naissance de la prison,* Gallimard, 1975.

Evidemment, cette méthode donne rarement lieu à une explication rationnelle officiellement exprimée. Au contraire, plus ses rouages se mettent en place, plus le discours de l'administration Sharon reste délibérément vague. Ainsi, selon le ministre de la Défense Benyamin Ben Eliezer, Israël est toujours dans « l'application d'une simple opération antiterroriste limitée dans le temps, et non dans la logique d'une réoccupation de la Cisjordanie ». Belle dénégation, symptomatiquement confirmée par le ministre likoud sans portefeuille Danny Naveh, qui précise, pour sa part, que les forces israéliennes se trouvent « pratiquement dans toutes les zones A[1]. Je pense qu'elles y resteront longtemps, aussi longtemps que cela sera nécessaire ».

Plusieurs attachés militaires européens en poste en Israël s'accordent à dire que « la ligne d'Avi Dichter », le chef du Shabak, a prévalu. Elle préconise la réoccupation des zones A en attendant la construction d'un mur de séparation, permettant de protéger les villes israéliennes et les blocs de colonies proches de la « ligne verte ». Tel semble bien être l'objectif de l'opération. La réoccupation de la Cisjordanie devrait non seulement durer, mais suivre le rythme des travaux de construction du mur pour garantir un enfermement stable et contrôlé des populations civiles palestiniennes.

L'enfermement : le mur. Objet de malentendus, tant sur le plan de la conception que sur celui de l'interprétation. Il devrait suivre approximativement la « ligne verte ». A l'été 2003, le gouvernement Sharon a d'ores et déjà achevé la construction de 130 des 350 kilomètres,

1. Zones d'administration palestinienne, instaurées conformément à l'application du début des accords d'Oslo.

sur la partie septentrionale de la ligne. Dans les endroits jugés les plus sensibles, notamment le long de l'autoroute actuellement en construction qui suit la « ligne verte », la clôture se transforme en mur de béton de huit mètres de haut. Des détecteurs électroniques et des radars capables de suivre des traces de pas à grande distance sont également installés, parfois sur des montgolfières survolant la « frontière ».

Israël est le seul Etat au monde à ne pas avoir de frontières internationalement reconnues, depuis sa création en 1948. Si ses frontières avec l'Egypte, la Jordanie et le Liban ont été enfin stabilisées, aucun accord n'a été conclu jusqu'à présent avec la Syrie. Cependant, c'est principalement entre Israël et les territoires palestiniens de la Cisjordanie et de la bande de Gaza que les limites ont le plus évolué. La « ligne verte » établie en 1967, se superposant à la ligne d'armistice du premier conflit israélo-arabe de 1948, marque depuis 1995 la séparation entre Israël et les territoires palestiniens. Elle fixe ainsi les limites d'un futur Etat palestinien, même si elle ne peut aujourd'hui signifier autre chose qu'un attribut de souveraineté, dont l'exercice est rendu impossible par l'occupation et la colonisation israéliennes.

Le mur censé protéger Israël des « infiltrations de terroristes » a été vivement critiqué par le ministre d'extrême droite Effi Eitam, qui conteste le choix de laisser de l'autre côté de cette « ligne de démarcation » les dizaines de milliers de colons qui peuplent la Cisjordanie. Pourtant, seules cinq colonies devraient, selon le tracé prévu, se retrouver à l'ouest du mur. Eitam redoute en outre qu'il constitue l'ébauche de la frontière du futur Etat palestinien. Partagée par de nombreux ministres du Likoud, cette crainte a été vite surmontée lorsque les

« aménageurs du territoire » israéliens ont exposé en commission restreinte les véritables finalités du mur. Personne ne croit sérieusement qu'un tel ouvrage soit en mesure de stopper quelque infiltration que ce soit, et personne ne croit à sa nature antiterroriste. S'il suffisait de bâtir des murs pour arrêter les terroristes, ça se saurait, lancent même quelques députés travaillistes lors d'un débat à la Knesset. Alors pourquoi investir environ 400 millions de dollars – plus d'un million de dollars par kilomètre – dans une telle construction ?

La première réponse, la plus immédiate, réside dans la configuration du chantier, qui va donner lieu à de nouvelles et importantes expropriations des terres de citoyens palestiniens, tout le long du tracé. Le deuxième objectif du mur vise à inscrire spatialement une cassure radicale entre la Cisjordanie et la bande de Gaza. Il s'agit, pour les aménageurs israéliens, de séparer les centres de population afin de compromettre durablement l'idée de continuité territoriale, économique et sociale de la future entité palestinienne. Enfin, le mur se présente comme l'instance clé du contrôle de l'espace, une instance destinée à générer de nouvelles formes de surveillance militaire, policière et sociale. Le mur comme spécification d'un lieu hétérogène à tous les autres et fermé sur lui-même, lieu protégé, à partir duquel l'armée d'occupation se propose d'irriguer les environs de la monotonie disciplinaire. Michel Foucault a superbement décrit le grand enfermement de l'âge classique, celui des vagabonds, des misérables, des malades et des fous. Le mur israélien renoue avec cet urbanisme de l'enfermement. Son principe de clôture est tout aussi démonstratif que les machines de pouvoir de l'âge classique, ses produits dérivés tout aussi insidieux et efficaces.

En effet, à partir du mur s'articulent un ensemble de routes secondaires de surveillance et un dispositif de postes de gardes. « Ceux-ci travaillent l'espace d'une manière beaucoup plus souple et plus fine. Et d'abord selon le principe de la localisation élémentaire ou du quadrillage. A chaque individu, sa place ; et en chaque emplacement, un individu. Eviter les distributions par groupes ; décomposer les implantations collectives (autres que celles dépendant strictement du dispositif général) ; analyser les pluralités confuses, massives ou fuyantes. L'espace disciplinaire tend à se diviser en autant de parcelles qu'il y a de corps ou d'éléments à répartir. Il faut annuler les effets des répartitions indécises, la disparition incontrôlée des individus, leur circulation diffuse, leur coagulation inutilisable et dangereuse ; tactique d'antidésertion, d'antivagabondage, d'antiagglomération. Il s'agit d'établir les présences et les absences, de savoir où et comment retrouver les individus, d'instaurer les communications utiles, d'interrompre les autres, de pouvoir à chaque instant surveiller la conduite de chacun, l'apprécier, la sanctionner, mesurer les qualités ou les mérites. Procédure donc, pour connaître, pour maîtriser et pour utiliser. La discipline organise un espace analytique [1]. »

L'argumentation des aménageurs a convaincu, et les critiques israéliennes du mur n'ont pas duré longtemps. Dès le déclenchement de la deuxième Intifada en septembre 2000, pendant des mois, des enfants lanceurs de pierres ont été abattus au fusil à lunette par des tirs à la tête. Les destructions de maisons palestiniennes, les expulsions se sont multipliées et les assassinats dits ciblés ont fait figure de guerre régulière. Cela a fortement

1. Michel Foucault, *op. cit.*

entamé l'image de l'Etat hébreu encerclé, au point d'inquiéter les conseillers en communication du gouvernement Sharon. Comment avaliser, sinon légaliser ce terrorisme d'Etat exercé à l'encontre de populations civiles ? Les aménageurs ont expliqué aux conseillers tous les bienfaits du mur et ses vertus disciplinaires. *Surveiller et punir* encore : « On comprend que la critique des supplices ait eu une telle importance dans la réforme pénale : car c'était la figure où venaient se rejoindre, de façon visible, le pouvoir illimité du souverain et l'illégalisme toujours en éveil du peuple. L'humanité des peines, c'est la règle qu'on donne à un régime des punitions qui doit fixer leurs bornes à l'un et l'autre. L'"homme" qu'on veut faire respecter dans la peine, c'est la forme juridique et morale qu'on donne à cette double délimitation. » Les opposants israéliens au mur ont rapidement compris que l'établissement d'une clôture fortifiée compléterait avantageusement le dispositif d'isolement/protection et de refoulement/tri des populations indésirables, sans entraver le moins du monde la poursuite de construction de colonies en lignes perpendiculaires, autant d'axes forts et structurants du même dispositif.

Le morcellement : Une procédure d'appels d'offres a été effectuée pour 957 logements au cours des cinq premiers mois de l'année 2003, alors que pour l'année 2001 les nouvelles colonies avaient suscité 800 logements. Au total, la progression du nombre de colons en 2002 a été de 5 % pour la Cisjordanie, Gaza et Jérusalem-Est, ce qui porte à 380 000 le nombre d'Israéliens illégalement installés sur des territoires palestiniens illégalement occupés. En 1972, soit cinq ans après l'annexion de la Cisjordanie et de Jérusalem-Est, on dénombrait quelque 8 400 colons.

« Actuellement », explique le chercheur Marwan

Bishara, « 7 000 colons contrôlent 30 % des 224 km² de la bande de Gaza. Or celle-ci compte 1,2 million de Palestiniens, réfugiés pour la plupart. Il leur est impossible de circuler sans passer par des colonies fortifiées abritant piscines et terrains de basket-ball, au cœur d'un territoire sablonneux et surpeuplé où l'eau est rare et chaque lopin de terre précieux. Quelque 400 maisons palestiniennes y ont été détruites par Israël pendant la première année de l'Intifada, sous couvert de protection des colonies voisines [1]. » La condition de l'enfermement et de son économie du châtiment consiste à morceler l'espace pour que ne subsiste aucune zone d'ombre.

Vecteur efficace du morcellement, la construction de nouvelles colonies ne peut par conséquent s'interrompre, même si l'on estime aujourd'hui à environ 15 000 le nombre de logements vides en Israël, chiffre difficilement vérifiable puisque classé confidentiel-défense. La poursuite de la colonisation est organiquement nécessaire à la machine disciplinaire, au fonctionnement de son pouvoir relationnel, de son pouvoir de protection et de sécurité. « Grâce aux techniques de surveillance, la "physique" du pouvoir, la prise sur le corps s'effectuent selon les lois de l'optique et de la mécanique, selon tout un jeu d'espaces, de lignes, d'écrans, de faisceaux, de degrés, et sans recours, en principe au moins, à l'excès, à la force, à la violence. Pouvoir qui est en apparence d'autant moins "corporel" qu'il est plus savamment "physique" [2]. »

La même dynamique a présidé à l'installation des bantoustans en Afrique du Sud. Et c'est l'ancien procureur

1. « Obstacle principal à tout accord de paix, le cancer des colonies israéliennes », *Le Monde diplomatique* de juin 2002.
2. Michel Foucault, *op. cit.*

général israélien Michael Ben-Yair qui explique au quotidien *Ha'aretz* que la logique des colons et de la colonisation a d'ores et déjà gagné, et qu'Israël a « établi un régime d'apartheid dans les territoires occupés » (3 mars 2002). Poursuivie envers et contre tous les accords signés, cette politique de colonisation-morcellement impose la géographie du conflit, une géographie qui se durcit chaque jour et peut faire dire au Premier ministre Ariel Sharon, comme on l'a relevé précédemment : « Quoi qu'il arrive, le temps ne travaille pas contre nous ». Cette tactique du morcellement n'a pas été inventée par les aménageurs, mais systématisée par les experts de l'état-major israélien qui, avant de l'adapter à la ges tion de la sécurité intérieure, en avaient recommandé l'application dans les priorités de la politique étrangère de l'Etat hébreu. Elle s'inscrit dans la continuité de la stratégie israélienne, telle qu'elle était déjà formalisée par le gouvernement Sharon-Eitan dans les années quatre-vingt.

Rappelons la note d'Oded Yinon, ancien haut fonctionnaire du ministère israélien des Affaires étrangères, détaillant le projet géostratégique de cette politique, à savoir le morcellement de l'ensemble proche-oriental en des unités les plus petites possible, autrement dit le démantèlement des Etats arabes voisins d'Israël[1]. Selon cette note de 1982, l'objectif « prioritaire d'Israël, à long terme », consiste donc à favoriser tous les facteurs de désintégration des Etats arabes ; démantèlement devant déboucher sur la création de « provinces ethniquement ou religieusement homogènes ».

Adaptée à la Cisjordanie et à la bande de Gaza, cette approche creuse encore la fracture spatiale et sociale entre colons et Palestiniens. Les premiers peuvent circu-

1. Voir le chapitre VIII : « Riyad-Washington, divorce à l'italienne ».

ler, construire et se développer. Les seconds sont assignés à résidence dans quelque deux cents cantons encerclés par l'armée israélienne. Dans l'esprit de la note Yinon, les autorités d'occupation ont ordre de consolider cette cantonisation, en valorisant leurs contacts et collaborations avec des chefs locaux, qui pourront ensuite morceler les structures administratives d'une Autorité palestinienne que Sharon s'attache à vouloir détruire.

Le désenfermement : Amplifiée à la fin de mars 2002, l'escalade militaire a placé les forces armées israéliennes au cœur d'un processus où les tentatives de gestion politique et diplomatique ont été clairement marginalisées. Rationnellement élaboré par l'état-major israélien, ce processus constitue une nouvelle phase tactique d'une guerre commencée il y a cinquante ans. C'est Ariel Sharon qui le dit : « La guerre d'indépendance n'est pas finie. 1948 n'en était qu'un chapitre. Demandez-moi si l'Etat d'Israël est capable aujourd'hui de se défendre lui-même et je vous répondrai oui. Demandez-moi si l'Etat d'Israël fait face à un danger de guerre et je vous dirai non. Mais vivons-nous en sécurité ? Non. C'est pourquoi il est impossible de dire que nous avons fini le travail et que nous pouvons nous reposer sur nos lauriers, nous étendre sous la vigne et le figuier. Pas un jour ne se passe où nous pouvons cesser d'être vigilants [1]. »

Depuis cinquante ans, les gouvernements israéliens successifs, travaillistes, likoud, et des diverses coalitions, à travers les guerres de 1967, de 1973, la première Intifada, le processus d'Oslo et la deuxième Intifada, poursuivent la même stratégie militaire. Cela aura permis successivement l'extension territoriale, le contrôle de

1. *L'Intelligent*, n°s 2103-2104 du 24 avril au 7 mai 2001.

l'eau, l'évacuation progressive des populations gênantes et, enfin, la destruction des conditions préalables à l'instauration de toute entité palestinienne possible. L'enfermement, puis le morcellement visent à désenfermer les populations indésirables.

Troisième volet du triptyque disciplinaire des aménageurs, le désenfermement s'apparente aux pratiques médiévales de l'exil des lépreux comme figure de la clôture. Pour les responsables de la santé publique d'alors comme pour les aménageurs d'aujourd'hui, il s'agit, en définitive, d'exclusion du corps social, d'exclusion de la géographie du conflit.

Ici encore, il convient de faire appel à l'auteur de *Surveiller et punir* : « Dans la fameuse cage transparente et circulaire, avec sa haute tour, puissante et savante, il est peut-être question pour Bentham [1] de projeter une institution disciplinaire parfaite ; mais il s'agit aussi de montrer comment on peut "désenfermer" les disciplines et les faire fonctionner de façon diffuse, multiple, polyvalente dans le corps social tout entier. Ces disciplines que l'âge classique avait élaborées en des lieux précis et relativement fermés – casernes, collèges, grands ateliers – et dont on n'avait imaginé la mise en œuvre globale qu'à l'échelle limitée et provisoire d'une ville en état de peste, Bentham rêve d'en faire un réseau de dispositifs qui seraient partout et toujours en éveil, parcourant la société sans lacune ni interruption. »

Adapté aux territoires palestiniens, cet agencement panoptique vise, au niveau de mécanismes élémentaires,

1. Jeremy Bentham (1748-1832), philosophe et jurisconsulte britannique, est le fondateur de l'« utilitarisme moral » et l'inventeur et le théoricien du « panopticon », un système carcéral dont l'architecture permet au surveillant d'observer l'ensemble des prisonniers dans leurs cellules sans être vu.

le fonctionnement de base de l'ensemble de la société, traversée et pénétrée de règlements disciplinaires. La finalité de ce désenfermement consiste, par conséquent, à rendre la vie quotidienne proprement insupportable. L'un des habitants de Bethléem le dit prosaïquement : « Ce qu'ils cherchent avant tout, c'est à nous arracher à cette terre. »

En effet, plus qu'une simple militarisation de la Cisjordanie, la politique d'Ariel Sharon poursuit inlassablement la réalisation d'une utopie disciplinaire dont les rouages pourront rejeter les populations indésirables soit vers la bande de Gaza, soit vers la Jordanie, soit ailleurs. Cherchant à comprendre lui aussi cette dynamique morbide, Gilles Deleuze écrit : « Israël n'a jamais caché son but, dès le début : faire le vide dans le territoire palestinien. Et bien mieux, faire comme si le territoire palestinien était vide, destiné depuis toujours aux sionistes. Il s'agissait bien de colonisation, mais pas au sens européen du XIXe siècle : on n'exploiterait pas les habitants, on les ferait partir [1]. »

A la lumière de Michel Foucault, comment ne pas se dire qu'Israël réinvente aujourd'hui les outils de domination de l'âge classique ? Cette régression historique est non seulement terriblement meurtrière, mais elle encombre et barre l'horizon historique d'une paix juste et équitable au Proche-Orient. Etrange dialectique : en prétendant lutter contre le terrorisme, les techniques du désenfermement le fabriquent et l'attisent.

Un dernier récit : « Les chars israéliens avaient commencé à envahir régulièrement les villes de la zone A,

1. *Revue d'études palestiniennes*, n° 84, été 2002, Editions de Minuit.

théoriquement sous contrôle palestinien, pour y effectuer des rafles des hommes entre 15 et 45 ans, avec une brutalité inouïe. Ouvrant les portes à l'explosif, démolissant les murs mitoyens pour ne pas prendre de risques, cassant tout, terrorisant femmes et enfants. Même la télévision israélienne s'était émue de ces exactions, ayant filmé l'ouverture à l'explosif de la porte d'une maison palestinienne derrière laquelle se trouvait une mère de famille. Celle-ci, grièvement blessée par l'explosion, avait agonisé sous les yeux de sa famille, les soldats de Tsahal refusant de laisser venir une ambulance [1]. »

Ce n'est pas une citation de Michel Foucault, mais d'un écrivain de romans d'espionnage. Surveiller, punir et faire partir : la grande machine du désenfermement ne peut fonctionner indéfiniment sans éveiller aussi l'attention des romanciers : ses rouages sont trop bruyants. Toujours bien informé, collant au réel, Gérard de Villiers n'est pas un analyste de politique internationale, mais ses récits destinés à un large public disent toujours, à leur façon, l'air du temps et, en définitive, une certaine vérité. Il popularise ici les méfaits d'une imposture qui consiste à faire subir à d'autres ce que l'on a subi soi-même en d'autres temps. « Avec des moyens plus froids que le génocide, on veut aboutir au même résultat », dit Gilles Deleuze. Cette imposture perdure, à la recherche de sa banalisation.

Depuis les attentats du 11 septembre 2001, elle l'a trouvée. Son travail morbide se poursuit désormais au nom de la guerre préventive, de la guerre sans fin contre le terrorisme, dernier avatar de l'humanisme mondialisé. Et la Feuille de route, par laquelle les Etats-Unis revien-

1. Gérard de Villiers, *SAS, La manip du Karin A*, Editions Gérard de Villiers, 2002.

nent avec toutes les apparences de la vertu dans le dossier israélo-palestinien, est fondée sur l'amalgame, déjà relevé ici, entre lutte de libération et terrorisme. Cette confusion permet d'inscrire sur les mêmes listes d'organisations criminelles des groupes légitimes de résistance nationale comme le Hamas palestinien ou le Hezbollah libanais et des réseaux terroristes comme la mouvance Ben Laden.

CHAPITRE XIII

Une liste peut en cacher une autre

« La question de l'illégal et la question de l'anormal, ou encore celle du criminel et celle du pathologique, sont donc liées maintenant et non pas à partir d'une nouvelle idéologie relevant ou non d'un appareil d'Etat, mais en fonction d'une technologie caractérisant les nouvelles règles de l'économie de pouvoir punir. »

MICHEL FOUCAULT
(*Les Anormaux,* janvier 1975).

Les chancelleries ont accueilli avec prudence l'accord de principe, annoncé le 26 juin 2003, entre le Fatah, le Hamas et le Jihad, sur « une trêve de trois mois excluant toute action armée ». En préambule de l'accord, les signataires réaffirment le droit des Palestiniens à résister à l'occupation, ainsi que leur souci de préserver l'unité nationale et d'empêcher toute confrontation inter-palestinienne. Ils affirment ensuite avoir « décidé de suspendre pendant trois mois toutes les actions armées contre les Israéliens ». Aucune distinction de cible – civils/militaires – ou de lieu – Israël/territoires occupés – n'est apportée. Les signataires demandent à Israël trois choses : 1) l'arrêt des assassinats, des incursions, des démolitions de maisons, des confiscations de terre et de la colonisation ; 2) la libération de tous les prisonniers et la levée du siège du président Arafat ; 3) l'arrêt des attaques contre les lieux saints, notamment la mosquée Al-Aqsa. Le texte indique que si Israël poursuit ses agressions, il portera la responsabilité de l'échec de la trêve face au monde.

« La signification profonde de cet accord montre que les trois signataires sont bel et bien des organisations politiques engagées dans un processus de résistance nationale à l'occupation d'une armée étrangère », nous précise Oussama Hamdane, le porte-parole du Hamas pour le Liban, « par conséquent il n'est politiquement pas réaliste de les assimiler à des groupes terroristes. » Cette appréciation correspond plus ou moins aux orientations fixées par le Conseil européen de Thessalonique (19-21 juin 2003), qui avait demandé au Hamas d'accepter la trêve, pour qu'en contrepartie il ne soit pas inscrit sur la liste des organisations terroristes. La France avait plaidé pour que soit prise en compte la réalité de son rôle politique et social en Palestine. Le ministre britannique des Affaires étrangères Jack Straw avait demandé le maintien de la pression, tout en rappelant que l'Autorité palestinienne ne souhaitait pas que le Hamas soit inscrit sur cette liste. Javier Solana avait lui aussi demandé de maintenir la pression sur ce mouvement, sans le faire figurer sur la liste européenne des organisations terroristes. Joschka Fischer avait insisté sur la nécessité d'éviter la chute du gouvernement palestinien. La formulation retenue demandait « au Hamas et aux autres groupes de déclarer immédiatement un cessez-le-feu », en rappelant que le Conseil européen examinait d'urgence la possibilité de prendre des mesures de portée plus large contre les sources de financement du Hamas.

En effet, les progrès, même fragiles, de la Feuille de route impliquent le rétablissement d'une Autorité palestinienne forte, capable d'assumer ses responsabilités dans tous les domaines, en particulier la sécurité. Or, chacun reconnaît qu'Abou Mazen n'était pas en mesure d'affronter les mouvements sociaux, et qu'il ne pouvait obtenir l'arrêt de la violence que par la négociation, notamment avec le Hamas dont la popularité n'a cessé de croître au cours de la deuxième Intifada, à mesure que l'Autorité palestinienne s'affaiblissait. C'est dans ce contexte que se pose la question de l'inscription du Hamas en tant que tel et/ou de certains de ses dirigeants sur la liste européenne du terrorisme.

Lors de la réunion du Conseil de sécurité du 6 mai 2003 consacrée au terrorisme, le Premier ministre espagnol José Maria Aznar a proposé l'élaboration d'une liste mondiale des organisations terroristes, qui pourrait être dressée par le Comité antiterroriste des Nations unies sur le modèle de la liste du Comité 1267 concernant Al-Qaïda et les Taliban. « Cette proposition répondrait au caractère transnational du terrorisme, qui constitue un défi à la communauté internationale dans son ensemble et aux valeurs fondamentales qui sont les siennes », a dit M. Aznar, avant d'ajouter : « Le caractère global de cette liste, qui serait adoptée et modifiable par consensus, aurait l'avantage de préciser que le terrorisme n'est pas un phénomène se rattachant seulement à l'islamisme ; ainsi, la communauté internationale ne donnerait pas l'impression de ne s'intéresser qu'à l'un des aspects de cette menace. » Et il conclut : « Les organisations figurant sur cette liste ne seraient pas, de ce simple fait, sanctionnables, mais cela aurait une valeur de symbole », ne cachant pas que l'Espagne tiendrait évidemment à faire inscrire l'organisation basque ETA sur cette liste.

D'où viennent ces objets juridiquement non identifiés que sont les listes terroristes [1] ? Elles sont de trois sortes :

— Les listes des Etats-Unis : selon un processus déjà en cours, Washington a produit, très rapidement après le 11 septembre 2001, des listes de personnes, groupes ou entités soupçonnés d'être liés à des degrés divers à des organisations terroristes, dont il convient de geler et de confisquer les avoirs et les biens. Ces listes n'ont de valeur juridique que sur le territoire américain.

— Les listes des Nations unies : des éléments des listes américaines, repris par l'ONU sur la base des résolutions 1267 et 1333 du Conseil de sécurité, trouvent un fondement juridique à l'extérieur des Etats-Unis.

— Les listes de l'Union européenne : l'UE a avalisé par un règlement communautaire les listes publiées par les Nations unies concernant Oussama Ben Laden, ses associés et les Taliban, afin de permettre une position uniforme au sein de l'Union. Un autre dispositif communautaire de liste générale de lutte contre le terrorisme a été mis en place par le règlement du Conseil du 27 décembre 2001, qui permet la mise en œuvre de la position commune, et en annexe de laquelle figure la liste des personnes et des groupes dont il convient de geler les avoirs. L'inscription ne peut intervenir qu'avec l'accord

1. Ce développement reprend en grande partie notre intervention devant la Commission de l'intérieur du Sénat belge, présidée par Mme Anne-Marie Lizin, le 26 août 2002 à Bruxelles, et les explications d'un magistrat français en charge du dossier.

unanime des Quinze. L'inscription d'un groupe sur une liste ne justifie pas l'ouverture immédiate d'une enquête pénale ou de poursuites pénales à l'encontre d'un de ses membres avérés. En revanche, l'inscription des personnes physiques est une conséquence de poursuites pénales.

On peut rattacher les listes européennes au système dit du *Clearing House*. Le 28 septembre 2001, le Conseil de sécurité des Nations unies a adopté la résolution 1373 [1] qui met l'accent sur la lutte contre le financement du terrorisme, demandant aux Etats de prendre individuellement des mesures pour geler les avoirs et les ressources des individus et des entités terroristes. Les membres de l'Union européenne sont convenus de mettre en œuvre ensemble cette résolution et ont, le 27 décembre 2001, adopté les instruments juridiques nécessaires. Ils ont alors créé le Clearing House, instance ad hoc rattachée aux représentants européens chargés d'élaborer une liste des organisations et des personnes dont les avoirs et les comptes bancaires seraient gelés.

Cette liste, qui est par nature évolutive et dont l'établissement ne peut être décidé qu'à l'unanimité, comprenait le 2 juillet 2002 : 1) vingt-sept personnes, toutes liées à l'ETA, et onze groupes terroristes internes à l'Union européenne, parmi lesquels des groupes espagnols, grecs et nord-irlandais. Ceux-ci font l'objet de mesures de coopération policière et judiciaire en matière pénale ; 2) huit per-

1. Cette résolution oblige chaque Etat membre de l'ONU à se livrer à un état des lieux de sa sécurité interne, notamment en ce qui concerne le contrôle de l'activité des mouvements terroristes sur son territoire. Cela a d'ailleurs conduit à la mise en place du Comité du contre-terrorisme (CCT), qui regroupe les quinze Etats du Conseil de sécurité.

sonnes et vingt organisations extérieures à l'Union, faisant l'objet de mesures de gel immédiat de leurs avoirs financiers. Parmi ces organisations figurent notamment des mouvements palestiniens (Groupe Abou Nidal, Brigades des martyrs d'Al-Aqsa, Brigades Ezzedine al-Qassam, Mouvement du Jihad islamique palestinien (MJIP), Front populaire de libération de la Palestine-Commandement général (FPLP-CG), Fondation de la Terre sainte pour le secours et le développement (Holy Land for relief and development).

La liste comprend également le Kahane Chai israélien, le Parti des travailleurs du Kurdistan (PKK), les Forces armées révolutionnaires de Colombie (FARC), l'Organisation des Moudjahidin du peuple d'Iran (OMPI), le Lashkar-e-Tayyeba pakistanais, les Gama'a islamiya égyptiennes et le Sentier lumineux péruvien. Par rapport à cette liste, des questions se sont immédiatement posées. Les Israéliens et les Américains ont réclamé l'inscription du Hezbollah, sans se limiter à la branche armée de ce mouvement. Plusieurs pays de l'Union européenne s'y sont opposés, dont la France, la Suède, l'Irlande, l'Espagne, la Grèce et la Belgique. De même, Américains et Turcs demandaient l'inscription du KADEK, le nouveau nom du PKK, mais la Suède et la Belgique se sont aussi opposées à ce que cette demande soit examinée.

La deuxième question concerne la nature essentiellement politique des travaux du Clearing House. Quels sont les critères nécessaires pour justifier une demande d'inscription d'une personne ou d'une organisation sur la liste ? Le texte européen prévoit que des poursuites ou des enquêtes doivent être engagées par une autorité judiciaire ou une autre autorité compétente. Les sanctions étant par nature administratives, l'inscription n'est pas cependant automatiquement liée à une décision judiciaire. C'est une première difficulté. Par ailleurs, la décision d'inscription sur la liste européenne revêt évidemment une portée significative pour la politique extérieure commune des Quinze, notamment lorsqu'il s'agit d'organisations liées au conflit israélo-palestinien. Les travaux du Clearing House font, bien sûr, l'objet d'intenses pressions diplomatiques. C'est le cas notamment de la Turquie, de l'Inde, de l'Iran, etc., mais aussi des Etats-Unis qui cherchent à établir une automaticité entre leurs décisions nationales et les options européennes. Et c'est encore le cas d'organisations non gouvernementales.

Une nouvelle réunion du Clearing House a eu lieu le 16 juillet 2002. Aucun nouveau groupe n'a été proposé à l'inscription sur la liste européenne des organisations terroristes, mais les entités précédemment mentionnées ont été réexaminées. Pour les inscriptions concernant les organisations palestiniennes proches du Hamas, Al-Aqsa Islamic Bank et Beit el-Mal Holdings, le Royaume-Uni, l'Allemagne, la Suède, la Belgique, la Grèce et la France ont opposé leurs réserves. Pour le Hamas dans son ensemble, le Royaume-Uni, les Pays-Bas, la Belgique, l'Espagne, la Finlande, l'Irlande, la Grèce et la France ont opposé leurs réserves. Pour le Hezbollah dans son ensemble, le Royaume-Uni, l'Italie, les Pays-Bas, la Belgique, l'Espagne, la Finlande, la Grèce, l'Irlande, la France et la Commission ont aussi opposé leurs réserves. Enfin, pour le KADEK, l'Allemagne, la Belgique, la Suède, la Finlande, le Portugal, l'Irlande, la Grèce et la France ont encore opposé leurs réserves.

Les réserves antérieurement exprimées par le Royaume-Uni, l'Allemagne, le Danemark, la Suède, la Belgique et la Grèce n'ont pas été levées pour le Conseil national de la résistance iranienne (CNRI, autre nom de l'Organisation des Moudjahidin du peuple iranien

– OMPI). Pour les Tigres de libération de l'Eelam tamoul (LTTE – Sri Lanka), la Belgique, la Suède et la Finlande n'ont pas levé leurs réserves. Pour l'Armée de libération nationale (ELN – Colombie), la Belgique n'a pas levé sa réserve. Pour l'Organisation de la sécurité extérieure (OSE, branche armée extérieure du Hezbollah), l'Espagne, la Belgique, la Suède, l'Irlande, la Grèce et la France n'ont pas levé leurs réserves. Pour la première fois, le Royaume-Uni s'est dissocié des demandes américaines puisque les Etats-Unis souhaitaient l'inscription sur la liste européenne des institutions financières palestiniennes Al-Aqsa Islamic Bank et Beit el-Mal Holdings, du Hamas dans son ensemble et du Hezbollah dans son ensemble.

Lors de la réunion des ministres européens des 15 et 22 juillet 2002, un point plus large a été fait. La mise en œuvre du plan d'action décidé par le Conseil européen du 21 septembre 2001 se poursuit, conformément à la Feuille de route qui en fixe les objectifs et le calendrier. On peut, là aussi, lister les principaux acquis, notamment sur les points suivants : la création d'un mandat d'arrêt européen, la définition commune des infractions terroristes et l'harmonisation des sanctions, la coopération entre services de renseignement, l'amélioration de la coopération judiciaire et policière, le renforcement du rôle opérationnel d'Europol et d'Eurojust, le renforcement de la sécurité aérienne, l'élaboration d'un règlement pour la mise en œuvre de la résolution 1390 de l'ONU, enfin l'adoption d'un dispositif autonome de mise en œuvre de la résolution 1373 de l'ONU, accompagné des listes européennes d'individus et d'organisations terroristes.

L'exemple du Hamas est emblématique pour juger de la pertinence et de l'adéquation de cette approche par listes. La méthodologie s'inspire du travail du Département américain de la Défense répertoriant les Etat dits « voyous » (*rogue states*), accusés de soutenir le terrorisme durant les années soixante-dix et quatre-vingt. Il s'agissait, à l'époque, d'établir la liste des Etats sous-traitant la violence politique au profit du camp soviétique. Dans le contexte de la guerre froide il était relativement possible, grâce aux enquêtes policières classiques et au travail des services de renseignement, de déterminer la nature subversive de certains individus et organisations, de même que de repérer leurs soutiens étatiques. Cette approche relevait de pratiques foncièrement idéologiques. Les groupes palestiniens étaient déjà pointés comme organisations terroristes parce que soutenus par la Syrie, la Libye ou Cuba, c'est-à-dire par des satellites soviétiques, tandis que les Contras nicaraguayens et autres escadrons de la mort alliés des dictatures latino-américaines restaient épargnés au nom de leur appartenance au monde libre.

Les catégories de l'*organon* sécuritaire se sont soudainement troublées avec la fin de la guerre froide. La nature rhizomorphique et insaisissable des organisations actuelles rend ce travail beaucoup plus difficile, sinon impossible. On a vu après le 11 septembre la difficulté d'appliquer cette méthode de listes aux réseaux de financement du terrorisme[1]. Dans le cas de structures transnationales, ramifiées et relevant le plus souvent du secret bancaire, cette approche a, le plus souvent, été contre-productive, apportant une médiatisation nuisible à des enquêtes nécessitant au contraire de la discrétion, d'importants moyens humains et beaucoup de temps.

1. Voir le chapitre VI : « Les dollars de la terreur en fuite ».

Pour les praticiens de la lutte quotidienne antiterroriste, cette approche n'est pas plus convaincante. « Au niveau des listes, franchement, elles n'ont aucune incidence sur le travail que l'on mène. Pour un policier, ce sont les individus que l'on poursuit qui importent », nous explique Alain Grignard, commissaire de la Police fédérale belge et islamologue. « Vouloir dresser des listes dans le contexte de la lutte financière relève vraiment du funambulisme ou de l'illusion : on a affaire à des ruses, des systèmes ahurissants de contournement des intérêts. Concernant les réseaux opérationnels et logistiques, les listes, qu'elles soient européennes ou américaines, ne nous sont pas non plus d'une grande utilité. Du reste, nous ne les consultons pas. Nous ne sommes pas non plus consultés pour les dresser[1]. »

Parfaitement consciente de l'inefficacité des listes en matière de lutte contre le financement du terrorisme, l'Union européenne a émis des recommandations spécifiques, dès décembre 2002, en soulignant tout d'abord la nécessité « d'entreprendre des démarches pour amener les Etats qui ne l'ont pas encore fait à ratifier ou adhérer à la convention pour la répression du financement du terrorisme ».

Tout en respectant le rôle central du Comité contre-terroriste des Nations unies, l'Union européenne propose un ambitieux plan d'action qu'il faut citer ici :

— « Il conviendra de systématiser et de s'efforcer de mieux coordonner l'assistance technique aux Etats demandant une aide dans le domaine de la lutte contre le financement du terrorisme. L'Union devrait également poursuivre son soutien aux institutions financières internationales, afin qu'elles développent dans leurs pro-

1. Entretien avec l'auteur le 24 janvier 2002.

grammes d'assistance et d'évaluation la dimension de lutte contre le financement du terrorisme. »

— « Il convient de continuer les travaux dans les enceintes compétentes, visant à améliorer la traçabilité des mouvements de capitaux. L'élaboration d'une note interprétative de la recommandation du Groupe d'action financière sur le blanchiment des capitaux (GAFI) relative à la traçabilité des transferts de fonds, afin d'en assurer la mise en œuvre effective, est un outil essentiel dans ce domaine. Dans cette perspective, il serait également intéressant de pallier les lacunes des systèmes informels tels que la "hawala", en termes de supervision des fournisseurs de services de transferts de fonds, notamment pour l'accès à la profession et les obligations applicables à ces professions. »

— « Il importe de renforcer les moyens permettant de prévenir l'obtention et le détournement, par les groupes terroristes, de fonds à destination caritative. Il conviendra, pour ce faire, d'établir un dialogue, notamment avec les pays du Golfe, pour assurer une plus grande transparence de l'usage des fonds collectés par les ONG islamiques. Dans le prolongement des travaux accomplis par le GAFI – dont le guide de bonnes pratiques souligne les actions qui peuvent être entreprises en matière de transparence financière ainsi que de contrôle interne et externe –, il conviendrait de développer la réflexion sur de bonnes pratiques de responsabilisation des ONG, en faisant notamment valoir que les donateurs ont le droit de connaître l'utilisation finale des fonds auxquels ils contribuent. »

— « Pour lutter contre le financement par le biais d'activités délinquantes ainsi que pour combattre les transferts d'argent (notamment par les messagers), la coopération entre les services de police et de renseignement doit être renforcée, ainsi que la coopération entre cellules de renseignement financier. »

Le carburant de ces belles recommandations, c'est, bien entendu, un minimum de volonté politique.

Bien au-delà de l'approche artificielle par listes, l'enjeu principal de la lutte contre le financement du terrorisme touche à la levée du secret bancaire, dès qu'une instruction localise des capitaux suspects. Là, la volonté politique a fait cruellement défaut.

Janvier 2003, c'est décidé : l'Europe n'abolira pas le secret bancaire. A l'issue de sept années de laborieuses négociations entre les Quinze et la Suisse, l'échange automatique d'informations – incompatible avec le maintien du secret bancaire – ne sera pas généralisé dans l'Union européenne à l'horizon 2011. Aucun calendrier n'est même prévu pour tenter de relancer les choses… La question était de savoir à quels ajustements devraient procéder les trois réfractaires (Luxembourg, Belgique, Autriche) afin de rendre leur secret bancaire « euro-conforme ». Ces ajustements sont inconcevables tant que la Suisse, Andorre, Saint-Marin, Monaco, le Liechtenstein et les Etats-Unis refusent d'appliquer les dernières normes de l'OCDE en matière de renseignement bancaire à des fins fiscales. Luxembourg et Vienne ont donc sauvé l'essentiel, redoutant avant tout d'être pénalisés par rapport à Berne.

Outre ces contradictions de la lutte antiterroriste et la portée symbolique, soulignée par le Premier ministre espagnol, de l'inscription de tel ou tel individu, de telle ou telle organisation, sur les listes européennes ou américaines, la méthode risque d'instaurer une fausse similitude entre des acteurs aussi différents que le Hamas palestinien, le Hezbollah libanais, le FNLC corse ou les séparatistes du Jura suisse. Cet inventaire à la Prévert n'aide en rien à définir le terrorisme, définition bien improbable comme nous le rappelle Philippe Moreau-Defarges[1] : « La notion de terrorisme reste extrêmement floue. Elle ne répond pas à un concept juridique précisément stabilisé, contrairement aux conventions internationales qui ont été ratifiées contre la torture. Et même si je ne trouve pas choquant de mettre en cause un dirigeant pour terrorisme, je ne suis pas sûr que juridiquement cela tienne toujours la route. »

En définitive, cette impossibilité de s'entendre sur une définition partagée[2] apparaît plutôt comme une aubaine, en tout cas comme la garantie de ne pas basculer dans les

---

1. Chargé de mission à l'Institut français des relations internationales (IFRI).

2. La définition française du terrorisme est donnée par les articles 421-1 et suivants du Code pénal. Il s'agit :

— des atteintes volontaires à la vie et à l'intégrité de la personne, l'enlèvement, la séquestration ainsi que le détournement d'aéronef, de navire ou de tout autre moyen de transport ;

— des vols, extorsions, destructions, dégradations ainsi que des infractions en matière informatique ;

— des infractions en matière de groupes de combat et de mouvements dissous ;

— de la fabrication ou de la détention de machines, engins meurtriers ou explosifs ; détention, port et transport d'armes et de munitions ; production, vente, importation et exportation de substances explosives ;

— de blanchiment d'argent ;

— de l'introduction dans l'atmosphère, sur le sol, dans le sous-sol ou dans les eaux d'une substance de nature à mettre en péril la santé de l'homme ou des animaux ou le milieu naturel ;

— du financement d'une entreprise terroriste ;

— de la participation à un groupement formé ou à une entente établie en vue de la préparation, caractérisée par un ou plusieurs faits matériels, de l'un des actes de terrorisme mentionnés ci-dessus (cette infraction peut être relevée très tôt dans le processus qui conduit à la réalisation de l'acte de terrorisme, bien avant que la tentative de cet acte soit caractérisée).

Aux termes du titre 18 du Code américain de procédures pénales, publié par la Chambre des représentants, un acte terroriste est constitué par « une activité qui : A) implique une action violente ou dangereuse pour la vie humaine, qui viole le droit pénal fédéral ou de n'importe lequel des Etats

critères moraux, simplistes et binaires du bien et du mal, du normal et du pathologique, des bons et des méchants, ce que Michel Foucault décrit comme « une technologie caractérisant les nouvelles règles de l'économie de pouvoir punir ». Décrite dans les années soixante par l'auteur de l'*Histoire de la folie à l'âge classique*, cette économie en gestation faisait déjà fantasmer les théoriciens du néoconservatisme américain, dont les textes fondateurs datent de la même période. La conception américaine d'une guerre sans fin contre la terreur procède de cette approche morale et dépolitisée du monde.

La différence d'approche entre Américains et Européens en matière de lutte contre le terrorisme réside précisément dans cette dépolitisation du phénomène terroriste. On continue à parler aux Etats-Unis de guerre sans fin contre la terreur, tandis que la vieille Europe préfère évoquer un combat contre le terrorisme. Emprunté au vocabulaire de l'état-major israélien, la notion de terreur globalise une menace qui n'existe que dans et par ses manifestations locales. La guerre est l'affaire des militaires, tandis que le combat met en œuvre des services de police et de renseignement. La terminologie guerrière américaine se révèle d'autant plus pernicieuse qu'elle

---

américains, ou qui le violerait si elle était commise sous juridiction américaine ; B) poursuit le but :1) d'intimider ou de contraindre une population civile ; 2) d'influencer la politique d'un gouvernement par l'intimidation ou la contrainte ; 3) d'affecter l'action d'un gouvernement par un assassinat ou un enlèvement ». Le titre 22 du Code américain des affaires étrangères précise que le terme terrorisme international signifie terrorisme impliquant des citoyens ou un territoire appartenant à plus d'un pays. Le terme terrorisme signifie une violence préméditée, motivée par des raisons politiques, perpétrée contre des cibles non combattantes par des groupes sous-nationaux ou des agents clandestins. Le terme groupe terroriste signifie un groupe qui pratique ou qui comprend des sous-groupes pratiquant le terrorisme international. Le terme cibles non combattantes désigne des civils et du personnel militaire non armé ou pas en service au moment de l'attaque.

conforte l'idée d'une guerre planétaire que le terrorisme cherche précisément à créer, ce qui empêche d'appréhender son essence criminelle. A travers sa logique de listes, Washington entretient l'illusion que la guerre du bien contre le mal est victorieuse chaque fois qu'une organisation est rayée.

La nouvelle passe d'armes américano-européenne qui s'est déroulée les 25 et 26 juin 2003 illustre parfaitement cette incompréhension. La veille, à Washington, lors d'une conférence de presse commune tenue à l'issue du sommet Union européenne/Etats-Unis, le président américain avait pressé les dirigeants européens de s'opposer au Hamas et de s'attaquer à ses soutiens et à ses sources de financement. « Pour parvenir à la paix, il faut démanteler le Hamas », avait-il déclaré. Le Premier ministre grec Costas Simitis, assurant la présidence de l'Union jusqu'au 30 juin, et le président de la Commission européenne Romano Prodi avaient alors évité de polémiquer. Mais le lendemain, à Bruxelles, le ton est monté d'un cran lorsque le porte-parole du commissaire européen aux relations extérieures Chris Patten a déclaré : « Nous ne cédons à personne lorsqu'il s'agit de lutter contre le terrorisme », s'appuyant sur l'adoption par les Quinze la semaine précédente à Thessalonique d'une déclaration appelant le Hamas à « déclarer immédiatement un cessez-le-feu » et menaçant de s'en prendre à son financement : « Nous n'avons pas attendu les Etats-Unis pour agir. » Il a pris soin de préciser que la branche armée du mouvement palestinien figurait déjà sur la liste des organisations terroristes de l'Union européenne.

Washington continue à faire pression sur les Européens pour qu'ils cessent de distinguer entre les branches militaire et politique du Hamas, position à laquelle s'est ralliée une majorité de pays membres, mais pas la

France. Comme on l'a vu, ce type de décision doit se prendre à l'unanimité des Quinze. Logiquement et politiquement, Paris continue à penser qu'une marginalisation du Hamas pourrait être contre-productive dans le cadre des tentatives menées pour relancer le processus de paix par la mise en application de la Feuille de route.

Si le terrorisme peut s'apprécier par rapport à la teneur morale de ses finalités, on ne peut pas pour autant renoncer à une analyse tactique, pratique et, en définitive, politique de ses causes. « Lorsqu'une organisation terroriste évolue et se développe au sein d'une population », dit Alain Grignard, « il faut veiller à gagner la bataille des cœurs et des esprits dans cette population. Et il est le plus souvent indispensable de conserver face à soi un interlocuteur avec lequel on puisse, un jour, conclure un règlement définitif. » Le constat paraît valoir pour le Hamas palestinien comme pour d'autres organisations.

La question actuellement posée demeure : qui pratique le terrorisme international ? Les réponses les plus pertinentes examinent rigoureusement le *hic et nunc*, permettant de situer et, peut-être, de comprendre les pratiques terroristes en les ramenant aux conditions concrètes dans lesquelles elles s'expriment.

CHAPITRE XIV

Bali, Riyad, Casablanca

« Qu'il s'agisse de l'Indonésie, de l'Arabie saoudite ou du Maroc, ce sont bien des révolutionnaires locaux qui décident de se transformer en bombes humaines. Et ce sont assurément les situations locales qui poussent ces jeunes gens au martyre. »

Un responsable français
de la lutte antiterroriste
(Uzès, été 2003).

Dans la nuit du 11 au 12 octobre 2002, deux cent trois personnes, en majorité des touristes étrangers, ont péri déchiquetées ou carbonisées dans l'explosion d'une voiture piégée, près de Denpasar, la capitale provinciale, dans l'île de Bali en Indonésie. Il est 23 heures (15 heures GMT) et l'activité bat son plein dans le quartier de Kuta, quand une violente explosion détruit une boîte de nuit, le très connu Sari Club, et le bar-restaurant attenant. Outre les deux établissements, le gigantesque incendie provoqué par la détonation ravage des immeubles et des commerces voisins pendant plusieurs heures. Un peu plu tard, une autre bombe explose à proximité d'un bâtiment consulaire américain de Bali sans faire de victimes. Le consulat des Philippines à Manado, sur l'île de Sulawesi, a, lui, déjà été endommagé. Le mois précédent, l'ambassade des Etats-Unis à Jakarta avait été fermée durant six jours en raison de risques d'attentats.

Principale destination touristique d'Indonésie, l'île de Bali, surnommée « l'île des Dieux », attire chaque année des millions de visiteurs, principalement australiens, américains et européens. « C'est le cœur touristique indonésien qui a été touché », déclare à l'AFP Gede Wiratha, le président de l'association des hôtels et des restaurants de Bali. « Comptant 14 000 îles, l'archipel indonésien, premier pays musulman du monde, est déchiré par de multiples insurrections et conflits locaux, mais jusqu'à présent Bali – à majorité hindouiste – avait la réputation d'une destination sûre [1]. » Il est un fait que depuis la chute du dictateur Suharto en 1998, Bali avait été épargné par les violences, les attentats et les affrontements locaux qui perturbent de nombreuses îles indonésiennes, les autorités confirmant que cette exception était due à la majorité hindouiste de la population. Outre ses longues plages de sable blanc, ses rizières aménagées en terrasses et les centaines de temples bâtis sur ses quelque 5 500 kilomètres carrés, l'hospitalité de ses trois millions d'habitants avait fait de Bali une destination privilégiée du tourisme international.

Premier constat de la police indonésienne : les charges de confection artisanale indiquent des activistes locaux. Avant d'attendre la suite de l'enquête, la presse interna-

1. Selon l'Office national indonésien de statistiques, 4,7 millions de touristes ont visité Bali en 1999, 5 millions en 2000 et 5,1 millions en 2001.

tionale attribue aussitôt les attentats de Bali à Al-Qaïda, quand ce n'est pas à Oussama Ben Laden lui-même, précipitation qui conforte le scénario de la guerre sans fin contre la terreur. En l'absence de toute revendication, les autorités australiennes, dont les ressortissants constituent la majorité des victimes, montrent du doigt la mouvance islamiste indonésienne, et particulièrement l'organisation Jemaah Islamiyah (JI).

Cette organisation, active dans une partie de l'Asie du Sud-Est, avait notamment projeté des attentats spectaculaires à Singapour, qui ont été déjoués. Durant l'été 2003, les procès menés à Jakarta contre les activistes suspectés d'être impliqués dans l'attentat de Bali incriminent principalement la JI et ses sanctuaires de Java et de Sumatra, où un groupe vient d'être démantelé. Les suspects auraient participé aux attaques contre des églises chrétiennes indonésiennes le soir de Noël 2000, causant plusieurs dizaines de victimes. Leurs chefs présumés, Abu Bakar Ba'asir et Umar Thalib, vivent en Indonésie, selon les services secrets de Singapour et de Malaisie, tandis que Jakarta affirme ne pas avoir de preuves suffisantes pour les arrêter. Depuis son arrivée au pouvoir en juillet 2001, la présidente Megawati Sukarnoputri a opéré un rapprochement avec la JI, dont les responsables n'ont jamais été inquiétés malgré les demandes répétées des capitales de la région.

« Ces attentats ne constituent pas une surprise. La surprise, c'est que leurs auteurs aient tant attendu avant de s'en prendre à des intérêts occidentaux », nous explique Andrew Tan, chercheur à l'Institut de défense et d'études stratégiques de Singapour. « On doit prévoir d'autres attaques du même type dans la région, qui, il faut bien le reconnaître, est considérée à juste titre comme le maillon faible de la lutte contre le terrorisme. » Le lendemain des attentats, les deux grands mouvements musulmans de masse indonésiens, le Nahdlatul Ulama (NU) et la Muhammadiyah, qui représentent des millions de membres et se sont construites hors de tout fondamentalisme, condamnent les événements de Bali et demandent qu'une enquête soit rapidemment ouverte afin d'arrêter « les auteurs de ces actes qui ternissent l'image de l'Indonésie ». « Maillon faible » et zone grise, l'Indonésie est confrontée depuis plusieurs années à un vide sécuritaire et à une crise institutionnelle profonde.

A la suite de l'indépendance du Timor oriental en mai 2001, l'armée a déserté ses tâches traditionnelles de maintien de l'ordre, laissant le champ libre au banditisme et à l'activisme politique, avec lesquels elle est soupçonnée de collusion. L'armée indonésienne est aussi accusée d'avoir envoyé dans l'archipel des Moluques des islamistes armés liés au Lashkar Jihad pour expulser les populations chrétiennes. Ce n'est pas la première fois que les forces armées indonésiennes instrumentalisent des groupes islamistes pour parvenir à leurs fins. En 1965, après le contre-coup d'Etat qui a permis à Suharto, avec le soutien des Etats-Unis, de ravir le pouvoir à Sukarno, les activistes islamistes ont été délibérément armés pour mener la chasse aux communistes et à la minorité chinoise. Cette manipulation a causé des milliers de morts, notamment à Bali où les affrontements ont été particulièrement sanglants. Quelques années plus tard, leur revendication d'un Etat islamique n'ayant guère avancé, et furieux d'avoir été utilisés contre des promesses non tenues, les supplétifs islamistes de l'armée indonésienne ont basculé dans l'opposition et la lutte armée.

Mis en cause par l'Australie, Singapour et la Malaisie, les chefs islamistes indonésiens, notamment Abu Bakar

Ba'asir et Umar Thalib, ont été formés par les services spéciaux de Jakarta, comme les Taliban l'ont été par ceux d'Islamabad et de Riyad, avec l'aval de Washington. En Indonésie, l'implication de l'Arabie Saoudite n'est un secret pour personne. Depuis plus d'une trentaine d'années, Riyad arrose de dollars les islamistes locaux, qui construisent en nombre mosquées et écoles coraniques grâce aux subsides wahhabites. La ségrégation sexuelle et le port du voile islamique se sont généralisés durant la même période. Ces pratiques étaient tout à fait étrangères à l'islam local, qui s'est saoudisé, avec les mêmes conséquences qu'en Asie centrale, au Maghreb ou dans la Corne de l'Afrique : l'émergence de groupes fondamentalistes, producteurs d'un imaginaire et de logiques de combat.

Ces groupes prospèrent autour des *pesanten* (écoles religieuses) implantées dans plusieurs régions de Sumatra, de Sulawesi et de l'île de Java. Ils propagent un enseignement néo-wahhabite, tel le Lashkar Jihad, ou se réclament de la défense de la morale islamique, tel le Lashkar Hizbullah Satgas. Comme le soulignait dès le milieu des années quatre-vingt-dix le chercheur de Surabaya (Java-Est) Dede Oetomo : « Ils ne représentent que quelques dizaines de milliers d'individus tout au plus, mais leur visibilité et leur pouvoir de nuisance sont en pleine croissance. » Le rôle qu'ils sont parvenus à jouer aux Moluques, où leurs intérêts ont coïncidé avec ceux de certains commandants de l'armée, est représentatif de leur forte capacité de déstabilisation. Se percevant avant tout comme des combattants, ils prennent pour modèle la lutte des musulmans afghans, bosniaques ou philippins. Ils entretiennent des relations avec des ONG saoudiennes.

« Ces groupes sont largement perçus comme des supplétifs utiles à la police », poursuivait Dede Oetomo, « et bénéficient d'un soutien populaire implicite. Le parcours individuel des membres les plus jeunes (chômeurs et délinquants) et leur très faible niveau d'instruction tendent à les classer dans la catégorie des groupuscules semi-mafieux, phénomène ancien et qui est amené à perdurer. Animés d'un vif sentiment antiaméricain, ils sont tout à fait susceptibles de s'en prendre plus généralement aux intérêts et/ou aux ressortissants occidentaux en général. » Et le chercheur indonésien concluait sur l'incurie des autorités centrales, incapables d'apporter quelque réponse que ce soit à cette évolution préoccupante.

Une note de situation des services extérieurs français du 22 novembre 2000 confirme ces inquiétudes : « Ces mouvements fondamentalistes ont pris appui sur un vide sécuritaire inquiétant, les forces de l'ordre faisant montre d'un total laisser-faire en l'absence de consignes venant des autorités centrales. Le consul américain à Surabaya, Robert Pollard, très impressionné par les conséquences que l'absence d'autorité a déjà pu avoir aux Moluques ou à Atambua, y voit un danger majeur pour l'Indonésie dans les prochaines années. Un risque existe, selon lui, que des mouvements terroristes étrangers, dans ce contexte, prennent appui sur certains groupes extrémistes avec lesquels des affinités idéologiques existent (comme le Lashkar Jihad), pour mener des opérations en toute tranquillité. Comme l'a fait remarquer le professeur Ichlasul Amal, recteur de l'université Gadjah, il existait également un risque de récupération des symboles de l'islam par l'armée (à l'image de ce qui a pu se produire en Turquie ou au Pakistan sous Zia), qui pourrait être tentée de créer un ennemi non musulman pour provoquer la mobilisation des croyants. M. Amal avait l'impression que l'armée tentait de se rapprocher de la mouvance islamiste. »

Bien avant les attentats du 11 septembre 2001, bien avant celui de Bali, différents chercheurs et services de sécurité avaient établi que les groupes fondamentalistes actifs dans la région de Jogjakarta-Solo étaient en passe d'étendre leur influence jusqu'au sud des Célèbes, à Java-Ouest, à Jakarta-Bandung ou à Aceh, rendant plus que probable la perspective d'une désintégration du pays, le phénomène s'appliquant au premier chef au conflit des Moluques, où la thèse d'un complot international ourdi par les Occidentaux était alors déjà largement répandue. Les mêmes observateurs soulignaient également que la peur de la mondialisation et de ses effets sur la moralité ne ferait que conforter cette évolution, les droits de l'Homme étant perçus comme des instruments arbitraires aux mains des puissances dominantes.

Durant l'été 2003, la police indonésienne ne perd pas espoir d'arrêter Hambali, l'islamiste le plus recherché d'Asie, membre clé de la Jemaah Islamiyah (JI). C'est chose faite le 14 août 2003. Selon une source des services de sécurité thaïlandais, Hambali a été arrêté dans la ville d'Ayuthaya, au centre de la Thaïlande, et transféré en Indonésie avant d'être livré aux autorités américaines.

Hambali, de son vrai nom Riduan Isamuddin, est l'ancien chef militaire de la JI. Il avait délégué ses responsabilités à un autre Indonésien, Mukhlas, qui a donné son accord à l'attentat de Bali. Mukhlas a été arrêté et son procès a commencé à Bali. Au total, plus d'une trentaine de suspects ont été arrêtés par les Indonésiens, avec l'aide de la police australienne. Mais plusieurs autres sont toujours en fuite. Ces suspects « cherchent de l'argent, et une prochaine attaque pourrait prendre la forme d'un nouvel attentat à la bombe », estime, le 1er juillet, I Made Mangku Pastika, le haut responsable de la police qui a coordonné l'enquête internationale de l'attentat du 12 octobre 2002 de Bali.

Le 8 août 2003, à Jakarta, l'explosion d'un véhicule piégé devant l'hôtel Marriott fait 14 morts et 147 blessés. La police identifie, deux jours plus tard, une tête retrouvée sur les lieux comme celle d'un membre de la JI. Le tribunal de Bali ayant condamné à mort, le 7 août 2003, le premier des accusés de l'attentat de l'année précédente, Amrozi, l'on peut craindre de nouveaux attentats de la JI dans la capitale indonésienne. Le quotidien *Koran Tempo* relève que « les frustrations sociales » et l'explosion du chômage contribuent à alimenter l'activisme islamiste en Indonésie, et que le gouvernement de Mme Megawati n'a pas su mettre en œuvre les réformes nécessaires susceptibles d'apporter une réponse au terrorisme.

Un autre attentat récent, immédiatement attribué à Al-Qaïda comme celui de Bali, permet de mesurer à quel point l'automatisme idéologique qui consiste à tout ramener à Ben Laden empêche la prise en compte des facteurs endogènes du terrorisme : les attaques du 12 mai 2003 dans une banlieue résidentielle de Riyad. Une heure après, plusieurs milliers de personnes descendaient dans la rue et applaudissaient, pour montrer leur approbation et leur soutien au sacrifice des kamikazes. Même si l'opération visait des habitations abritant principalement des étrangers, le pouvoir n'a pas pu ne pas voir dans cette manifestation populaire spontanée un avertissement qui lui était directement adressé : un avertissement qui vaut, du reste, pour toutes les factions rivales candidates à la succession au trône, leur clientélisme, leur occidentalisation et leur corruption [1].

Durant les semaines qui ont suivi ces attaques kamikazes, les services de police saoudiens ont entrepris d'intenses recherches pour retrouver les suspects. De nombreux Saoudiens membres du groupe islamiste de La Mecque ont été interpellés, dont trois en possession d'armes de poing et de plans de bâtiments officiels de Jeddah et de Riyad. Ali Issa, un Tchadien âgé de 25 ans séjournant illégalement dans le royaume, a été interpellé à Bawadi, un quartier de La Mecque. A son domicile, la police a saisi trois fusils d'assaut de type kalachnikov, un pistolet automatique, des munitions et deux bombes de fabrication artisanale. Ali Issa reconnaît avoir été en relation avec Isam al-Ghamdi, arrêté le 15 juin 2003 à la suite d'une fusillade, qui est probablement le chef du groupe de La Mecque. Un autre activiste de la même bande a été appréhendé dans le fief islamiste de Burayda où il s'était réfugié. Abdul Aziz al-Yahia, en possession d'un pistolet automatique et de munitions, a pu être neutralisé au cours d'un contrôle de la circulation. Il se dissimulait dans une camionnette conduite par son frère et tentait de pénétrer dans l'enceinte de l'université Al-Imam Mohamed Ibn Saoud de Riyad.

L'enquête a débouché également sur l'arrestation d'un ressortissant de Bahreïn, Abdul Rahim al-Mirbati, appréhendé à Médine où il se cachait avec sa famille. Ensuite, l'identification de la majorité des membres du groupe dit des dix-neuf de Riyad, impliqué dans la préparation des attentats, a permis l'arrestation de l'un de ses deux chefs : Ali al-Fagasi al-Ghamdi. Bien qu'âgé de 26 ans seulement, ce dernier est un vétéran d'Afghanistan, où il a

1. Voir le chapitre VIII : « Riyad-Washington, divorce à l'italienne. »

combattu aux côtés des Taliban jusqu'à l'arrivée des troupes américaines. Il a fait ses études à l'université Al-Imam Mohamed Ibn Saoud de Riyad, qui apparaît désormais comme l'une des plaques tournantes de l'islamisme saoudien.

L'interrogatoire de son épouse marocaine et de ses enfants, mis au secret le 29 mai, a révélé une ramification aboutissant à un sous-groupe à Médine, dirigé par trois imams : Ali Fahad al-Khudair, Ahmad Homoud al-Khaldi et Nasser al-Fihaid. Si le procès d'Ali al-Fagasi al-Ghamdi permet de confirmer son rôle de premier plan dans les attentats du 12 mai, la police sera en mesure de mettre au jour la structure centrale de recrutement des réseaux saoudiens.

« Si les personnes arrêtées dans le cadre des derniers attentats s'attendaient à quelque clémence de la part des autorités, elles ont dû vite déchanter », nous explique un diplomate arabe en poste à Riyad. « Il faut reconnaître que l'attentat du 12 mai 2003 et, surtout, la mise au jour de l'ampleur de l'implication de Saoudiens dans un activisme qui touche aux intérêts du royaume, laissera des traces durables dans le comportement des autorités en charge de la sécurité, et du premier d'entre eux, le ministre de l'Intérieur lui-même. »

Le prince Nayef qui, par voie de presse, invite les coupables à se constituer prisonniers dans leur intérêt et celui de leur famille, n'hésite pas à faire appel à la population pour qu'elle coopère avec la police dans la traque des terroristes. Il condamne ceux qui trompent les jeunes et les poussent à commettre de tels actes. Il adjure « les familles, les éducateurs, les responsables religieux et les médias à protéger [nos] fils des idées déviantes de l'extrémisme » et conclut : « Nous sommes tous responsables, à commencer par la famille et l'école. » Par ailleurs, le ministre saoudien de l'Intérieur n'hésite pas à mettre en cause publiquement le fondateur très fondamentaliste et très controversé du puissant groupe financier Dallah al-Barak, particulièrement visé par les enquêtes en cours. Il reconnaît que « le pays dispose désormais de certaines informations et de preuves concernant le financement, venant de l'intérieur du pays et de l'étranger, d'opérations terroristes », et annonce la création d'un organisme national chargé de contrôler la collecte de la *zakat*, l'impôt religieux.

Approche nouvelle dans le royaume, le Conseil saoudien du 24 juin 2003 fait l'éloge « de la cohésion et de la coopération montrées par les citoyens pour préserver la sécurité du pays et déraciner ce qui pourrait affecter l'unité nationale ». Pour sa part, le grand mufti d'Arabie déclare : « Nous ne devons jamais protéger ceux qui sont à l'origine des attentats dans le pays, mais au contraire les dénoncer. » Enfin, lors d'une rencontre avec les chefs de tribu, le prince héritier Abdallah réaffirme que « l'Etat frappera d'une main de fer quiconque osera porter atteinte à la sécurité ou au sanctuaire de la nation ». Il incite la population saoudienne à « assumer son devoir national et religieux en dénonçant toute personne faisant partie de ces égarés, les soutenant ou entretenant des liens de sympathie avec eux ».

Phénomène inédit dans la monarchie pétrolière : ces déclarations officielles reconnaissent l'enracinement local des attentats. L'évolution des opérations de police et la teneur des interrogatoires des suspects font désormais la une de la presse saoudienne et donnent lieu à des éditoriaux qui tranchent avec l'habituelle langue de bois de journaux largement aux ordres du palais. Ainsi, soulignant l'urgence et l'importance du combat contre le terrorisme, le quotidien *Okaz* relève que « c'est une bataille qui requiert l'engagement de chaque personne vivant dans le pays ». *Arab News* entonne le même credo et ajoute : « Nous ne pouvons pas rester passifs face à cette menace en pensant que c'est seulement le problème des forces de sécurité. C'est notre problème à tous, parce que ce sont les gens ordinaires comme nous qui sont souvent les premières victimes de ces actes de barbarie. » Résumant le sentiment général, *Al-Riyad* se fait l'écho d'une certaine angoisse en affirmant : « Les membres des services de sécurité saoudiens accomplissent leur devoir, non pas contre un ennemi extérieur, mais contre des fils de notre pays, certains de nos compatriotes qui veulent répandre la mort et la destruction parmi nous. »

Impensables il y a quelques mois encore, ces articles traduisent non seulement la nouvelle détermination des autorités à mener la chasse aux auteurs des attentats de Riyad, quels qu'ils soient, mais surtout leur reconnaissance du fait que les causes de ce terrorisme s'enracinent dans la société saoudienne elle-même. Le temps où chaque attentat était automatiquement attribué à des activistes chi'ites étrangers manipulés par Téhéran, ou à Oussama Ben Laden et ses complices, semble révolu. Le fait que le prince Nayef, ministre saoudien de l'Intérieur, reconnaisse sans détour ni fioriture que « le terrorisme est devenu l'ennemi intérieur du pays » et que, « pour l'éradiquer, les services de sécurité doivent combattre leurs propres fils » constitue une petite révolution au pays de l'or noir. Ainsi Riyad non seulement cherche à maîtriser les turbulences politiques qui accompagnent le processus de succession royale, mais surtout veut convaincre la communauté internationale, et en particulier Washington, que la monarchie remplit pleinement son rôle dans la lutte contre le terrorisme.

Pour une fois, les actes sont conformes au discours : le 28 juillet 2003, la police saoudienne annonce avoir tué six activistes islamistes dans un assaut mené à l'aube contre une « planque salafiste » à Ayoune Al-Jawa, dans la région de Qassim, à 300 kilomètres au nord de Riyad. Des échanges de tirs ont opposé les membres du groupe aux forces de l'ordre, dont deux agents ont été tués. Quatre personnes ont été arrêtées.

Ce nouveau comportement des autorités de Riyad interpelle en premier lieu les Saoudiens eux-mêmes, invités à s'occuper davantage de leurs propres affaires et, par conséquent, à s'engager dans un processus politique qui pourrait déboucher, à terme, sur certaines réformes essentielles à l'avenir de la monarchie. Au contraire des habituelles dénonciations incantatoires d'Al-Qaïda, cette « révolution saoudienne » invite aussi à prendre en compte le terrorisme comme le révélateur, voire le catalyseur, d'une situation de crise. Ce faisant, elle réactive une perspective des plus pertinentes : considérer ou plutôt reconsidérer le terrorisme à travers son essence politique, parce que les poseurs de bombes sont aussi des poseurs de questions.

Une évolution similaire peut être constatée au Maroc. Trois attentats à la voiture piégée et un à la bombe ont été perpétrés le 16 mai 2003 à Casablanca, faisant une vingtaine de victimes. Les trois voitures piégées ont explosé près du consulat de Belgique, de l'hôtel Safir et du Cercle de l'alliance israélite ; la bombe, à proximité de la Maison d'Espagne. Selon des sources concordantes, des explosions ont été observées dans sept lieux différents de la ville au total : ceux que l'agence officielle marocaine de presse MAP a annoncés, et trois autres près de la Corniche, en bord de mer. Bien qu'émettant l'hypothèse d'implications étrangères, les autorités se gardent de mettre immédiatement Al-Qaïda en cause, et le nom d'Oussama Ben Laden n'est pas cité dans les communiqués officiels. Trois suspects sont arrêtés sur-le-champ, parmi lesquels un présumé kamikaze qui aurait renoncé au moment du passage à l'acte. Le 6 juin 2003, le ministère marocain de l'Intérieur annonce l'inculpation de dix-neuf nouveaux suspects dans le cadre de l'enquête. Selon la MAP, ces islamistes prévoyaient de lancer des actions terroristes contre plusieurs centres touristiques, notamment Marrakech, Agadir et Essaouira.

Le verdict d'Aboubakar Jamais, directeur du *Journal Hebdomadaire* de Casablanca, est sans appel : « Le Maroc avait toujours été considéré comme un havre de paix et de tolérance et, quand il y avait des problèmes, nous les attribuions à des agitateurs étrangers. Aujourd'hui, nous ne pouvons plus continuer à nous voiler la face. Cette fois, les terroristes étaient tous marocains. Tous avaient grandi dans la pauvreté : aucun d'entre eux n'avait jamais quitté le pays. Non : l'idéologie de l'islam radical est bel et bien entrée dans notre pays et y a trouvé des recrues consentantes [1]. »

Et le *Journal Hebdomadaire* propose sous la plume de son envoyé spécial Fahd Iraqi un reportage très fouillé sur Sidi Mounem, un quartier de bidonvilles à une demi-heure du centre-ville de Casablanca, zone d'extrême pauvreté, loin du Maroc des cartes postales touristiques, d'où viennent les kamikazes. « Le spectacle est déroutant : du fou qui exhibe son organe, au dealer exposant sa boule de haschisch, en passant par le "docteur" qui écoule à la criée ses antidépresseurs de contrebande. Là, un barbu en guenilles presse le pas pour rejoindre d'autres fidèles dans

1. Cité par *Courrier international* n° 658 du 12 au 18 juin 2003, qui intitule son dossier « L'autre Maroc, misère, islamisme et répression ».

l'une des dizaines de mosquées "clandestines" faites d'un bric-à-brac de tôles et surmontées de mégaphones de foire. Il fait mine de ne pas voir la prostituée fardée qui déambule dans son sillage», raconte Fahd Iraqi, expliquant comment les islamistes ont pris le contrôle du quartier où ils font désormais régner leur loi. Il reproduit les propos d'Ahmed, l'ami de l'un des kamikazes : «Les barbus sont des manipulateurs qui profitent de la pauvreté et de l'immaturité des jeunes pour faire d'eux ce qu'ils veulent. Tout le monde fermait les yeux jusqu'à la catastrophe.»

Le reportage s'achève dans le quartier de Hay Attacharouk, où ont été confectionnées les bombes : «Pour atteindre cet ensemble de barres de béton et de petits immeubles désuets où s'agglutinent des millions de Casablancais, situé aux abords du ruban d'asphalte qui mène au lieu-dit Sbit, il faut traverser une route à peine carrossable qui enserre d'autres célèbres bidonvilles comme Chichane (Tchétchénie) ou encore Zbalat Miricane (la décharge américaine). Dans cette nouvelle banlieue chaude de Casablanca se trouve le magasin de la mère de Mohamed Omari, le kamikaze arrêté devant l'hôtel Farah. Ce dernier a reconverti la parfumerie que tenait sa mère en une fabrique d'explosifs. "Il y a à peine quelques mois qu'elle a ouvert cette échoppe. On voyait souvent le fils passer. Il ne parlait jamais et se déplaçait à vélo", dit un riverain.»

Le 23 juin 2003, lors d'un séminaire international à Lansdowne aux Etats-Unis [1], Robert Satloff, directeur du

1. Le Washington Institute for Near East Policy, dirigé par Dennis Ross, a organisé le 23 juin 2003 un séminaire informel de réflexion sur le Proche-Orient, associant des experts américains et européens. A l'ordre du jour : la reconstruction de l'Irak, la démocratisation du Proche-Orient, la lutte contre le terrorisme, le processus de paix israélo-palestinien et le programme nucléaire américain.

Policy and Strategic Planning, en année de recherche au Maroc, estimait que la quinzaine de terroristes à l'œuvre à Casablanca étaient aussi nombreux que les auteurs des attaques du 11 septembre et qu'ils auraient pu causer des dégâts de la même ampleur. Soulignant que la cinquantaine d'arrestations effectuées depuis constitue un phénomène des plus inquiétants, il pose les questions suivantes : « Si le réseau était connu des services de police auparavant, pourquoi n'avoir rien fait ? Et s'il était inconnu des services spécialisés, nombreux et puissants dans le royaume chérifien, alors c'était encore bien pis ! »

Début juillet 2003, quatorze nouveaux suspects sont déférés devant le juge d'instruction de Rabat et inculpés pour la préparation d'« actes terroristes » dans le cadre de l'enquête sur les attentats du 16 mai à Casablanca. Le procureur indique que « tous appartiennent à la Salafiya Jihadia, une organisation islamiste interdite. Certains membres de ce groupe », ajoute-t-il, « planifiaient des attaques pour s'emparer des armes à feu appartenant à des agents de la police et de la gendarmerie en vue de les utiliser dans des attaques terroristes. »

L'un des bastions de la Salafiya Jihadia est le port de Tanger. Trois facteurs principaux expliquent cette implantation. Les Djebalis de Bir Chifa, montagnards du Rif installés dans l'agglomération, se sont toujours considérés comme les détenteurs du véritable islam face à la ville portuaire, refuge de tous les trafics et de toutes les corruptions. Dépourvus de sentiment d'appartenance nationale, ils défient volontiers les symboles du pouvoir urbain et plus encore ceux de Rabat [1], la capitale. Le port

1. « A Tanger, les gens du Nord parlent avec mépris des gens du Sud, qui posent des problèmes dans la ville. Ce sont eux qui, les premiers, montèrent

de Tanger constitue le point de rencontre complexe de plusieurs flux migratoires : l'exode rural, les migrations interurbaines du nord du Maroc et d'autres régions du sud ; enfin, c'est l'un des points de départ de l'émigration sahélienne vers l'Europe. Ces mouvements humains favorisent les trafics de drogue et des petites armes, de même que « toutes les formes de prostitution », disent les Tangérois.

Les enquêteurs marocains expliquent volontiers que les terroristes originaires de Tanger et de sa région bénéficient du soutien financier et de l'influence politique des membres de leurs familles déjà installés en Europe. Mais l'un des responsables de l'enquête nous explique : « Le problème est avant tout marocain, un problème qu'on n'a pas su ou pas voulu voir venir. » Quant au journaliste Ali Amar, il écrit : « Les attentats du 16 mai ont définitivement fait voler en éclats le mythe de l'exception marocaine face à la menace terroriste. Pire, cette menace n'est pas d'origine internationale exclusive. Les soubassements des attaques kamikazes à Casablanca tendent à le prouver au fil des enquêtes. Un pan entier de la société marocaine est bel et bien réceptif aux idées extrémistes prônées par un islamisme rigoriste dont les référents religieux se perdent au gré des interprétations théologiques se réclamant de la Salafiya[1]. »

---

clandestinement dans des camions pour atteindre l'Espagne. Les données relatives à la scolarisation et au taux d'analphabétisme de la commune de Beni-Makada (où se trouve Bir Chifa) confirment sa singularité. Plus de 52 % des habitants de plus de 10 ans (et 66 % de la population féminine) sont analphabètes, et le taux de scolarisation est le plus bas de Tanger », écrit Natalia Ribas Mateo : « Tanger & Durrës : sur les marches de l'Europe méditerranéenne », dans le numéro 10 (été 2003) de la revue *La Pensée de Midi*, Actes Sud/La Pensée de Midi.

1. Le *Journal Hebdomadaire* du 2 août au 5 septembre 2003.

Début juillet 2003, l'enquête sur les attaques suicide du 16 mai a conduit à l'inculpation de 148 personnes dans les milieux islamistes, selon un décompte fait sur la base des indications officielles obtenues par l'AFP auprès des parquets de Casablanca, Rabat et Kénitra. Le ministre marocain de la Justice Mohamed Bouzoubaâ annonce, pour sa part, que 634 personnes au total ont été inculpées depuis les attentats de Casablanca. Selon d'autres sources, notamment d'organisations humanitaires, plusieurs milliers de personnes suspectes étaient toujours incarcérées en août 2003.

Plusieurs sources policières marocaines et françaises estiment que les attentats de Casablanca étaient prévisibles et résulteraient d'une guerre locale des polices. Des accusations très graves sont portées contre Hamidou Laânigri, grand professionnel du renseignement et de la sécurité, homme de culture et de dialogue farouchement opposé au fanatisme religieux, auquel son influence et ses relations étrangères ne valent pas que des amis. Le patron de la DST, selon d'autres sources policières marocaines, aurait délibérément laissé faire afin de remettre en cour la vieille garde de feu Hassan II, préconisant une éradication musclée de l'islamisme marocain, au contraire de la politique actuelle du jeune roi Mohammed VI.

Il y a un an, la DST marocaine avait officiellement démantelé un réseau dormant d'Al-Qaïda, dirigé par trois Saoudiens soupçonnés de préparer des attentats contre des navires de l'OTAN croisant dans le détroit de Gibraltar. A l'époque, des doutes sérieux avaient été émis sur l'authenticité de l'affaire, suspectée d'être un montage des services marocains. L'histoire n'a pu être complètement éclaircie, d'autant que le procès qui a suivi n'a pas fait toute la lumière sur ce que des milieux de l'opposition en exil continuent à considérer comme une provocation policière. Cette « affaire saoudienne » a donné lieu à des affrontements internes entre les services de police et les différents courants politiques marocains, préconisant des réponses très différentes face à l'émergence électorale de l'islamisme marocain.

En effet, les élections législatives marocaines de septembre 2002 ont montré la force des islamistes. Le PJD, seul parti islamiste reconnu par le régime, a triplé le nombre de ses députés, s'imposant ainsi comme la première force de l'opposition. Et nombre d'analystes sont convaincus que le PJD représente aujourd'hui le premier parti politique du Maroc, loin devant les socialistes de l'USFP et les nationalistes de l'Istiqlal. Cette évolution explique probablement pourquoi les élections locales, qui auraient dû se tenir en juin 2003, ont été reportées en septembre, les autorités craignant de voir tomber aux mains des islamistes de grandes villes comme Casablanca, Rabat, Fès ou Tanger. Impossible de ne pas faire la comparaison avec le scénario algérien, qui avait conduit les islamistes du FIS aux marches du pouvoir en décembre 1991, ouvrant les années noires de la décennie sanglante (1992-2002) et leur cortège de plusieurs centaines de milliers de victimes. Et, comme ce fut le cas en Algérie, les différents courants qui se disputent le pouvoir marocain n'hésiteraient pas à instrumentaliser l'islamisme et ses poussées terroristes afin de régler leurs comptes respectifs.

Toujours est-il que, comme à Bali et à Riyad, les attentats de Casablanca posent nombre de questions éminemment politiques. Le directeur du *Journal Hebdomadaire* conclut : « Les élections législatives qui ont eu lieu en septembre 2002 se sont déroulées avec plus de transparence que par le passé ; mais des enquêtes publiées récemment dans la presse ont révélé certaines irrégularités. Nous sommes également accablés par une Constitution qui ne satisfait pas au premier critère d'une Constitution démocratique : la séparation des pouvoirs. La monarchie concentre en effet tous les pouvoirs, à tel point que le parlement joue un rôle marginal dans la vie politique [1]. »

Dans la même perspective, un autre observateur avisé de la scène marocaine écrit : « A Casablanca, ce sont peut-être des cellules dormantes de tel ou tel courant néo-salafiste, soufi, voire des agents du système sécuritaire, qui agissent sur ordre pour créer un climat d'insécurité et mieux réprimer une agitation sociale latente. Dès lors, dans ce pays, un scénario à l'algérienne n'est plus à écarter. En définitive, les mutations violentes que connaît la planète n'épargnent pas plus le Maroc que d'autres Etats arabes ou non arabes (...) La lutte contre le terrorisme passe inévitablement par la lutte contre le terrorisme d'Etat, la sécularisation de la vie politique, l'instauration du pluralisme et de la démocratie. Même dans un monde tourmenté et qui commence à être frappé de récession dans ses parties les plus riches, notre responsabilité citoyenne est à conquérir et reste le meilleur rempart contre les apprentis sorciers, qu'ils soient islamistes ou mafieux [2]. » Révélatrice de situations politiques très diverses, l'onde de choc terroriste peut aussi, comme le suggère Ahmed Benani, procéder de courants unificateurs, ou les induire.

---

1. *Ibid.*
2. Ahmed Benani (politologue), dans *Convergence démocratique* du 17 mai 2003, Lausanne.

A cet égard, et bien qu'il ne puisse se réduire aux catégories primaires de la théorie du choc des civilisations, le ressentiment antioccidental, et plus précisément antiaméricain, relevé aussi bien à Bali et à Riyad qu'à Casablanca, s'alimente explicitement du soutien des administrations américaines successives aux politiques d'annexion et de purification ethnique menées en Palestine par les gouvernements israéliens successifs. D'autres facteurs, comme par exemple le rejet du protocole de Kyoto en matière de réchauffement de la planète ou la campagne agressive qu'anime Washington contre la Cour pénale internationale (CPI), expliquent aussi cette défiance. La notion approximative d'antiaméricanisme traduit d'une manière inadéquate le ressentiment exprimé à l'encontre non pas d'un peuple, d'une société ou d'une tradition culturelle, mais d'une politique unilatérale, unipolaire, et même impériale. Et les chiens de garde de l'idéologie dominante qualifient d'autant plus volontiers cet antiaméricanisme de « socialisme des imbéciles » qu'ils sont incapables d'en comprendre les causalités, tout comme ils sont incapables de la moindre réflexion concernant l'idée de socialisme. L'imbécile n'est pas forcément celui qu'on croit.

Au-delà de ces figures convenues du microcosme des « intellectuels organiques », comme les appelait Gramsci, une question, des plus sérieuses celle-là, revient de manière récurrente depuis la fin des opérations de conquête menées par l'armée américano-britannique en Irak. La deuxième guerre contre ce pays atténue-t-elle, ou au contraire renforce-t-elle les menaces terroristes ? Il s'agit de voir comment évoluent ces menaces et d'interroger leurs connexions. De Bali à Riyad, de Casablanca à la Corne de l'Afrique, qu'en est-il réellement d'Al-Qaïda ?

CHAPITRE XV

Al-Qaïda n'existe pas!

« L'organisation a produit la limite qui enferme en faisant savoir qu'il n'y a pas de champ qui lui soit hors d'atteinte. »

YVES STOURDZÉ
(*Organisation, antiorganisation*, septembre 1973).

L'une des principales mutations du terrorisme islamiste remonte au milieu des années quatre-vingt-dix, lorsque quelques chancelleries envisageaient la prise du pouvoir algérien par les islamistes. Cette éventualité inspirait la doctrine officielle du Département d'Etat américain. C'est en 1995 que paraît un rapport de la Rand Corporation au titre provocateur : « L'Algérie sera-t-elle le prochain Etat islamiste ? » Les cent vingt pages de cette étude signée Graham E. Fuller – l'analyste de la CIA mêlé au scandale de l'Irangate – répondent positivement sans ambiguïté. « La question n'est pas tellement de savoir si le FIS arrivera au pouvoir, mais comment il y parviendra, jusqu'à quel point il le contrôlera et avec qui il devra le partager[1]. » Cherchant à persuader ses commanditaires que l'administration américaine a tout intérêt à collaborer avec les islamistes algériens, voire à favoriser leur arrivée au pouvoir, Fuller conclut qu'une telle éventualité ne constitue pas une menace pour les intérêts américains mais, au contraire, qu'elle pourrait « prendre valeur d'exemple pour la région en général. En effet, la façon dont nous traitons le FIS aurait un impact important sur la manière dont il se comportera dans son rôle au gouvernement ».

Avec l'aide de la CIA et de la communauté catholique de Sant'Egidio, sont organisées à Rome par des islamistes du FIS, en novembre 1994 et janvier 1995, deux réunions baptisées « plate-forme de l'opposition algérienne ». En février 1996, le sous-secrétaire d'Etat américain Robert Pelletreau, en visite officielle à Alger, reçoit les représentants de cette plate-forme. La réunion a lieu à El-Biar, sur les hauteurs d'Alger, à l'ambassade américaine. M. Pelletreau, qui a été ambassadeur à Bahreïn, en Tunisie et en Egypte, est un bon connaisseur du monde arabe. Il en maîtrise la langue, l'histoire et les usages.

Au bout d'une vingtaine de minutes, son opinion est faite. Aucun de ses interlocuteurs, et par voie de conséquence aucune des formations constituant la plate-forme, n'incarne une alternative crédible au pouvoir algérien. Sant'Egidio a vécu ! La découverte récente de nouveaux gisements de pétrole dans le Sud algérien n'est sans doute pas étrangère au soudain revirement du Département d'Etat, qui y voit l'occasion d'un débouché en Algérie pour les majors américaines, ce qu'il cherchait vainement depuis des années.

---

1. Graham E. Fuller, *Algeria, the next fundamentalist state ?*, Rand Corporation, Santa Monica, Etats-Unis, 1995.

La bienveillance américaine à l'égard des islamistes tourne court, tandis que l'Algérie se rapproche de l'OTAN. Attaché militaire à Bruxelles, le général Saïd Bey, ex-commandant de la première région militaire d'Alger, est le maître d'œuvre de cette politique. « L'OTAN se rapproche des Algériens », peut titrer le quotidien *El-Watan* du 11 août 1998. « Le général de corps d'armée Mohamed Lamari, chef d'état-major de l'Armée nationale populaire (ANP), a reçu hier, au siège du ministère de la Défense nationale, l'amiral Joseph Lopez, commandant en chef du commandement sud de l'OTAN », rapporte le journal d'Alger. Les mêmes chancelleries qui, trois ans plus tôt, voyaient arriver les islamistes au pouvoir par les armes, doivent corriger leurs télégrammes. Désormais la lutte armée en Algérie n'a plus de réelle perspective politique. Les factions islamistes réagissent diversement face à la nouvelle donne. Divisées par de violentes luttes intestines, certaines commencent à envisager une reddition négociée, tandis que d'autres s'enferrent dans une fuite en avant meurtrière.

Entre déshérence et reconversion, les islamistes algériens cherchent donc de nouveaux débouchés. Les irréductibles des GIA et du GSPC poursuivent leurs menées sanglantes, qui relèvent davantage d'un banditisme éperdu à la Bonnie and Clyde que d'une lutte de libération organisée. Coupés de leurs bases algériennes, les réseaux européens sont confrontés aux mêmes incertitudes et divisions que leurs frères des maquis. Quelle stratégie adopter en l'absence de perspectives politiques à court et moyen terme ? La majorité des islamistes algériens installés en Europe opte pour un combat théologico-politique mené désormais sur le terrain de la lutte communautaire, sinon communautariste, de non-intégration dans leurs pays d'accueil. Une petite minorité va poursuivre la lutte armée, non plus dans la perspective de l'avènement d'un Etat islamique en Algérie, mais dans celle de la guerre sainte planétaire, telle que la conçoivent les activistes de la mouvance Ben Laden depuis leur participation victorieuse à la guerre en Afghanistan contre l'armée soviétique.

Cette nouvelle stratégie s'accommode mal des anciennes bases arrière européennes, devenues peu sûres. Le détournement de l'Airbus d'Air France en décembre 1994, puis la vague d'attentats commis en France durant l'été et l'automne 1995 ont entraîné de vigoureuses réactions policières et judiciaires, débouchant sur une nette amélioration de la coopération antiterroriste en Europe. Ces progrès ont permis le démantèlement de plusieurs filières, non seulement en France, mais aussi en Belgique, en Allemagne, en Espagne et en Italie. Dans ce contexte de la fin des années quatre-vingt-dix, nombre d'activistes choisissent de s'installer dans les pays scandinaves, moins exposés, et outre-Atlantique au Canada, notamment à Montréal et Ottawa, qui présentent l'avantage d'abriter déjà de petites communautés maghrébines. L'affaire Ressam est emblématique de cette évolution [1].

Le 14 décembre 1999, à l'occasion d'un contrôle de routine au poste frontière de Port Angeles, dans l'Etat de Washington, les douaniers américains arrêtent Ahmed Ressam, un ressortissant algérien ancien membre du FIS. Il descend d'un ferry en provenance de Colombie-Britannique (Canada). La fouille de son véhicule de location

1. Une première version de ce récit est parue dans les *Cahiers de l'Orient*, deuxième trimestre 2001, n° 62 : « Algérie : les nouveaux islamistes ».

révèle la présence de 100 kilos d'urée (engrais chimique), quatre déclencheurs à retardement et deux jarres de cyclotriméthylène trinitramine, un explosif très puissant qui, associé à d'autres composants chimiques, constitue le semtex.

Cinq jours plus tard, à Burlington dans le Vermont, sont arrêtés Lucia Garofalo (35 ans, de nationalité canadienne) et Bouabide Chamchi (20 ans, de nationalité algérienne), en possession de faux passeports français. Lucia Garofalo était entrée clandestinement à plusieurs reprises en territoire américain, en compagnie d'étrangers en situation irrégulière. En septembre 1997, elle avait fait à Montréal la connaissance de Saïd Atmani, à qui elle avait demandé de financer un voyage en Allemagne, destiné à faciliter l'installation au Canada de son mari algérien, Yamin Rachek.

Lors de son arrestation, elle était en possession d'un numéro de téléphone cellulaire au nom de Raja Aslam, qu'elle a appelé le jour de l'arrestation d'Ahmed Ressam. Du 14 au 16 décembre 1999, Raja Aslam a été en communication, à plusieurs reprises, avec un numéro de Long Island. Du 11 au 19 décembre, à partir de ce dernier numéro, Abdel Ghani, ressortissant algérien né à Oran, a été appelé vingt fois, dont six le 19 décembre, le jour de l'arrestation de Lucia Garofalo. Le 30 décembre 1999, le FBI arrête Abdel Ghani à New York. Son nom et ses coordonnées téléphoniques ont été également relevés sur des papiers en la possession d'Ahmed Ressam. L'enquête déterminera qu'Abdel Ghani, résidant à Brooklyn, s'est déplacé à Seattle du 11 au 16 décembre pour aider Ahmed Ressam à transporter les explosifs. Il a effectué ce déplacement sur ordre d'un ancien membre des GIA, Mokhtar Haouri. L'arrestation à Montréal, le 12 janvier 2000, de cet activiste présenté comme le véritable commanditaire de l'attentat en préparation, constitue le dernier rebondissement de l'affaire Ressam.

Les enquêteurs canadiens estiment que tous les membres du groupe étaient en relation avec Saïd Atmani avant son expulsion pour la Bosnie en 1998. Entre 1997 et 1998, il était à la tête d'un gang de petits délinquants très actifs à Montréal. Autre personnage important du réseau canadien, Fateh Kamel est arrêté en Jordanie en avril 1999, puis extradé vers la France. Ahmed Ressam a été inculpé de détention d'explosifs destinés à détruire ou endommager des édifices et des moyens de transport, de détention de documents d'identité falsifiés et d'immigration irrégulière. Ces chefs d'inculpation visent aussi un autre complice de Ressam, Abdelmajid Dahoumane, en fuite et sous le coup d'un mandat d'arrêt international. Lucia Garofalo a été inculpée de passage clandestin et d'usage de faux documents d'identité. Abdel Ghani et Mokhtar Haouri ont été inculpés de complicité avec Ahmed Ressam et d'association de malfaiteurs. Arrêté le 24 décembre au poste frontière de Blaine, dans l'Etat de Washington, Abdel Hakim Tizegha a été inculpé d'immigration clandestine.

Le *New York Times* du 27 janvier 2000 indique en première page que les enquêteurs américains ont mis en évidence une convergence d'indices tendant à démontrer que le réseau Ressam entretient des liens avec la mouvance Ben Laden. Le quotidien affirme tenir du FBI que les autorités sénégalaises ont arrêté, à la demande des Etats-Unis, un certain Mohammoudou Ould Slahi, qui serait le beau-frère de l'un des lieutenants d'Oussama Ben Laden. En « contact permanent » avec une entreprise de construction de Khartoum appartenant au milliardaire saoudien, Ould Slahi dirigerait la filière algérienne à laquelle serait rattaché le réseau Ressam. Le FBI suggère qu'Oussama Ben Laden pourrait être derrière le projet d'attentat de Seattle.

Dans le contexte de cette affaire, une note confidentielle du Service canadien du renseignement et de la sécurité (SCRS) dresse un constat troublant : « Plus d'une cinquantaine de groupes terroristes auraient exploité le système d'immigration canadien pour installer des bases opérationnelles sur le sol de la Fédération. Une des principales causes de cette sanctuarisation nord-américaine », poursuit la note, « réside dans le fait que nous sommes le seul des pays développés à partager une frontière avec les Etats-Unis, une des cibles prééminentes du terrorisme au monde. Notre ouverture et notre respect des droits et des libertés font du Canada un endroit attrayant où installer ce type de structures. » Et le document conclut : « A mesure que les pays renforcent leurs dispositifs de sécurité contre les mouvements terroristes islamistes, les groupes radicaux comptent de plus en plus sur leurs réseaux internationaux pour les aider à planifier et à exécuter de nouveaux attentats. L'arrestation en décembre 1999 d'Ahmed Ressam et d'autres interpellations de résidents canadiens aux Etats-Unis, que l'on soupçonne d'être liés à des terroristes islamistes – dont les sympathisants du Saoudien Oussama Ben Laden – sont des indications que l'extrémisme sunnite s'est intensifié en Amérique du Nord. » Plusieurs sources policières européennes confirment que cette « intensification » soulignée par les services canadiens correspond effectivement à un « redéploiement des réseaux européens d'origine algérienne, ces structures étant entrées en déshérence avec la fin du millénaire ».

L'affaire Ressam et l'évolution qu'elle révèle répondent en partie à notre question initiale : qui pratique le terrorisme international[1] ? On peut dire provisoirement qu'il s'agit d'une nouvelle génération qui a fui les ripostes sécuritaires en Algérie, en Egypte, en Turquie et dans la majorité des pays européens, pour se réfugier en Afghanistan, au Pakistan, à Londres ou au Canada, comme le réseau Ressam. Elle a déserté aussi les partis islamistes des années quatre-vingt, devenus des partis « islamo-nationalistes », c'est-à-dire aspirant à entrer dans un jeu politique ouvert, qui suppose des alliances et donc le pluripartisme. Les déconvenues politiques, la répression ou l'éloignement renforcent ces nouveaux réseaux déterritorialisés et expatriés, que l'on peut rattacher au salafisme.

Le salafisme n'est ni un mouvement religieux, ni une organisation au strict sens du terme. C'est plutôt un courant directement inspiré du wahhabisme saoudien et des autres tendances fondées sur une lecture littérale du Coran. « Les salafistes appellent à purifier l'islam de toute trace culturelle ou sociale étrangère. Ils voient le monde à travers le prisme de la charia et récusent les "compromissions" au sein de la communauté musulmane. Le salafisme s'impose même parmi les jeunes musulmans d'Europe comme un nouveau fondamentalisme, et parfois comme une passerelle intellectuelle vers l'extrémisme et le jihad planétaire[2]. »

Ces activistes, que le chercheur Olivier Roy qualifie de « néofondamentalistes », animent un radicalisme d'un type nouveau, exclusivement sunnite, idéologiquement conservateur, et supranational dans son recrutement

1. Voir le chapitre XIII : « Une liste peut en cacher une autre. »
2. *Dictionnaire mondial de l'islamisme*, sous la direction des *Cahiers de L'Orient*, Plon, septembre 2002.

comme dans son idéologie. « Il ne s'agit pas de scissions des grands mouvements, mais d'une radicalisation de milieux conservateurs comme les Taliban afghans, et de leur liaison avec de petits groupes terroristes, qui sont en même temps marginalisés par la répression comme les Gama'a égyptiens et les GIA algériens, et qui se répandent dans un contexte de mondialisation et de circulation de militants déterritorialisés », nous explique Olivier Roy[1].

« Ce nouveau fondamentalisme est radical et conservateur : son vivier provient des milieux porteurs de la réislamisation conservatrice, financés comme on l'a vu par l'Arabie Saoudite. Au Pakistan, par exemple, il est soutenu par une coalition de mouvements religieux souvent traditionalistes, comme le Jamiat-Uléma-islami, mais qui ont donné naissance à des branches beaucoup plus radicales comme le Sipah-i Sahaba, spécialisé dans le combat contre les chi'ites. Il ne recoupe donc pas les clivages stratégiques qui présidaient jusqu'ici, avec l'opposition entre pro- et antioccidentaux. Il trouve des appuis parmi les cercles dirigeants, saoudiens et pakistanais notamment. Son programme – pauvre – insiste sur la charia et ignore les grandes revendications sociales et économiques des mouvements historiques, mais il reprend volontiers la rhétorique antiimpérialiste, sans pour autant se chercher des alliés parmi les dissidents occidentaux tels que les partisans de la théologie de la libération ou les antimondialistes, comme l'avait fait par exemple la révolution iranienne. Il est particulièrement antichrétien et antisémite. »

« Ce nouveau fondamentalisme est à la fois internatio-

1. L'analyse qui suit reprend des conversations menées avec Olivier Roy en février 2000.

naliste et périphérique, tant par le recrutement que par le lieu de l'action. En fait, il n'a pas de centre national. Au contraire, ses militants, mis à part les Egyptiens, proviennent de milieux en mal de nation et d'enracinement. On trouve des réfugiés palestiniens de la vague 1948 (et aucun provenant des actuels territoires occupés), des Pakistanais soucieux d'étendre non pas le Pakistan, mais le concept de Pakistan (c'est-à-dire de rassembler tous les musulmans dans une même entité politique), des émigrés et des exilés (Londres, New Jersey, Canada), des personnes de deuxième génération nées de parents de nationalités différentes, et des convertis de fraîche date. Utilisant l'anglais, les téléphones satellitaires, Internet, passant d'une nationalité à l'autre et d'un hôtel à un camp afghan, ces militants sont l'expression d'un monde déraciné et global, mal inséré dans les luttes réelles comme l'est celle de la Palestine, mais menant au contraire des jihad périphériques au nom d'une *oumma*[1] imaginaire. Il est donc normal que ces militants appartiennent à des milieux d'exclus et pas à des mouvements insérés dans des luttes nationales. »

Pour ces nouveaux radicaux, qui exercent une réelle fascination sur les jeunesses arabes et occidentales en rupture de ban, Oussama Ben Laden demeure une référence iconographique mais échoue à produire un modèle de mobilisation politique ou d'organisation. L'idéologie salafiste, avec la charia et seulement la charia comme horizon militant, les déconnecte des enjeux réels de la société.

« Cette déconnexion sociale et la déterritorialisation présentent un avantage : ils n'offrent guère de cibles pré-

1. Communauté universelle des croyants.

cises pour des représailles ; et une faiblesse : pas de logistique lourde, pas de vrai sanctuaire, mais, surtout, pas d'inscription dans un espace stratégique, faute d'articulation avec un Etat précis, à l'exception du Pakistan. Paradoxalement, en se réclamant de la oumma et en ignorant les Etats et les nations existants, le mouvement radical néofondamentaliste actuel contribue à la fragmentation du monde musulman. Il va à l'encontre de la tendance islamo-nationaliste qui marque de plus en plus les grands mouvements islamistes, à l'exception du Jama'at-islami pakistanais, le seul à endosser cette déterritorialisation de l'islam militant. Cette attitude du Jama'at va d'ailleurs de pair avec la dérive générale du Pakistan, gouvernement en tête, vers une talibanisation du pays, avec un effacement des frontières et de l'Etat, comme si le Pakistan se retrouvait confronté à la nature idéologique de sa création [1]. »

Olivier Roy conclut : « La stratégie qui mise sur ces nouveaux réseaux "internationalistes" est en phase avec un Etat qui se définit plus comme une construction théologico-politique – un espace musulman sunnite entre l'Inde hindoue, la Russie communiste ou chrétienne et l'Iran chi'ite donc hérétique – que comme un Etat-nation. Le Pakistan est peu soucieux de ses frontières, abandonnées à l'ouest aux trafiquants et aux tribus, moins par faiblesse que parce qu'il se projette justement au-delà de ses propres frontières. C'est sans doute l'Etat qui a la plus forte proportion de frontières non reconnues internationalement : l'Afghanistan n'a jamais vu dans la "ligne

1. On notera toutefois que les essais nucléaires des 28 et 30 mai 1998 sont bien une affirmation nationaliste. Mais cette réponse d'Islamabad aux essais indiens des 11 et 13 mai prouve qu'il n'existe pas de nationalisme pakistanais hors d'une situation de confrontation avec l'Inde.

Durand" une frontière internationale, et toute la frontière nord du Pakistan n'est qu'une ligne de cessez-le-feu. »

Cette conception étatique déterritorialisée renforce paradoxalement les clivages ethniques. L'affirmation de la suprématie de la oumma sur l'appartenance nationale fonctionne, en général, en faveur d'un groupe ethnique précis : les Taliban afghans sont avant tout pachtounes ; les néofondamentalistes pakistanais pachtounes et punjabis se heurtent aux Baloutches, aux Sindhis et aux Mohajers, plus laïcs et volontiers séparatistes. Et cette anomie structurelle ne joue pas contre les appareils de l'Etat pakistanais, qu'au contraire elle conforte : l'Etat militaire domine une société anarchique, en crise permanente, où économie parallèle, trafics en tout genre, localisme et clanisme jouent un rôle prépondérant, en quelque sorte celui d'une anarchie régulatrice qui évite à l'Etat d'avoir à gérer sa propre société. Cette anarchie régulatrice explique, en grande partie, que le Pakistan abrite aujourd'hui l'épicentre du néofondamentalisme salafiste [1].

L'assassinat de onze ressortissants français et de trois pakistanais le 8 mai 2002 à Karachi est révélateur de cette vocation et de l'ambiguïté des autorités pakistanaises comptables de la situation. Au pied de l'hôtel Sheraton, une voiture piégée explose le long du flanc droit d'un autobus transportant les techniciens de la Direction française des constructions navales (DCN). Outre les victimes, plusieurs dizaines de blessés et de nombreux dégâts matériels sont à déplorer. Selon les premières observations, la charge – explosif de type brisant d'envi-

1. Sur cette question de l'épicentre pakistanais, voir le chapitre V : « L'impossible traque du cheikh Oussama. »

ron une cinquantaine de kilos – était vraisemblablement placée dans la malle arrière du véhicule piégé : aucune pièce importante de la partie arrière de la voiture n'a été retrouvée, l'essieu avant et le bloc moteur ayant été projetés soixante-dix mètres plus loin. Les fragments du cadavre du kamikaze présumé [1] ont été retrouvés dans le même axe.

Une mission commune DST/DGSE, la quatrième, s'est rendue au Pakistan fin janvier 2003 pour rencontrer les différents services pakistanais chargés de l'enquête. La police du Sindh (Karachi) a identifié le dernier acheteur du véhicule piégé comme étant un ressortissant pakistanais, Asef Zaheer, qui a été interpellé. La perquisition à son domicile a permis de découvrir qu'il avait confectionné une quantité importante d'explosifs à base d'engrais et autres produits chimiques, affirme la police du Sindh. Zaheer s'était engagé dans le jihad en 1995 en adhérant au mouvement Harakat Ul Ansar, et avait ensuite rejoint le Harakat Ul Jehad-e-Islami pour combattre au Cachemire. Il s'était entraîné en Afghanistan entre 1997 et 1998, où il avait reçu une formation au maniement des armes et à la confection d'explosifs. Lors de ses séjours en Afghanistan, il avait fait la connaissance d'un certain Mustapha et du nommé Abdul Samad, à l'époque instructeur dans ces camps.

Zaheer explique qu'il aurait été contacté par Abdul Samad une vingtaine de jours avant l'attentat contre les techniciens français. Il s'agissait de faire exploser un

1. La première thèse avancée par les Pakistanais est que le conducteur du véhicule s'est sacrifié en déclenchant lui-même l'explosion de la bombe. Selon l'analyse des restes du corps, il apparaît que le conducteur a été déchiqueté par l'explosion alors qu'il cherchait à quitter le véhicule. Par conséquent, il reste envisageable que le déclenchement ait été télécommandé à distance.

véhicule piégé contre un bus de la marine pakistanaise transportant des Américains, en utilisant une télécommande. Zaheer lui aurait conseillé de monter une opération suicide, craignant une défection de la télécommande[1]. Abdul Samad aurait alors demandé à Zaheer de se sacrifier et, à la suite de son refus, engagé un « volontaire » surnommé Rashid. Zaheer reconnaît avoir confectionné des explosifs à partir de produits fournis par Mustapha, rencontré lors de son entraînement en Afghanistan. Il indique avoir placé à l'arrière du véhicule 150 kilos de nitrate d'ammonium, de la poudre d'aluminium et six détonateurs reliés à une batterie placée à côté du conducteur.

La maison où l'explosif a été confectionné et placé dans la voiture a été louée par Souhaïl Ahmad, qui a également acheté la Toyota en compagnie de Zaheer. Pour ces transactions, Souhaïl Ahmad a utilisé l'identité de Khalid Mahmoud. Les signatures apposées sur le contrat de location de la maison et sur les papiers d'achat de la Toyota sont identiques. Lors de la perquisition au domicile de Souhaïl Ahmad, les enquêteurs ont découvert un permis de conduire au nom de Khalid Mahmoud et une copie de l'acte de vente de la Toyota, l'original ayant été conservé par le précédent propriétaire. L'adresse indiquée sur l'acte de vente est celle qui figure sur le permis de conduire établi au nom de Mahmoud. Et Souhaïl Ahmad a été identifié comme le loueur par le propriétaire de la maison où la bombe a été préparée.

Dans ses déclarations, Asef Zaheer met aussi en cause Rizwan Bashir et Adnan Qamar, alias Oussama, alias

---

1. Quelques jours avant l'attentat contre le personnel de la DCN, une tentative d'assassinat contre le président Musharraf avait échoué à cause du dysfonctionnement d'un dispositif de mise à feu par télécommande.

Amir : ils auraient été présents au moment de l'achat de la Toyota. Le matin du 8 mai 2002, Zaheer aurait placé la charge explosive dans le véhicule en présence de Rizwan Bashir, Souhaïl Ahmad, Abdul Smad, du volontaire kamikaze Rashid et d'un certain Abdul Bassit. La Toyota aurait été conduite à proximité du lieu de l'attentat par Rizwan Bashir, accompagné de Rashid qui ne savait pas très bien conduire et ne connaissait pas suffisamment Karachi. Rashid a pris ensuite la place du conducteur et s'est placé contre le flanc droit de l'autobus de la marine pakistanaise. Il était convenu qu'à ce moment il devait connecter les détonateurs à la batterie. Souhaïl Ahmad suivait la Toyota avec sa moto. Abdul Samad était à proximité dans un taxi.

Le 30 juin 2003, Asef Zaheer, Rizwan Bashir et Souhaïl Ahmad ont été condamnés à mort par le président d'une cour spéciale antiterroriste de Karachi, le juge Feroz Mehmood Bhatti. Abdul Samad et Abdul Bassit sont toujours en fuite. Samad est considéré comme le chef du commando. Il serait aussi impliqué dans l'enlèvement et l'exécution du journaliste Daniel Pearl[1].

A ce stade, l'enquête a laissé en suspens une contradiction importante concernant la nature des explosifs. Asef Zaheer a toujours affirmé qu'il avait confectionné les explosifs lui-même, à partir de produits chimiques, alors que les experts américains et français avancent des conclusions différentes. Le laboratoire du FBI qui a réalisé les premiers prélèvements, le jour de l'attentat, a trouvé des traces de RDX. Le laboratoire de police scientifique de la Préfecture de police de Paris, qui s'est rendu à Karachi à partir du 11 mai, a relevé des traces de TNT (tolite), ce qui n'est pas forcément contradictoire, les

1. Voir le chapitre V : « L'impossible traque du cheikh Oussama. »

deux types d'explosifs pouvant être utilisés en même temps, l'un servant d'explosif primaire. Mais ces deux substances sont des explosifs militaires introuvables dans le commerce, ce qui renvoie à de possibles connexions entre les exécutants de l'attentat et des services spécialisés. Cette divergence entre les analyses franco-américaine et la thèse pakistanaise d'une bombe artisanale est capitale. Pourquoi Asef Zaheer a-t-il menti sur la nature de l'explosif ? La question détermine la clé de l'enquête. En effet, la découverte de la vraie nature de l'explosif permet de remonter aux groupes susceptibles de se procurer tel explosif plutôt que tel autre, le type de bombe indiquant le degré de sophistication et de nuisance des organisations impliquées, sinon l'identité des auteurs de l'attentat. Ici, l'on se tourne inévitablement vers l'ISI, les services secrets de l'armée, restés très proches des organisations islamistes. Ce même service est chargé de la coordination des enquêtes concernant les attentats terroristes commis au Pakistan contre des étrangers. En l'occurrence, le chef de l'ISI à Karachi estime que la police a fait du bon travail, mais que le mystère reste entier quant à la différence de nature entre l'explosif décrit par Asef Zaheer et ceux qu'ont découverts les laboratoires français et américain.

Selon l'Intelligence Bureau (IB), service de sécurité civile qui travaille en étroite collaboration avec le Criminal Investigation Department (CID, service de police judiciaire spécialisé), seuls des exécutants ont été jugés et condamnés à mort, et les décideurs courent toujours. Pour le chef de l'IB de Karachi, la cible française a été choisie par Mustapha et Abdul Samad. L'IB a pu encore apprendre que le volontaire Rashid était originaire de Rahim Yal Khan, dans le sud-ouest du Pendjab, où se trouvent des camps d'entraînement du Harakat Ul Jihad Al-Alami, connu pour former des kamikazes. Enfin, le chef de l'IB a ajouté que la plupart des groupes extrémistes pakistanais avaient été formés et manipulés par l'ISI. Il a conclu qu'il était très surprenant que ce service n'ait pu donner à la mission française de meilleures informations.

A Karachi, depuis le début de l'enquête, l'ISI a essayé d'orienter les recherches vers l'ancien propriétaire de la Toyota, alors que l'IB a immédiatement évoqué l'implication d'un personnage plus important, Atta Ur Rehmane, alias Naeem Bukhari, ex-membre d'une organisation islamiste sectaire[1] désormais interdite au Pakistan, le Lashkar-e-Jhangvi. Selon l'IB, Atta Ur Rehmane appartiendrait plus précisément à un groupe dissident de cette organisation, créé par Muhammad Asif, alias Ramsi, le Lashkar-e-Omar, du nom du cheikh Omar, figure emblématique de l'islamisme pakistanais, ancien membre de l'ISI impliqué dans l'enlèvement et l'exécution de Daniel Pearl.

Les photographies d'Atta Ur Rehmane et de Muhammad Asif ont été présentées, parmi d'autres, à l'ancien propriétaire de la Toyota, qui a déclaré que ces individus ressemblaient effectivement à deux des acheteurs. De la même manière, l'IB a pu établir qu'un dénommé Hussein Dildar, autre activiste connu pour sa proximité avec l'ISI, pourrait être le troisième acheteur. Ces informations ont été confirmées par le témoignage d'un activiste du Lashkar-e-Jhangvi, Muhammad Umer, arrêté en mai 2002,

1. Les organisations terroristes sectaires s'attaquent aux membres de la communauté chi'ite pakistanaise. De nombreux médecins ont été assassinés par ces organisations durant le premier semestre 2002. Le 4 juillet 2003, au moment de la grande prière hebdomadaire, un attentat suicide a tué au moins quarante-cinq musulmans chi'ites qui se trouvaient dans la mosquée de Quetta (sud-ouest du Pakistan, près de la frontière afghane).

quelques jours avant l'attentat contre les techniciens de la DCN, dans le cadre d'une opération préventive visant une douzaine d'activistes. Des armes (grenades et détonateurs) et quatre-vingts kilos d'explosif avaient été saisis durant la perquisition effectuée au domicile d'Umer. Formé lui aussi dans des camps afghans, Umer s'était spécialisé dans la confection et le déclenchement d'engins explosifs. Il avait rapidement confessé sa participation à plusieurs assassinats sectaires, et aurait déclaré qu'Atta Ur Rehmane était en contact avec des « Arabes » vétérans d'Afghanistan, ceux-là mêmes qui auraient formé les activistes du Lashkar-e-Jhangvi à l'utilisation d'engins explosifs.

Le Lashkar-e-Jhangvi aurait changé de stratégie sous l'influence de ces instructeurs arabes, réfugiés à Karachi depuis leur départ forcé d'Afghanistan après les bombardements de Tora Bora en 2001. Les cibles prioritaires de l'organisation ne seraient plus les chi'ites pakistanais, mais les Américains et, plus largement, les Occidentaux, en représailles à la campagne menée contre les Taliban d'Afghanistan. Ces déclarations d'Umer confortent la piste que l'IB évoque depuis le début de l'enquête malgré les dénégations de l'ISI, qui semble tout faire pour protéger les activistes du Lashkar-e-Jhangvi.

Le 17 juin 2002, les arrestations par le CID à Karachi d'Atta Ur Rehmane et d'Akram Lahori, le numéro deux du Lashkar-e-Jhangvi [1], annoncées par la presse et confirmées par l'IB, pourraient relancer l'enquête. « Mais la police de Karachi et l'ISI demeurent très réticents lorsqu'ils évoquent l'implication d'Atta Ur Rehmane dans

1. Le chef de l'organisation, Riaz Basra, a été abattu fin 2002 par les forces de l'ordre pakistanaises, dans des circonstances mal définies, alors qu'il se trouvait en détention depuis plusieurs mois.

l'attentat du 8 mai 2002 », nous explique un responsable de la DGSE française. « Ils attendent, disent-ils, des aveux circonstanciés avant de se prononcer. » L'IB, premier service à avoir évoqué la piste du Lashkar-e-Jhangvi dès les premiers jours de l'enquête, est beaucoup plus enthousiaste et envisage même l'hypothèse selon laquelle Atta Ur Rehmane et son groupe pourraient être à l'origine de l'assassinat de Daniel Pearl, de l'attentat du 8 mai 2002 et de celui du 4 juin contre le consulat général des Etats-Unis.

Comme on a pu le constater à maintes reprises, et malgré les dénégations répétées des autorités locales, le Pakistan, Etat théocratique atypique aux frontières flottantes, demeure l'épicentre des réseaux transnationaux de l'islamisme radical. C'est depuis cet épicentre, et plus précisément depuis le chaudron de la métropole portuaire de Karachi, que les réseaux du radicalisme salafiste se sont reconfigurés et réorientés à partir du printemps 2002 en direction de la Tchétchénie, du Caucase et plus largement de l'Asie centrale. Le groupe de travail OTAN-Russie sur l'évaluation de la menace terroriste dans la région Euro-Atlantique a produit, en juillet 2003, un rapport qui expose les risques de convergence entre les rescapés de la mouvance Ben Laden, leurs parrains pakistanais, le Mouvement islamique d'Ouzbékistan (MIO) et le Hizb-ul-Tahrir.

Le champ géographique de l'étude englobe cinq pays : le Kazakhstan, l'Ouzbékistan, le Kirghizistan, le Tadjikistan et le Turkménistan. La première partie du document décrit précisément les facteurs endogènes, essentiellement socioéconomiques, propices à l'émergence d'un « terrorisme indigène », avant d'analyser la situation pays par pays. Suivent des explications très argumentées concernant les facteurs exogènes à la montée du radicalisme salafiste, au nombre desquels l'apport logistique afghano-pakistanais et l'intervention d'ONG wahhabites, la plupart financées par l'Arabie Saoudite. Si les principaux risques de déstabilisation régionale proviennent des conditions économiques, politiques et sociales internes à ces pays, les revenus provenant du trafic de la drogue en Afghanistan, de ses débouchés pakistanais et des ONG étrangères amplifient la menace d'une talibanisation de la région.

Par ailleurs, durant l'automne 2002, les services russes ont mené une opération à grande échelle conduisant à l'interpellation de cent vingt personnes et au maintien en détention de douze d'entre elles, principalement des ressortissants de l'Ouzbékistan, du Tadjikistan et du Kirghizistan, sous l'accusation de possession d'explosifs et de documents de propagande appelant à la création d'un Califat en Asie centrale. L'enquête accrédite elle aussi la réalité d'une menace évolutive et l'intérêt nouveau du Hizb-ul-Tahrir, jusqu'ici pacifique, pour le développement d'activités militaires : des connexions commencent à apparaître entre ce mouvement et des transfuges afghano-pakistanais, et il s'efforce d'établir des échanges avec le Turkménistan et certaines communautés musulmanes de Chine. Par ailleurs, le Mouvement islamique d'Ouzbékistan (MIO) est nommément accusé de consolider ses bases locales, tout en élargissant sa zone d'influence aux pays voisins.

Lors d'une intervention à la Brookings Institution de Washington le 12 mai 2003, le juge antiterroriste français Jean-Louis Bruguière parvient à une conclusion similaire, insistant sur les effets de la guerre en Tchétchénie : « Dernier territoire du jihad qui avait déjà attiré un grand nombre de moudjahidin précédemment entraînés dans les camps d'Afghanistan, la Tchétchénie est devenue, après le 11 septembre 2001, le dernier champ de confrontation ouvert entre musulmans et non-musulmans (...) Liée à travers l'état-major général des Taliban à la milice armée dirigée par Chamil Bassaïev et au Mouvement islamique d'Ouzbékistan (MIO), la mouvance Ben Laden a étendu son influence à toute la région du Caucase. Les islamistes radicaux, basés à Londres, ont fourni à l'émir Khattab, aujourd'hui remplacé par le Saoudien Al-Ghamidi, nouveau chef des commandos tchétchènes, des équipements militaires et informatiques. »

Cette évolution restreint passablement la marge de manœuvre du gouvernement indépendantiste de Mashadov, pris en tenaille entre la non-reconnaissance de Moscou et le mouvement de Bassaïev, dont l'emprise est en train de gagner toute la Tchétchénie. La prise d'otages du 23 octobre 2002 à Mocou et le double attentat suicide du 6 juillet 2003 lors d'un festival de rock à l'aérodrome de Touchino, au nord-ouest de la capitale russe, confirment la talibanisation de la guerre tchétchène, que l'on ne peut plus considérer seulement comme une question de sécurité intérieure russe. « Ce phénomène de talibanisation », ajoute Jean-Louis Bruguière, « se répand dans l'ensemble du Caucase. Et la Tchétchénie n'est pas la seule à être contaminée, car la Géorgie, l'Ossétie du Sud, l'Azerbaïdjan et le Daghestan sont aussi concernés. Le tropisme tchétchène a impliqué dans cette partie du Caucase de nombreux réseaux islamistes européens, certains d'entre eux étant coordonnés depuis Londres, autour de l'émir Abou Qatada (...) De telles organisations peuvent opérer non seulement en Europe, mais aussi à l'extérieur du territoire européen, en particulier en Amérique du Nord, où des réseaux existent comme cela a été démontré avec l'affaire Ressam en décembre 1999. »

D'autres régions sont aussi particulièrement sensibles, comme la Corne de l'Afrique. Le double attentat du 30 novembre 2002 à Mombasa a été revendiqué par un porte-parole de la mouvance Ben Laden. Un message vocal, diffusé le 8 décembre 2002 sur un site Internet baptisé Jihad-Online, appelle tous les musulmans du monde à mener une guerre sans merci contre « l'alliance judéo-croisée ». Le vocabulaire n'est pas nouveau et reprend les termes du communiqué du Front islamique mondial, signé par Oussama Ben Laden le 23 février 1998, mais ce message est le premier à appeler explicitement à la guerre sainte contre les « croisés », et plus gobalement contre tous les infidèles, conformément à l'idéologie salafiste qui oppose musulmans et non-musulmans. Marquant une volonté de globalisation du jihad, le message souligne que « les musulmans sont désormais en bien meilleure position pour porter des coups contre l'alliance oppressive ».

Installés au Kenya depuis de nombreuses années, les services secrets israéliens ont aussitôt orienté leurs investigations vers les connexions affairo-islamistes reliant la Corne de l'Afrique à l'océan Indien et à l'Asie du Sud-Est – connexions qui se superposent aux vieilles routes maritimes de la grande expansion de l'islam au XIVe siècle, qui vit la multiplication des comptoirs commerciaux dans cette partie du monde. Cette progression de la menace terroriste par des routes maritimes ancestrales dessine une nouvelle carte où Karachi joue un rôle central, de même que le port de Dubaï et la poussière d'archipels commune aux eaux territoriales malaisiennes, philippines et indonésiennes. Elle met en scène des acteurs nomades, comme les grandes dynasties marchandes de l'océan Indien et les marins somaliens.

Abandonnée à ses guerres intestines depuis la chute du dictateur Siad Barré en 1991, la Somalie s'est enfoncée dans le chaos, entraînant la région dans une espèce d'oubli et d'abandon généralisés. « En fait de terrorisme, la capacité de nuisance de la diaspora somalienne s'inscrit surtout en creux, en l'absence d'Etat dans le pays d'origine. La criminalisation du migrant se lit à deux niveaux : analytique, par l'interférence de réseaux mafieux et islamistes ; fantasmatique, par les stigmates liés à un "syndrome du tzigane" qui font du Somali un tueur-né, un trafiquant contrebandier, un faussaire ou un drogué en puissance, d'autre part[1]. »

En dépit de la criminalisation hâtive dont furent victimes certains acteurs somaliens, notamment financiers, après le 11 septembre 2001, il n'en reste pas moins que les multiples et vaines tentatives de restauration des structures étatiques en Somalie s'accompagnent d'un banditisme multiforme qui a des répercussions sur l'ensemble de la Corne de l'Afrique. Non seulement des activistes somaliens sont impliqués dans le double attentat de Mombasa, mais leurs relais, qui servent aussi au trafic du qat, sont également les têtes de pont des filières de contrebandiers qui écument toute la zone sahélienne.

En épousant les circuits d'influence des organisations islamistes locales, par l'intermédiaire notamment des Almajirai, étudiants coraniques itinérants, ces contrebandiers sahéliens sont parvenus à ouvrir des routes qui qua-

1. Marc-Antoine Pérouse de Montclos, *Diaspora et Terrorisme,* Presses de Sciences-Po, décembre 2002.

drillent une grande partie de l'Afrique subsaharienne, entre Mauritanie, Nigeria, Niger, Mali et Algérie du Sud. L'épicentre de cet espace islamo-affairiste n'est autre que Kano, la grande ville du nord du Nigeria. Au cœur du pays haoussa, Kano est une ville très ancienne qui, à la différence d'autres cités précoloniales de la zone sahélienne comme Zaria, Tombouctou, Gao ou Djenné, n'a pas connu de déclin. Avec ses quelque deux millions d'habitants, elle demeure l'agglomération et la place commerciale la plus importante du Nigeria septentrional. Elle incarne aussi la dissidence sociale haoussa, refusant d'accorder ses suffrages au parti gouvernemental de l'aristocratie peule. L'islam y a fait son apparition au début du XIVe siècle, avec la désintégration de l'empire du Mali, lorsque savants et marchands commencèrent à venir prêcher en pays haoussa.

Avec la fragmentation de la Fédération au début de la guerre du Biafra en 1967, et la naissance de l'Etat de Kano en 1976, le découpage administratif a eu des conséquences variées. Kano s'est tournée vers le Nord, tout en ouvrant de nouveaux débouchés au commerce transsaharien, notamment vers l'Atlantique et, plus précisément, le Sénégal. A l'influence de ces nouvelles routes, il faut ajouter au début des années quatre-vingt l'afflux des « plus déshérités des déshérités », fuyant le désert et les conflits tribaux. En juin 2000, plus d'un million de personnes assistent à la proclamation de l'adoption de la charia, qui marque une étape supplémentaire dans le conflit avec le pouvoir central du président Olusegun Obasanjo.

La confrérie des Frères musulmans et de grands bailleurs de fonds saoudiens ont ouvert à Kano de nombreuses écoles coraniques, qui diffusent la doctrine salafiste et nourrissent les rangs de la très radicale société des étudiants musulmans. Son aile la plus extrémiste, la

Dawa'a, affiche ostensiblement des relations étroites et constantes avec les milieux d'affaires de Jeddah et Riyad. C'est notamment avec la Dawa'a que le contrebandier algérien Mokhtar Belmokhtar a organisé l'enlèvement d'une trentaine de touristes européens, disparus dans le Sud algérien en février 2003. Si ces enlèvements d'infidèles sont à mettre davantage au compte d'un banditisme cherchant la rançon que d'une idéologie jihadiste à proprement parler, ils témoignent de la réalité d'activités commercialo-criminelles communautaristes, encouragées et légitimées par les écoles salafistes de Kano.

Cet enchevêtrement d'affairisme mafieux et de prosélytisme salafiste, qui revendique volontiers la paternité symbolique d'Oussama Ben Laden, fait craindre des opérations plus violentes susceptibles d'être perpétrées contre les intérêts occidentaux de la région, sans distinction d'appartenance nationale. Kano, épicentre des réseaux affairo-islamistes de l'Afrique sahélienne, Kano que les responsables locaux du contre-terrorisme ont baptisée « la Karachi des sables », a non seulement basculé dans la spirale des violences ethnico-religieuses, mais est surtout devenue un carrefour criminogène, susceptible de servir de tête de pont à des opérations de déstabilisation pouvant viser l'ensemble de l'Afrique subsaharienne, jusqu'aux côtes atlantiques de la Mauritanie et du Sénégal. Les services de sécurité sénégalais sont particulièrement préoccupés par la sécurisation des grandes infrastructures touristiques.

C'est précisément par le Sénégal que le président américain a commencé, le 8 juillet 2003, une tournée africaine qui l'a amené ensuite en Afrique du Sud, au Botswana, en Ouganda, puis au Nigeria le 12 juillet. A Dakar, outre le président Abdoulaye Wade, George Bush a rencontré sept chefs d'Etat de l'Afrique de l'Ouest (Niger, Mali, Sierra Leone, Cap-Vert, Ghana, Bénin, Gambie). Le Pentagone est en discussion avec chacun de ces pays pour obtenir l'accès à des bases aériennes qui ne seraient pas occupées en permanence, mais utilisables en cas de besoin. Des accords de ravitaillement en carburant pour l'armée de l'air et des troupes au sol sont aussi en cours de négociation avec le Sénégal et l'Ouganda. Commandant des forces américaines et des forces de l'OTAN en Europe, le général James Jones, dont la responsabilité s'étend également à l'Afrique, s'est dit très préoccupé par le fait que « de vastes zones sans contrôle et sans gouvernement puissent devenir des refuges potentiels pour des activités terroristes [1] ».

Parallèlement aux questions sécuritaires, le pétrole constitue le fil rouge de ce périple africain, George Bush voulant faire passer à 25 % la part des importations pétrolières en provenance d'Afrique d'ici à 2020. Et, sur ce chapitre encore moins que sur les autres, il n'est question de morale, de droits de l'homme ou de sécurité. Les Etats-Unis sont devenus, par exemple, le premier partenaire de la Guinée-Equatoriale, bientôt troisième producteur devant le Nigeria et l'Angola, et aussi l'un des régimes les plus brutaux et les plus ubuesques du continent. Ce qui importe avant tout pour les Etats-Unis, comme l'a prouvé la guerre en Irak, c'est de sécuriser leurs approvisionnements énergétiques, donc de privilégier l'Afrique utile, celle du golfe de Guinée, qui va du Nigeria à l'Angola.

De l'Asie centrale à l'Afrique sahélienne en passant par la Corne et l'Asie du Sud-Est, ces différents épi-

1. *New York Times* du 5 juillet 2003.

centres, qu'il faudrait explorer de manière beaucoup plus serrée et approfondie, appellent trois remarques provisoires : l'« organisation » Al-Qaïda n'existe pas, mais coiffe de multiples réseaux plus ou moins directement connectés ; la riposte militaire américaine n'est pas adéquate à la menace ; l'arrogance technologique empêche toute analyse précise de cette menace composite et multiforme. « Le 11 septembre à peine passé, l'exécutif américain passe ainsi directement à la traque, sans phase préalable de diagnostic. Il réagit par un déchaînement de violence et de technologie. A l'aveuglette, ses bombardiers déversent sur l'Afghanistan des milliers de tonnes de bombes. Six mois plus tard, les commanditaires de l'opération s'avisent que ce déluge de feu a peut-être écrasé la fourmilière, mais pas vraiment gêné des fourmis qui, entre-temps, se sont dispersées partout [1]... » Là où il aurait fallu privilégier des moyens humains afin d'étudier, d'infiltrer et de neutraliser des réseaux en perpétuelle recomposition, la riposte militaire a conforté, sinon amplifié, le mal qu'elle prétendait combattre et anéantir.

Pour justifier ses objectifs, le plus souvent aux antipodes du maintien de la paix comme on l'a vu en Irak, la guerre sans fin avait besoin d'Al-Qaïda, superbe invention médiatique, griffe de haute couture sécuritaire, affiche consensuelle pour chasseurs de primes d'un autre âge, propagande grossière mais efficace. Depuis le 11 septembre 2001, le label Al-Qaïda a subrepticement glissé de la désignation d'une bande de malfaiteurs dont Ben Laden était le chef à celle d'une organisation high-tech, puis, enfin, à la qualification d'un réseau pla-

1. Xavier Raufer : « Du chaos au nomos », note du département de recherche sur les menaces criminelles. Université Panthéon-Assas (Paris II), juin 2003.

nétaire de type network : Al-Qaïda s'est CNNisée, comme la chaîne Al-Jazeera qui sert sa communication. Al-Qaïda est partout, donc nulle part. Tel l'imam caché, Ben Laden, à la fois mort et vivant, est derrière chaque explosion de bombe inexpliquée. Son organisation est là pour donner sens à tous les désordres du monde.

Etre ainsi confronté à une organisation qui procède du fantasme pyramidal est rassurant. « La pyramide impose son ordre. L'efficacité naît de la hiérarchie. Ce schéma infiltre l'ensemble des structures sociales. Le modèle dominant marque de son sceau toute organisation. Il couvre de son ombre le champ organisationnel. Pyramide familiale, militaire, syndicale, politique. L'organigramme se coule dans le moule pyramidal. La pyramide assure sa survie en introduisant à travers les organisations un processus de dévoilement progressif. Pour et par l'organisation, rien n'est jamais accessible dans la totalité et l'immédiateté. Tout passe par l'initiation progressive[1]. » Ainsi de la guerre sans fin et de ses rituels militaires démultipliés : le fantasme pyramidal est l'inverse absolu de la réalité rhizomorphique du terrorisme.

L'invention d'une « organisation » Al-Qaïda aura servi d'alibi à Washington pour se réinstaller durablement dans la Corne de l'Afrique. A la suite des attaques contre les ambassades américaines de Nairobi et Dar es-Salaam en août 1998, et surtout après le 11 septembre 2001, le port de Djibouti a vu débarquer une cohorte antiterroriste de soldats américains, allemands et espagnols. Avec 2 800 soldats, Djibouti reste pourtant la plus grande base française à l'étranger. Mais l'arrivée de 1 500 marines installés au

1. Yves Stourdzé, *Organisation, antiorganisation*, Editions Mame, septembre 1973.

Camp Lemonier, une ancienne base de la Légion étrangère, remet en cause, à terme, cette situation et fait monter les prix. De passage à Djibouti en décembre 2002, Donald Rumsfeld a reconnu que les Etats-Unis allaient probablement s'y maintenir pendant plusieurs années, parce que « Djibouti est un bon endroit pour avoir un point de vue rayonnant sur toute la zone ».

Au printemps 2003, le général Tommy Franks, chef des forces américano-britanniques engagées en Irak, a fait une tournée en Ethiopie et en Erythrée, voisines de Djibouti. Washington a même embauché un Ethiopien d'origine tigréenne comme conseiller à la sécurité pour toute la Corne, et un projet top secret prévoit de transformer le port nord-somalien de Bossaso en base aéronavale américaine. S'est ainsi constitué, le long de la mer Rouge, un chapelet de pays qui relaie la présence anglo-américaine en Irak, mais surtout assure à Washington et à son allié israélien un débouché stratégique sur le golfe d'Aden. Ce contrôle du détroit de Bab-el-Mandeb inclut non seulement la Corne et le Yémen, mais aussi l'accès à la région des grands lacs par le verrou soudanais – un Soudan trait d'union entre la Corne et l'Afrique subsaharienne, un Soudan aux perspectives pétrolières très prometteuses.

La chasse à Ben Laden et Al-Qaïda a justifié le redéploiement le plus important de l'armée américaine depuis la fin de la guerre froide. On a vu comment, en avril 2003, le chef du Pentagone Donald Rumsfeld a annoncé le départ des 10 000 hommes et des 200 avions de la base Prince Sultan, au sud de Riyad, pour le nouveau quartier général interarmées de la base d'Al-Udeïd au Qatar [1]. Au

1. Voir le chapitre VIII : « Riyad-Washington, divorce à l'italienne. »

même moment, le général James Jones répétait, après son chef, qu'aux yeux de Washington le centre de gravité de l'Alliance Atlantique devait glisser vers l'est : des bases seront fermées à l'ouest – en particulier en Allemagne et en Italie – et remplacées par des installations allégées en Roumanie, en Bulgarie, en Hongrie, dans les pays Baltes et en Pologne. Il s'agit de passer d'un système de bases permanentes à un prépositionnement articulé sur des unités réduites, flexibles et légères, à l'image de ce que le Centcom a mis en place au Qatar et au Koweït. De plus, le déménagement du siège de l'OTAN de Bruxelles à Varsovie est fortement envisagé, non seulement pour des questions de cohérence logistique, mais aussi pour punir politiquement la Belgique de s'être rangée dans le camp des pays opposés à la guerre en Irak et d'avoir voté une loi de compétence universelle pour les crimes de guerre et crimes contre l'humanité.

Ce redéploiement généralisé des forces américaines dans le monde correspond à la doctrine Rumsfeld, conforté à Washington après la chute de Bagdad. Mais, plutôt qu'une simple conséquence, « cette nouvelle doctrine militaire, qui table sur l'allégement et la rapidité de forces projetables sur n'importe quel théâtre d'opérations extérieures, constituait en fait l'un des principaux buts de la guerre en Irak », explique un haut responsable du Pentagone qui requiert l'anonymat. Légitimée, soulignons-le encore une fois, par l'improbable chasse à Ben Laden, la campagne d'Afghanistan aura permis d'installer trois bases aériennes sur le sol afghan et quatre autres dans le reste de l'Asie centrale, notamment en Ouzbékistan, ainsi qu'un important dispositif terrestre dans le Caucase. Dans le cadre de ce redéploiement planétaire, il faut aussi signaler que l'effectif de 38 000 hommes des forces américaines en Corée du Sud sera réduit et déplacé dans le sud du pays, loin de la zone démilitarisée. Enfin, en construisant deux grandes bases maritimes aux Philippines, le Pentagone entend s'émanciper des infrastructures coréennes et japonaises, afin de disposer d'un commandement intégré pour l'Asie du sud-Est, autonome et relié aux arsenaux stratégiques du Pacifique.

Hormis des enjeux pétroliers récurrents, l'occupation de l'Irak et la guerre sans fin contre la terreur auront été l'occasion, pour Washington, de reconfigurer sa présence militaire dans le monde. Cette géopolitique de la puissance divise, à nouveau, le monde en deux camps : ceux qui soutiennent inconditionnellement Washington et sa vision unipolaire, et ceux qui, partisans du multilatéralisme et de la multipolarité, sont suspectés de mansuétude, sinon de complicité avec l'axe du mal. Le fait est capital : une nouvelle guerre froide s'installe progressivement, selon les règles fixées par Washington. Ainsi depuis les attentats du 11 septembre 2001, l'exécutif américain impose-t-il sa vision de l'avenir du monde au reste de la planète. Au péril terroriste, il ajoute désormais la menace polymorphe de la prolifération des armes de destruction massive. Entre les deux, il établit un continuum, sinon un rapport de causalité ou d'induction. La stratégie de la dissuasion a vécu et les menaces proliférantes sont réelles, certes, mais comme dans le cas d'Al-Qaïda, leurs représentations idéologiques servent prioritairement l'ordre du monde tel que le rêve Washington. Cet ordre du monde s'inscrit dans une filiation infernale : le terroriste, la prolifération et les armes de destruction massive.

CHAPITRE XVI

Le terroriste, la prolifération et les armes de destruction massive

> « Ce qui m'a le plus dégoûté de mes frères, c'est de les voir vivre comme des vers : les vers ne comprennent rien à l'attraction universelle, les hommes à leur bon Dieu, à leurs désirs, à leurs opérations : tout plane sur eux, et ils croient inventer ce qui plane. »
>
> PAUL NIZAN
> (*Aden Arabie*, printemps 1931).

L'avenir de la République islamique d'Iran se joue certainement en Irak, dans le cadre périlleux d'une reconstruction politique incertaine. Dans un premier temps, un accord théoriquement secret parrainé par Washington et Téhéran a permis le retour d'opposants irakiens exilés en Iran et le désarmement des opposants iraniens du Conseil national de la révolution (CNRI), la vitrine politique des moudjahidin du peuple basés en Irak. Mais cette collaboration a rapidement tourné court. Washington a choisi la manière forte en accusant Téhéran d'abriter des terroristes d'Al-Qaïda et de fabriquer la bombe. En demandant à l'Iran d'adhérer au protocole additionnel aux accords de garanties de l'Agence internationale de l'énergie atomique (AIEA), qui prévoit, entre autres mesures, des inspections inopinées, le gouvernement Bush a profité d'un large consensus international (notamment de l'AIEA et de l'Union européenne) pour faire du dossier iranien sa première intervention en matière de non-prolifération après la guerre d'Irak.

A cette demande, réitérée le 9 juillet 2003 à Téhéran par Mohammed el-Baradeï, le patron de l'AIEA, l'Iran ne répond pas négativement, mais réclame l'aide des pays occidentaux pour continuer à développer son programme nucléaire civil avant de signer le protocole additionnel. Amorcé du temps du Chah, ajourné après l'instauration de la République islamique en 1979, le programme nucléaire iranien a été relancé au milieu des années quatre-vingt dans un contexte de prolifération dans les pays voisins : Union soviétique, Pakistan, Irak et Israël.

Le programme d'enrichissement de l'uranium par centrifugation est en cours de développement. Il devra ensuite être réalisé à grande échelle pour produire une quantité significative d'uranium destiné à un usage militaire, voire de qualité « armes [1] ». Cela pourrait permettre à Téhéran de disposer de suffisamment de matière fissile pour réaliser une première arme atomique en 2005.

Cependant, les experts considèrent cette éventualité comme peu probable dans un délai aussi court, en raison du faible savoir-faire industriel de l'Iran, tandis que les opposants du CNRI à Téhéran continuent à fournir à Washington des informations beaucoup plus alarmistes. Inscrite sur la liste des groupes terroristes du Départe-

1. On entend par là un uranium enrichi à 90 % ou au-delà.

ment d'Etat américain, l'organisation des Moudjahidin du peuple a disposé pourtant d'une représentation à Washington, à un jet de pierre de la Maison-Blanche, et du soutien d'une partie du Congrès jusqu'à la fin août 2003, avant d'être finalement interdite.

Evidemment, Téhéran récuse les accusations des Moudjahidin du peuple relayées par l'administration Bush, et répond que la question de la prolifération ne concerne pas seulement l'Iran, mais tous les pays de la zone proche-orientale et en premier lieu Israël. Là-dessus circule à Washington un document confidentiel du Pentagone, classé « très, très secret », en quatre rubriques :

Premièrement, le potentiel nucléaire : Israël dispose d'un arsenal nucléaire composé de cinquante à cent armes de première et, probablement, de deuxième génération. Cet armement est produit au centre nucléaire de Dimona, qui dispose d'une unité de traitement du plutonium.

Deuxièmement, le potentiel biologique : Israël possède la technique et les moyens nécessaires pour produire des armes de guerre biologiques sous couvert d'un programme défensif.

Troisièmement, le potentiel chimique : Israël est capable de produire des armes chimiques de tous types. Ce programme a démarré dès les années soixante.

Quatrièmement, le potentiel balistique : Tel-Aviv dispose des infrastructures nécessaires au développement et à la production de missiles de moyenne portée – de type Jericho 1 (500 à 1 500 kilomètres).

Enfin, ajoute le document du Pentagone, Israël dispose d'un arsenal de missiles capables d'opérer des frappes significatives « anti-cités » et « anti-forces » dans toute la région proche-orientale. Et, maîtrisant la technologie des lanceurs spatiaux, Israël est en mesure de produire des missiles de plus longue portée : c'est le programme baptisé Jericho 2 et Jericho 3, qui concerne les portées de 1 500 à 4 500 kilomètres. En 1995, les Etats qui avaient ratifié le Traité de non-prolifération nucléaire (TNP) – et c'est le cas de l'Iran – avaient demandé que le Proche-Orient, dans sa totalité, devienne une zone sans armes de destruction massive. Le principal obstacle à la réalisation de cet objectif reste le refus d'Israël de signer le traité. De même, Tel-Aviv n'a pas ratifié la convention d'interdiction des armements chimiques, alors que Téhéran l'a fait. L'Iran est en effet membre de l'Organisation de l'interdiction des armements chimiques (OIAC).

Quoi qu'il en soit, le directeur de l'Agence internationale de l'énergie atomique a quitté Téhéran le 9 juillet 2003 avec la promesse d'une poursuite des discussions. « Nous n'avons pas abordé la question d'un calendrier pour la signature du protocole additionnel, mais nous nous sommes mis d'accord pour envoyer un groupe d'experts discuter avec les Iraniens des questions sur lesquelles ils réclament une clarification », a expliqué Mohammed el-Baradeï lors d'une conférence de presse avec Gholamreza Aghazadeh, le président de l'Organisation iranienne de l'énergie atomique (OIEA). « J'espère que, lorsque ces questions seront clarifiées, l'Iran sera en position de signer le protocole additionnel », a conclu le directeur de l'AIEA.

L'action de l'AIEA et de son directeur n'échappe plus désormais à l'attention de la presse internationale. Depuis les attentats du 11 septembre 2001, un sentiment largement répandu consiste à tenir pour un fait acquis la possibilité que des groupes terroristes cherchent à s'emparer d'armes de destruction massive dans les secteurs nucléaire, chimique et biologique. Et les mêmes médias qui, pendant tant d'années, ont observé un mutisme absolu sur la menace salafiste [1] font régulièrement leur une avec les catastrophes terroristes qui nous attendent : empoisonnement des sources d'eau potable et des stocks de nourriture, propagation de bacilles dans les métropoles et multiples variantes d'apocalypse nucléaire. « Il est aisé pour des groupes déterminés et organisés en réseaux de se procurer des armes de toute nature, armes bactériologiques ou matériaux nucléaires provenant du démantèlement des arsenaux soviétiques », estime Irène Stoller, ancien procureur de la 14e section antiterroriste du tribunal de Paris [2], sans donner plus de précisions.

Est-il aussi aisé que cela d'acquérir des armes de destruction massive et de les utiliser ? La question n'atténue pas la menace et doit être posée. On se souvient comment, lors de la bataille de Tora Bora en décembre 2001, les experts en terrorisme décrivaient le quartier général d'Oussama Ben Laden, sorte de bunker high-tech enterré, constitué d'un savant système de galeries bourrées d'informatique et d'armements ultra-sophistiqués. Bref, nous étions en plein James Bond, au moment où le docteur No

1. Voir le chapitre XV : « Al-Qaïda n'existe pas ! » On peut aussi se reporter à l'introduction de l'étude « Le tour du monde des islamistes » concernant la Salafiya, publiée dans le mensuel *L'Histoire* de septembre 1998, soit trois ans avant les attentats du 11 septembre 2001 : « Dans notre société où l'information, la communication, jouent un rôle important, il est frappant de voir comme des entités immenses et dangereuses peuvent passer parfaitement inaperçues – et longtemps, encore. Tel est le cas de la Salafiya, l'un des grands courants islamistes transnationaux avec l'Ikhwan (Frères musulmans) et le Tabligh. Prenez les grands quotidiens anglo-saxons, ceux-là mêmes qui consacrent des pages entières au terrorisme d'Etat iranien, aux attentats du Hamas palestinien : jamais un mot sur le courant salafiste. Au point qu'on doute : ces grands médias savent-ils seulement que la Salafiya existe ? »

2. Irène Stoller, *Procureur à la 14e section,* Michel Lafon, 2003.

est acculé dans ses derniers retranchements. Après avoir déversé des tonnes de bombes sur l'ultime refuge de l'incarnation du mal absolu, sans du reste se soucier le moins du monde des dégâts collatéraux, les forces spéciales américaines et leurs alliés de la Coalition du Nord investissent la caverne d'Ali Baba. Et là, que découvre-t-on ? Un trou à rats sans électricité, abritant quelques caisses de munitions visiblement entreposées à la va-vite. La mère des batailles accouche d'un souriceau. De la même manière que les services de propagande de l'armée américaine avaient fini par convaincre l'opinion, avant la première guerre du Golfe, que l'armée irakienne était la quatrième du monde, on accrédite l'idée que les terroristes possèdent ou sont en passe d'acquérir des armes de destruction massive, ce qui justifie un déploiement militaire hors de proportion pour prendre le refuge de Tora Bora.

« La victoire politique contre le terrorisme ne peut être que préventive, la prévention en matière de terrorisme s'attachant aux causes, et policière, par l'arrestation des assassins pour les mener devant les juges », explique Alain Joxe. « La victoire militaire contre les réseaux du terrorisme comme celui d'Al-Qaïda n'est que symptomatique et limitée dans l'espace-temps, elle ne peut donc être globale [1]. »

Si la production d'armes bactériologiques ou chimiques se contente d'infrastructures légères et de composants facilement accessibles [2], l'usinage d'armes

1. Alain Joxe, « Guerre sans fin, guerre sans paix », *Le Débat stratégique* – lettre du Centre interdisciplinaire de recherche sur la paix et d'études stratégiques (CIRPES), n° 59, novembre-décembre 2001.

2. La dernière fois que des armes de destruction massive ont été utilisées, c'était en 1995, lorsque la secte terroriste Aoum répandit du gaz sarin dans le métro de Tokyo. On dénombra douze morts et plusieurs milliers de blessés. Deux ans auparavant, Aoum avait dispersé des spores d'anthrax dans une rue de Tokyo, mais n'était parvenue à tuer que des oiseaux et des animaux.

atomiques demande des capacités techniques et des installations autrement plus sophistiquées. Le transport et le maniement de l'uranium enrichi nécessitent nombre de précautions, et l'utilisation de telles armes suppose l'existence de vecteurs capables de les « emporter », selon la formule des experts. Difficile dans ces conditions de dissimuler la chaîne de production nécessaire aux moyens classiques d'observation militaire : cet aspect de la question constitue un point clé.

A plusieurs reprises, la menace nucléaire que pourrait représenter la mouvance Ben Laden a donné lieu à des forums extraordinaires, rassemblant les services de renseignement américains, britanniques et français. Lors d'une de ces réunions de crise, la veille de Noël 2001 à Washington, les responsables de la CIA exposent en détail leurs motifs de suspicion et les raisons de leurs craintes quant à la menace nucléaire. Leurs homologues britanniques et français se grattent la tête et leur demandent s'ils disposent d'éléments matériels accréditant ces craintes. Les Américains sont alors très fiers d'exhiber une page détachée d'un cahier à spirale. Le croquis reproduit, comme le fait n'importe quel dictionnaire généraliste, les principes constitutifs élémentaires d'une bombe à fission modèle Hiroshima [1].

Plutôt embarrassés par l'exposé, les officiers britanniques et français demandent à leurs homologues américains s'ils disposent d'autres preuves matérielles attestant qu'Al-Qaïda possède ou est en passe d'acquérir l'arme nucléaire. La réponse de la CIA est négative. Hormis le dessin d'enfant qui vient d'être présenté comme

1. Voir Richard Labévière : *Oussama Bin Laden ou le meurtre du père – Etats-Unis, Arabie Saoudite, Pakistan*, Editions Favre, 2002.

une pièce capitale, l'agence américaine ne dispose pas du moindre indice de la plus petite concentration d'uranium enrichi, ni du moindre relevé d'observation d'une filière de transformation d'uranium. Devant l'étonnement de leurs interlocuteurs, les agents américains expliquent sentencieusement qu'il faut se tenir prêt à toute éventualité.

Parallèlement à cette brillante démonstration, des fuites contrôlées dans la presse américaine laissent entendre que l'Iran pourrait aider les terroristes d'Al-Qaïda dans leur quête atomique. Là encore, on est en pleine fiction et la rumeur tient lieu de preuve. Quel est l'objectif de cette campagne de communication ? Gonfler la menace – une menace d'autant plus redoutable qu'elle est imprécise et donc susceptible de justifier n'importe quelle mesure exceptionnelle. Dans l'immédiat, brandir la menace nucléaire autorise un judicieux glissement sémantique, permettant de passer en douceur des priorités antiterroristes à celles de la prolifération des armes de destruction massive (ADM). Planétaire, la menace terroriste reste diffuse et indéterminée. Tout aussi planétaire, la menace des ADM implique des pays ennemis facilement identifiables.

Passant de l'une à l'autre sans discontinuer et sans sourciller, George Bush dénonce ainsi un nouvel axe du mal lors de son discours sur l'état de l'Union du 29 janvier 2002. Partant de la menace terroriste planétaire, le président américain développe une conception ontologique du mal permettant de ranger sur le même plan l'Irak, l'Iran, la Corée du Nord et Cuba. Il s'agit de préparer l'opinion internationale à la suite de l'offensive militaire, qui ne saurait se cantonner au seul Afghanistan.

Dans la plupart des grandes capitales, ce discours est mal reçu parce qu'il ne correspond pas aux priorités d'une lutte antiterroriste réaliste et efficace. La rhétorique du discours sur l'état de l'Union a le plus grand mal à faire coïncider les priorités américaines avec la cause de la paix et de la sécurité internationales, mais elle prétend le faire en établissant une continuité immédiate entre la menace terroriste et la prolifération d'armes de destruction massive.

Cette confusion d'échelle entre terrorisme et prolifération, et entre intérêts nationaux américains et intérêts de la planète entière, n'est certainement pas innocente et renoue avec les démons de la croisade du bien contre le mal agités par George Bush au lendemain des attentats de New York et de Washington. Le 10 juin 2002, le ministre américain de la Justice John Ashcroft annonce fièrement l'arrestation de José Padilla, un Américain d'origine portoricaine converti à l'islam, accusé d'avoir préparé un attentat terroriste visant la capitale fédérale avec une « bombe sale », c'est-à-dire un engin destiné à diffuser une substance radioactive à partir d'un explosif conventionnel [1]. L'annonce en fanfare de cette arrestation, présentée comme l'une des plus importantes réalisées aux Etats-Unis depuis le 11 septembre 2001, a été minutieusement préparée en duplex, depuis Moscou où se trouve M. Ashcroft, et Washington, comme s'il fallait entériner le nouveau partenariat OTAN-Russie en matière de lutte antiterroriste. L'annonce est tardive, puisque le Taliban portoricain aurait été arrêté dès le 8 mai 2002. De plus, le coup de filet est salué comme le fruit d'« une coopération exemplaire » entre le FBI et la CIA, au moment même où la polémique sur les ratages des deux agences concurrentes bat son plein aux Etats-Unis.

Deux heures – pas plus – après le communiqué triom-

1. Voir le chapitre V : « L'impossible traque du cheikh Oussama. »

phant de John Ashcroft, l'un des porte-parole de la Maison-Blanche apporte des précisions encore plus étonnantes : « Nous n'avons pas d'informations », avoue-t-il, suggérant que la bombe sale incriminée n'a jamais dépassé le stade du projet. Vérifications faites à travers son passé, le petit malfrat de Chicago José Padilla n'avait visiblement pas les capacités intellectuelles ni techniques nécessaires. Ce n'est pas la première fois que l'administration Bush cherche à faire ainsi le lien entre la mouvance Ben Laden et la menace nucléaire.

Ancien porte-parole de l'AIEA, David Kyd nous ramène à la raison : « Avec suffisamment d'argent, un terroriste pourrait théoriquement acheter une bombe à l'une des mafias russes. Mais ce ne doit pas être si facile puisque, pour l'instant, ni Ben Laden, ni aucun autre mouvement, comme la secte japonaise Aoum par exemple, n'a jamais réussi à se procurer une arme atomique. On peut aussi tenter de construire sa bombe. Il faut des ingénieurs de très haut niveau, la matière première nucléaire, au moins huit kilos de plutonium ou vingt-cinq kilos d'uranium hautement enrichi, et les technologies nécessaires pour transformer cette matière première et fabriquer une arme. Quand on constate que certains pays ont dépensé des milliards de dollars pour faire travailler pendant des années des milliers d'ingénieurs et n'y sont toujours pas parvenus, que peut donc espérer Ben Laden caché au fond d'une grotte [1] ? » Bref, la fiction de la bombe sale a fait un flop au moment même où George Bush essayait de remobiliser son opinion, annonçant le remaniement des services secrets américains et la deuxième vague de la guerre contre la terreur en vue des élections législatives américaines de

1. *Le Figaro* du 13 juin 2002.

novembre 2002. Sa nouvelle priorité concernait l'Irak. Il s'agissait, par conséquent, d'accréditer l'idée que ce pays détenait nombre d'armes de destruction massive et surtout qu'il s'apprêtait à les utiliser. On connaît la suite.

Les armes de destruction massive n'ayant toujours pas été localisées en juillet 2003, trois mois après la chute de Bagdad, George Bush et son allié Tony Blair sont accusés de mensonge d'Etat. Le cœur de la polémique est l'affaire de l'uranium nigérien. Le 28 janvier 2003, lors de son discours sur l'état de l'Union, George Bush déclarait : « Le gouvernement britannique a appris que Saddam Hussein a récemment cherché d'importantes quantités d'uranium en Afrique ». Or, le 8 juillet 2003, la Maison-Blanche reconnaissait elle-même qu'il s'agissait d'une information fallacieuse. S'ensuit alors une cacophonie comme on en a rarement vu dans l'administration américaine depuis le début de la crise irakienne. Le patron du Pentagone Donald Rumsfeld maintient que l'information « est techniquement exacte », tandis que la conseillère Condoleezza Rice rejette la faute sur les services secrets britanniques. La polémique traverse l'Atlantique. A Londres, le Premier ministre Tony Blair est lui aussi sommé de s'expliquer, tandis que son ministre des Affaires étrangères Jack Straw maintient la version de « preuves spécifiques » qui n'auraient pas été transmises à Washington. Dans ces conditions, pourquoi les autorités britanniques n'ont-elles pas livré ces éléments essentiels à l'AIEA, conformément aux recommandations de la résolution 1441 de l'ONU, engageant chaque Etat-membre à apporter son aide à l'Agence internationale de l'énergie atomique ? Le très francophobe *Daily Telegraph* rejette la responsabilité sur les services secrets français, citant nommément la DGSE comme étant à l'origine des fausses informations. De son côté, le *Corriere Della Sera* accuse les services italiens, un autre journal de la Péninsule attribuant la manipulation à « l'extrême gauche américaine »...

En France, les milieux du renseignement récusent évidemment ces allégations fantaisistes, et il faut se reporter au *Canard Enchaîné* du 24 décembre 2002 pour apprendre qu'« il y a un an et demi, Washington demandait leur aide aux Français afin de découvrir comment Saddam achetait de l'uranium en République démocratique du Congo (RDC). Aussitôt en action, les services français cherchent et ne trouvent rien. Or voilà que le 18 décembre, Colin Powell, sans avertir ses amis parisiens – petite vacherie – accuse Saddam d'avoir tenté d'obtenir cet uranium au Niger, un Etat avec lequel la France entretient de bonnes et très anciennes relations ». Pour clore provisoirement ce chapitre du mensonge d'Etat, laissons la parole à Zbigniew Brzezinski, qui fut conseiller à la Sécurité nationale du président Jimmy Carter : « La crédibilité des Etats-Unis et de la démocratie américaine sont en jeu. Nous sommes entrés en guerre sur la foi de fausses informations. »

Les 27, 28, 29 et 30 mai 2003, le *Financial Times* publie quatre articles consacrés aux négociations qui ont précédé la guerre en Irak. Ces enquêtes de fond contribuent à démentir l'accusation lancée par Tony Blair selon laquelle la France, annonçant par avance son opposition à une deuxième résolution, n'aurait fait que précipiter la guerre. Le quotidien londonien écrit : « Des personnes bien informées à la Maison-Blanche reconnaissent que l'analyse française est proche de la vérité. Le "moment interne" où le président Bush et ses collaborateurs les plus proches avaient décidé que la guerre était inévitable s'était produit… à la mi-décembre. » Dès lors, souligne le quotidien, tous les efforts des Britanniques pour infléchir la position de Washington étaient voués à l'échec. Le Royaume-Uni était seul à vouloir une deuxième résolution, dont Tony Blair pensait avoir besoin pour sa survie politique.

Le journal financier rappelle que c'est grâce à la France que la résolution 1441 a été adoptée à l'unanimité. Il rappelle également que la France n'avait pas exclu l'option militaire en soi, et relate la façon dont Londres s'est servi d'une interprétation partiale du discours du président français du 10 mars 2003 pour inventer une obstruction française et gagner ainsi des voix cruciales lors du vote aux Communes.

Le *Financial Times* expose aussi sans sympathie la genèse de la « lettre des huit » et de celle des dix, clairement dirigées contre le couple franco-allemand qui irrite certains de ses partenaires européens, comme par exemple l'Espagne. Il rappelle, en particulier, dans quelles circonstances le président Havel a été amené à signer la lettre des huit sans même l'avoir lue, puisqu'il était au théâtre, et le rôle joué par le lobbyiste Bruce Jackson dans la rédaction de la lettre des dix de Vilnius.

Enfin, le journal fait définitivement justice des protestations d'innocence de l'administration Bush : « La Maison-Blanche avait été informée du début à la fin du montage de l'affaire des lettres. » Le journal conclut en relatant l'irritation de la présidence grecque de l'Union européenne et de Javier Solana, apprenant ces initiatives de nature à diviser durablement l'Europe.

Malgré ces manipulations, sur lesquelles reviendront les historiens, on peut essayer de comprendre l'argumentation américaine concernant les armes de destruction massive. Elle n'est pas totalement infondée, même si elle se développe d'une manière différente selon les pays concernés. Le fait est qu'il est temps de tirer les conséquences de la fin de la guerre froide et de l'obsolescence de la dissuasion classique, pour prendre acte de l'échec des politiques de non-prolifération reposant sur les instruments multilatéraux traditionnels. S'il est incontestable que la dernière décennie du XXe siècle s'est caractérisée par une multiplication des accords de désarmement, le début du XXIe siècle est marqué d'immobilisme, sinon d'une certaine régression.

« Pourquoi accepter des régimes de vérification intrusifs et inefficaces ? » écrit Paul Dahan, représentant adjoint de la France auprès de la Conférence du désarmement à Genève. « Cela vaut aussi bien pour les accords déjà conclus (armes chimiques), ou futurs (armes biologiques), domaines dans lesquels ont été rejetés le protocole et les systèmes de vérification. Il est vrai que certains Etats – radicaux du mouvement des non-alignés et Chine – ne sont pas les plus farouches défenseurs des systèmes intrusifs de vérification. Si la décennie écoulée a été celle de la consécration de procédures de vérification crédibles, les années à venir risquent de marquer, au mieux une pause, et, au pire, une érosion, voire une remise en cause. A cet égard, le sort réservé au projet de Protocole à la Convention biologique nous fournit un important élément d'appréciation [1]. »

La négociation d'un Protocole de renforcement de la « Convention sur l'interdiction de la mise au point, de la

1. Paul Dahan : « Au-delà de l'*Arms Control* ? – A la recherche du paradigme perdu », *Annuaire français de relations internationales*, volume III, Bruylant, 2002.

fabrication et du stockage des armes bactériologiques (biologiques) ou à toxines et sur leur destruction », plus connue sous le nom de Convention biologique de 1972, est exemplaire de la problématique désarmement/développement. S'inspirant d'une précédente négociation concernant les armes chimiques, les pays non alignés qui n'avaient pas obtenu satisfaction sur l'aide au développement ont exigé que le renforcement de la Convention porte sur la totalité du texte et notamment sur l'article 10 (coopération et transfert de technologie). Cette logique a abouti à l'impasse, les Etats-Unis se retirant de la négociation en décembre 2001, renvoyant ainsi aux calendes grecques l'aboutissement du régime de vérification de la Convention biologique. Cette décision unilatérale constitue un nouveau mauvais coup porté aux efforts multilatéraux en matière de désarmement.

Pour sortir de cette régression, déjà prononcée avant les attentats du 11 septembre 2001, le seul outil à disposition reste le système de l'*Arms Control*, hérité de la guerre froide et fondé à la fois sur une conception globale de la sécurité et des systèmes régionaux de sécurité. Ainsi, se demandant si la prétention à l'universalité de la norme n'est pas un handicap, et surtout si cette norme n'est pas davantage mise en péril lorsqu'elle fait l'objet d'un déni de la part des pays mêmes qui en ont été les inspirateurs et les promoteurs, Bernard Sitt, directeur chargé des affaires de sécurité internationale au Commissariat à l'énergie atomique (CEA), place l'avenir du Traité de non-prolifération (TNP) « dans un renoncement à son principe d'universalité, à condition qu'existent des normes régionales équivalentes et adaptées aux contextes spécifiques ; et dans la crédibilité de son régime de vérification et de sanctions, parce que le TNP est, entre autres choses, un instrument de protection [1]. »

Ainsi, lors de la réunion ministérielle du G8 de mai 2003, la France a-t-elle proposé de replacer la politique de non-prolifération dans une perspective politique. Celle des pays proliférants qui pensent – à tort ou à raison – que leur sécurité ou leurs ambitions seront mieux servies par la détention de telles armes. Comment reprocher aujourd'hui à l'Iran et à d'autres pays le même choix fait en d'autres temps par les Etats-Unis, la Russie, la Grande-Bretagne, la Chine, la France et Israël ? Cette conception est inséparable de l'analyse des tensions politiques et militaires qui affectent les principales régions en question : l'Asie du Nord, l'Asie du Sud et le Proche-Orient. Il faut donc s'attaquer résolument aux causes profondes de ces tensions et réfléchir à l'évolution des zones concernées vers plus de stabilité, d'insertion et d'ouverture internationales.

Le chef de la diplomatie française Dominique de Villepin explique : « Notre responsabilité collective est d'apporter à la communauté internationale des outils conceptuels et des moyens d'action concrets. Si le dialogue et la persuasion font partie de ces instruments, l'apaisement n'est pas une réponse en lui-même. Nous devons avoir une perception claire de la menace aujourd'hui et d'ici dix ans. Il est un fait qu'une fois les capacités de destruction massive acquises par un pays, il est beaucoup plus difficile de traiter le problème. Une action en amont s'impose. » Dans cette perspective, l'Union

1. Bernard Sitt : « Vers de nouveaux modèles de régimes de non-prolifération », *Annuaire stratégique et militaire 2003*, Fondation pour la recherche stratégique (FRS), Editions Ellipses.

européenne a adopté une stratégie à long terme de lutte contre la prolifération. Celle-ci comporte sept priorités :

1) Renforcer les institutions existantes, en particulier les Nations unies et l'AIEA, qui devrait disposer du budget nécessaire pour ses missions de vérification.

2) Poursuivre l'universalisation et le renforcement des instruments internationaux.

3) Mettre l'accent sur le respect des engagements par un usage dynamique des inspections.

4) Lier l'octroi de certains avantages économiques ou techniques à la mise en œuvre d'engagements de non-prolifération.

5) Pour ce qui concerne les contrôles des exportations, approfondir nos coopérations et créer des législations criminelles nationales pour punir les activités illégales.

6) Apporter aux pays qui renoncent à leurs ADM l'aide financière ou technique dont ils peuvent avoir besoin pour contrôler et détruire ces armes, dans l'esprit d'un partenariat global.

7) Enfin, face aux cas avérés de non-respect des obligations internationales ou de menace caractérisée pour la paix et la sécurité internationales, être prêts à recourir à des mesures de coercition décidées suivant la Charte de l'ONU : sanctions, interceptions, voire usage de la force.

Au cours de la réunion informelle des ministres des Affaires étrangères de l'Union européenne tenue en mai 2003 à Kastellerizo, la question des nouvelles menaces est amplement abordée et débouche, au Conseil européen de Thessalonique, sur un texte d'orientation présenté par Javier Solana. Intitulé « Une Europe sûre dans un monde meilleur », ce document de seize pages comporte trois parties : 1) De nouvelles menaces dans un nouvel environnement ; 2) Objectifs stratégiques ; 3) Implications politiques pour l'Europe.

Parmi les nouvelles menaces, le texte européen précise que « le scénario le plus effrayant est celui où l'on verrait des groupes terroristes acquérir des armes de destruction massive. Ce risque augmentera à mesure que la prolifération se poursuit. Dans cette hypothèse, un petit groupe serait à même d'infliger des dégâts d'une ampleur qui, jusqu'à il y a peu, n'aurait pu être envisagée que pour des Etats ou des armées. Dans ce cas, la dissuasion n'aboutirait à rien. Les progrès réalisés dans le domaine des sciences biologiques peuvent, dans les années à venir, augmenter la puissance des armes biologiques ; les attaques au moyen de matières chimiques et radiologiques constituent également une possibilité sérieuse. » La conclusion de cette première partie relève « le fait que la conjugaison de tous ces éléments – un terrorisme fermement résolu à user d'une violence maximale, la possibilité d'avoir accès à des armes de destruction massive et la déliquescence de systèmes étatiques – pourrait nous exposer à une menace extrêmement sérieuse ».

Les objectifs stratégiques qui suivent estiment que l'effort devra porter sur les pays où se situera souvent la première ligne de défense : « Nous devons faire bénéficier nos futurs voisins orientaux (l'Ukraine, la Moldova et le Bélarus) des avantages de la coopération économique et politique, tout en apportant une solution aux problèmes politiques que connaissent ces pays. Nous devrions porter un intérêt plus grand aux problèmes du Caucase du Sud qui, le moment venu, constituera également une région voisine. »

Ces orientations relativement techniques nécessitent une interprétation politique, qui devra souligner et affirmer le poids de l'Union européenne comme acteur global dans les affaires du monde. Cette priorité exige la consolidation d'une approche multilatérale et le renforcement de la politique européenne de sécurité et de défense. Sur les plans de la lutte antiterroriste et de la non-prolifération, une stratégie spécifiquement européenne, reprenant les points précédemment notés, devra se concrétiser sur le terrain.

Pour s'émanciper de la conception idéologique qui prévaut depuis les attentats du 11 septembre 2001, instaurant une continuité automatique entre le terroriste, la prolifération et les armes de destruction massive, l'interprétation politique fondée sur la notion de responsabilité collective nécessite la mise en chantier d'une relation transatlantique nouvelle. La question, surtout après la dernière guerre d'Irak, est bien d'éclaircir la nature de notre relation avec l'hyperpuissance américaine. Cet éclaircissement devrait instaurer un partenariat préférant le dialogue à l'alignement, et même une nouvelle conception du non-alignement. Le dialogue entre l'Union européenne, ses Etats membres et les Etats-Unis ne peut être confiné aux enceintes de l'OTAN.

Comme l'a rappelé à maintes reprises durant la crise irakienne le chef de la diplomatie française Dominique de Villepin : « A aucun moment, il ne s'est agi de créer une Europe qui s'oppose aux Etats-Unis. Mais l'Europe aujourd'hui représente une grande puissance économique et culturelle. Elle doit désormais devenir un acteur majeur de la scène internationale. Elle ne doit pas le faire contre quiconque, mais au service d'une grande ambition de paix et de prospérité. Elle ne peut le faire qu'en étant fidèle à elle-même, forte de son identité et riche de sa diversité [1]. »

1. Dominique de Villepin, *Le Figaro* du 10 juillet 2003.

Cette conception politique induit non seulement une certaine idée de l'Europe, mais aussi du monde. La question est de savoir de quel monde nous voulons. Celui de la « World Company », dirigé de manière unipolaire par l'hyperpuissance américaine, ou bien celui régi par un contrat négocié entre ses différents acteurs : le monde multipolaire, ou au moins multilatéral, qui fait tant horreur aux faucons de Washington ?

CONCLUSION

Bon anniversaire, George !

« Mon opinion est que nous sommes en guerre, en guerre mondiale contre la terreur, et que ceux qui ne sont pas d'accord avec cela sont pour la plupart des terroristes. »

DONALD RUMSFELD,
secrétaire américain à la Défense
(le 1er juillet 2003).

Après neuf mois d'enquête et d'auditions, une commission spéciale du Sénat américain et de la Chambre des représentants a terminé un rapport de neuf cents pages sur les erreurs et les fautes commises avant les attentats du 11 septembre 2001. Pendant six mois, les parlementaires américains ont négocié pied à pied avec l'exécutif la levée du secret sur les passages qui ont été rendus publics le 24 juillet 2003. Un chapitre de vingt-huit pages consacré au rôle de l'Arabie Saoudite dans le financement de la mouvance Ben Laden est resté secret. Certaines informations mettent en évidence l'implication, sinon la complicité de plusieurs sociétés américaines dans ce financement[1]. La crainte de voir exploser le Ben-Ladengate est vive, dans cette période où s'ouvre la campagne pour l'élection présidentielle de 2004 où George Bush briguera un deuxième mandat.

Par ailleurs, le rapport attaque sévèrement la CIA, qui n'a pas suffisamment pris en compte les avertissements des autres agences de renseignement et de sécurité. L'une des conclusions les plus importantes est accablante pour l'administration Bush : elle a été prévenue au cours de l'été 2001 que la mouvance Ben Laden préparait « une attaque spectaculaire contre les Etats-Unis » et s'entraînait à détourner des avions de ligne. Non seulement le directeur de la CIA George Tenet est toujours en place et aucun des responsables de la sécurité n'a été limogé, mais le président américain n'a cessé de mettre en avant les informations de ses services de renseignement pour justifier sa politique étrangère. Quelques jours avant le déclenchement de la dernière guerre contre l'Irak, George Bush réaffirme à plusieurs reprises, au cours d'une conférence de presse à la Maison-Blanche, que Saddam Hussein entretient des liens avérés avec Oussama Ben Laden et Al-Qaïda. Aucun des seize journalistes présents ne lui pose de question sur la nature de ces liens.

Passant allègrement de mensonges ordinaires en mensonges d'Etat, l'administration Bush a basculé dans l'engrenage d'une manipulation de la peur, manipulation typique des régimes totalitaires. Conseillé par les faucons du Pentagone, le président américain a pris la responsabilité de faire entrer l'une des plus grandes démocraties

1. Voir les chapitres VI et IX : « Les dollars de la terreur en fuite » et « En attendant le Ben-Ladengate. »

du monde dans l'enfer mental de la pratique totalitaire, telle que la décrit George Orwell dans *1984* : « 2 + 2 = 5 » – l'équation de la falsification médiatique de masse. « Le président a trouvé dans les actes criminels du 11 septembre non seulement la raison d'être qui avait manqué jusqu'alors à son administration, mais un levier qu'il a pu utiliser pour accroître sa puissance et celle de son pays. Il suffisait pour cela, premièrement, de proclamer que l'Amérique était en guerre – ce que les autres sociétés attaquées par les terroristes n'ont pas fait –, deuxièmement, d'étendre cette guerre aux Etats (comme l'Afghanistan) qui aidaient les groupes terroristes ou leur donnaient asile, troisièmement, de soutenir qu'il y avait des rapports intimes entre les terroristes islamistes et les "Etats voyous" tels que l'Irak et l'Iran, qui multipliaient leurs efforts pour obtenir ou pour produire des armes de destruction massive [1] ».

Début juillet 2003 à Washington, les questions commencent à émerger. Les jours de George Tenet semblent désormais comptés, affirme-t-on dans les couloirs du Congrès ; et, parfois, ce sont même les républicains qui demandent sa tête pour tenter de stopper la crise avant qu'elle ne se transforme en un CIAgate qui pourrait faire vaciller la Maison-Blanche. Cette situation critique de la centrale de renseignement, comme les contradictions de plus en plus manifestes dans les déclarations du gouvernement, suscitent une certaine émotion à Washington où – rappelons-le – Zbigniew Brzezinski, l'ancien conseiller du président Carter, estime : « La crédibilité des Etats-Unis et de la démocratie américaine est atteinte. Nous sommes entrés en guerre sur la foi de fausses informa-

1. Stanley Hoffmann, *Régression américaine,* New York Review of Books, vol. L, n° 10, 12 juin 2003.

tions. » Mais, alors que les fameuses armes de destruction massive de Saddam Hussein restent toujours introuvables, c'est surtout avec l'affaire David Kelly que les mensonges d'Etat de Washington et Londres deviennent un scandale politique.

L'origine de l'affaire Kelly remonte au dossier publié par le gouvernement britannique le 24 septembre 2002. Les accusations les plus graves contenues dans ce document concernent les supposés stocks d'armes chimiques et biologiques. Se fondant sur ces accusations, le Premier ministre Tony Blair affirme que Saddam Hussein a les moyens militaires de lancer certaines de ces armes « dans un délai de 45 minutes après qu'il en aura donné l'ordre ». Toujours selon ce dossier de cinquante-cinq pages, le président irakien « continue de développer des armes de destruction massive au moyen desquelles il peut infliger des dégâts considérables à la région, et menacer gravement la stabilité mondiale ».

Et Tony Blair d'ajouter : « Le tableau dressé par le Comité britannique conjoint de renseignement est devenu plus inquiétant depuis quelques mois. Je n'ai aucun doute que cette menace soit sérieuse et permanente. Je suis tout à fait convaincu que Saddam fera le maximum, et à vrai dire c'est déjà le cas, pour cacher ces armes et éviter d'avoir à y renoncer. Le dossier montre qu'il (Saddam Hussein) ne considère pas ces armes seulement comme des armes de dernier recours. Il est prêt à les utiliser, y compris contre sa propre population, et il est déterminé à les conserver, en violation des résolutions du Conseil de sécurité de l'ONU. » Un groupe d'élus travaillistes publie aussitôt un contre-document intitulé : « L'affaire malhonnête de la guerre en Irak ». Un des signataires, Jeremy Corbyn, commente cette initiative en précisant : « En vérité, cette guerre est celle de George Bush qui veut de nouvelles armes et davantage de pétrole. Nous demanderons à Tony Blair pourquoi la Grande-Bretagne ne peut pas avoir une politique étrangère indépendante. »

Les critiques politiques et scientifiques à l'encontre de Tony Blair ne vont plus cesser. Le 29 mai 2003, la chaîne Radio 4 de la BBC diffuse une révélation qui fait l'effet d'une bombe. Andrew Gilligan, le journaliste chargé des questions de défense, assure que la menace irakienne a délibérément été « gonflée » contre l'avis des services secrets de Sa Gracieuse Majesté. Le 1er juin, le journaliste met en cause Alastair Campbell, le directeur de l'information de Tony Blair, surnommé « Cynical Ali » en référence au porte-parole de Saddam Hussein, affublé quant à lui du sobriquet de « Comical Ali » pour ses communications fantaisistes durant le conflit. Andrew Gilligan attribue à Cynical Ali l'invention du délai de quarante-cinq minutes, le prétendu délai de déploiement des armes irakiennes de destruction massive. Alastair Campbell nie, Downing Street dément. Convoqué par la commission des affaires étrangères de la Chambre des communes le 19 juin, Gilligan persiste et signe. Le 26 juin, Campbell témoigne à son tour devant cette commission et exige des excuses de la BBC. Il soutient que « des pans entiers de la BBC sont des ennemis de l'intérieur, opposés à l'intervention américano-britannique en Irak, et [qu']ils ont franchi les limites de l'impartialité durant le conflit ». Le 7 juillet, la commission le blanchit. Le lendemain, le ministère britannique de la Défense annonce qu'il connaît l'informateur de Gilligan, et le nom de David Kelly, expert du ministère, est publié par le *Times*.

Le 15 juillet 2003, David Kelly dépose, à son tour, devant la commission. Les parlementaires concluent rapidement qu'il ne peut pas être la « gorge profonde » de la BBC. Le 17 juillet, David Kelly quitte son domicile pour sa promenade quotidienne. Le 18 juillet, la police identifie formellement le corps retrouvé dans l'Oxfordshire comme étant celui de David Kelly. Comme pour Lawrence d'Arabie, on ne connaîtra vraisemblablement jamais les circonstances exactes de sa mort. Cette nouvelle victime de la guerre d'Irak menace sérieusement le gouvernement Blair. En tournée en Asie, le Premier ministre britannique observe un mutisme déconcertant lorsqu'un journaliste lui demande s'il envisage de démissionner après la mort de l'expert en désarmement. Blême, Tony Blair abandonne soudain son sourire publicitaire. Il reste sans voix pendant quelques secondes, qui paraissent une éternité. L'image fait le tour du monde. Le lendemain, arrivé à Séoul, il contre-attaque. Entre-temps, la BBC a reconnu que David Kelly avait été la source principale de son journaliste. Le Premier ministre britannique se déclare « absolument déterminé » à vouloir poursuivre son mandat, rejetant la responsabilité de la mort de l'expert sur la chaîne publique d'information. Tony Blair refuse toute enquête périphérique, et accepte uniquement celle qui doit déterminer « les circonstances ayant entraîné la mort de David Kelly ».

Parangon de vertu et référence mondiale du journalisme audiovisuel, la BBC, selon ses propres journalistes, a subi de « terribles pressions » de la part des ministères britanniques de la Défense et des Affaires étrangères, et a livré une source. Pire, Andrew Gilligan et deux de ses confrères seront contraints de présenter leurs notes de travail, notamment celles concernant leur entrevue avec

David Kelly, au juge désigné par le gouvernement pour instruire cette affaire, Lord Hutton. La liberté de l'information est gravement atteinte : l'affaire produit des effets désastreux sur la crédibilité de tous les moyens d'information censés répondre aux questions que l'opinion internationale continue de se poser sur les vraies motivations qui ont justifié la guerre. Mais surtout l'affaire détourne l'attention de la question principale : Tony Blair a-t-il menti pour justifier la guerre contre l'Irak ? Cet épisode lamentable fait rebondir la polémique aux Etats-Unis. Elle ne concerne plus seulement les mensonges au sujet de l'uranium africain, mais d'autres affirmations comme, par exemple, les liens prétendus entre Saddam Hussein et Oussama Ben Laden, ainsi que l'existence même des ADM en Irak.

En son temps, Bill Clinton, accusé d'avoir menti sur une relation sexuelle avec une stagiaire de la Maison-Blanche, a subi des mois d'instruction d'une procédure d'« empêchement ». On peut aujourd'hui légitimement se demander s'il est moins important, aux Etats-Unis, de mentir au sujet des causes réelles d'une guerre.

Une autre question cruciale concerne l'utilisation du renseignement dans l'élaboration d'une politique étrangère. Les experts estiment que l'apport du renseignement représente généralement 5 % de l'appréciation d'une situation de crise, en ajoutant que « rarement ces 5 % peuvent à eux seuls suffire à emporter la décision ». Autrement dit, il est exceptionnel – et l'Histoire le prouve – de se fonder sur la base du seul renseignement pour déclarer une guerre.

Les experts ajoutent que la relation entre un espion et un décideur politique s'avère toujours problématique. Si elle n'est pas maîtrisée, cette relation risque de provoquer des dommages pour les deux. Quoi qu'il en soit, en aucun cas l'espion ne peut se substituer au politique, et inversement. Il reste que, parallèlement à l'évaluation du pouvoir exécutif, l'apport politique du Parlement demeure, en principe, essentiel dans la prise de décision finale. En privilégiant exclusivement l'expertise technique de l'espion au détriment de l'évaluation politique du Parlement, l'exécutif se rend coupable d'une atteinte classique à la démocratie, selon laquelle le pouvoir devrait être exercé, en premier lieu, par ceux qui savent, par ceux qui détiennent l'expertise technique. Cette dérive technocratique n'est malheureusement pas nouvelle, renouant avec le fantasme de la *République* de Platon, qui voulait mettre les philosophes au pouvoir : vieille allégorie de la tyrannie.

Si les coups tordus de la CIA ont, régulièrement, ponctué l'histoire chargée des interventions extérieures des Etats-Unis depuis la fin de la Seconde Guerre mondiale, cette dérive a commencé à se manifester structurellement sous l'administration Clinton, dans la gestion du conflit israélo-palestinien. On a vu, en effet, lors des accords de Wye River-Wye Plantation en octobre 1998, le patron de la CIA George Tenet siéger à la table de négociations, à la place des diplomates, pour accréditer le sérieux des accords de sécurité adoptés à l'époque [1]. Et on a vu le résultat. Mais l'opinion internationale a fini par s'habituer à voir la CIA apparaître publiquement autour du tapis vert comme un négociateur à part entière. Confusion des acteurs, confusion des genres et confusion des objectifs : cette procédure est devenue l'une des figures obligées de la « bonne gouvernance » telle qu'elle est pensée à Washington, et telle que l'administration américaine actuelle souhaite la voir appliquée dans le monde entier.

1. « La CIA à la table de négociations », dans *Les Dollars de la terreur – Les Etats-Unis et les islamistes,* Richard Labévière, Grasset, 1999.

Les faucons qui entourent l'actuel président américain sophistiquent le système en doublant la CIA et les autres agences officielles de renseignement par des officines spécialisées à leur dévotion. Le patron du Pentagone Donald Rumsfeld et son adjoint Paul Wolfowitz ont une solide expérience en la matière : dans les années soixante-dix, ils appartenaient à la fameuse « équipe B » créée par George Bush père lorsqu'il dirigeait la CIA, afin de superviser le travail des experts jugés trop laxistes sur l'Union soviétique.

On retrouve l'équipe B à l'origine du programme de la Guerre des étoiles du président Reagan. Depuis des années, elle produit quantité de rapports, plus alarmants les uns que les autres, sur les Etats voyous, à commencer par l'Irak, l'Iran, la Syrie et Cuba. Après les attentats du 11 septembre 2001, Donald Rumsfeld a créé son propre service d'espionnage : l'Office of Special Plans (OSP), ou Bureau des plans spéciaux.

L'OSP est la principale officine responsable des mensonges d'Etat concernant les liens prétendus entre Saddam Hussein et Oussama Ben Laden, l'uranium africain et les armes de destruction massive. Une autre de ses spécialités concerne la manipulation des médias et la désinformation. Echappant évidemment à toute forme de contrôle parlementaire, ce bureau est placé sous l'autorité directe de Paul Wolfowitz et de l'un de ses adjoints, Douglas Feith. C'est l'OSP qui a tenté de propulser au pouvoir à Bagdad l'opposant irakien, aujourd'hui déchu, Ahmed Chalabi. C'est par ce même bureau qu'ont transité les informations largement exagérées sur le programme nucléaire de Téhéran, fournies par les Moudjahidin du peuple iranien, alors que cette organisation figure sur la liste des groupes terroristes du Département d'Etat.

A ces barbouzeries qui ne seraient que pitoyables si elles n'émanaient de la première puissance du monde, donneuse de leçons de droits-de-l'hommisme à longueur d'année à la planète entière, viennent s'ajouter les sections spéciales chargées d'inventer la justice d'exception consubstantielle à la guerre sans fin contre la terreur.

Le terrorisme produit de l'état d'urgence : un temps extraordinaire durant lequel les règles et les usages habituellement en vigueur dans les démocraties sont suspendus ou interprétés de manière restrictive. L'impératif sécuritaire supplante momentanément les règles de fonctionnement démocratique, tout le temps que dure la crise. En principe, l'état d'urgence n'est pas destiné à durer, sauf si le pouvoir exécutif en décide autrement. L'état d'urgence peut être prolongé, mais pas indéfiniment. Une fois la crise surmontée, la situation redevient normale : l'urgence et l'exception n'ont plus de raison d'être. En décrétant une guerre « sans fin » contre la terreur, l'exécutif américain a pris la responsabilité de faire durer l'état d'urgence *sine die*, l'exception s'inscrivant dans la durée, l'exception devenant la règle, l'exception fixant le nouvel horizon. La création volontaire d'un état d'urgence permanent est lourde de conséquences pour les libertés démocratiques et l'Etat de droit. La guerre sans fin contre la terreur précipite la liberté dans un gouffre, lui aussi sans fin. « De l'Etat d'exception effectif où nous vivons, le retour à l'Etat de droit n'est pas possible, puisque ce qui est en question maintenant, ce sont les concepts mêmes d'"Etat" et de "droit[1]" ».

1. Giorgio Agamben, *Etat d'exception – Homo sacer,* Le Seuil, juin 2003.

Cette régression à un ordre international westphalien réinstaure la loi du plus fort, et rouvre la porte à la guerre de tous contre tous ; régression hobbesienne des plus sinistres où « l'homme est un loup pour l'homme ». Le rejet par Washington de la Cour pénale internationale (CPI) s'inscrit dans la froide logique de cette régression. Non seulement les Etats-Unis refusent un tribunal que la quasi-totalité des meilleurs juristes du monde présentent comme la plus grande avancée du droit humanitaire depuis les procès de Nuremberg, mais ils cherchent à en anéantir le principe : celui d'une justice universelle pour les auteurs de crimes de guerre, crimes contre l'humanité et génocides.

Techniquement, la CPI n'a pratiquement aucune chance d'impliquer un citoyen américain, puisqu'elle est fondée sur un traité, adopté à Rome en 1998, que Washington n'a pas ratifié. Le président Bush a même – historiquement du jamais vu – retiré sa signature. Par ailleurs, la CPI repose sur le principe de subsidiarité, c'est-à-dire qu'elle ne devient compétente que lorsque les justices nationales font défaut. En dépit de ces précautions formelles, qui exonèrent la CPI de dérives politiciennes incontrôlées, Washington poursuit une inlassable guerre diplomatique destinée à la vider de toute légitimité, en faisant signer au plus grand nombre d'Etats possible des accords bilatéraux visant à assurer l'immunité des ressortissants américains en toutes circonstances. En juillet 2003, Washington est allé jusqu'à annoncer la suspension de son aide militaire à trente-cinq pays qui refusaient de signer ces accords anti-CPI.

Ce chantage indigne d'une démocratie discrédite toute déclaration américaine en faveur de l'Etat de droit et risque d'hypothéquer l'exercice, par les victimes des crimes les plus graves, du droit à un recours effectif à la

Cour. Comment en effet les Etats-Unis peuvent-ils encore prétendre incarner le modèle des droits de l'Homme lorsque des milliers d'étrangers sont refoulés ou expulsés de leur territoire sans explication, et que plusieurs autres milliers de personnes sont toujours détenues dans des prisons américaines sans assistance juridique ? A de nombreuses reprises, l'Assemblée parlementaire du Conseil de l'Europe (APCE) a qualifié d'« inacceptables » les conditions de détention des prisonniers en Afghanistan et à Guantanamo, et appelé les Etats-Unis à se mettre en conformité avec le droit international. Au printemps 2003, cette assemblée s'est déclarée « vivement préoccupée par les conditions de détention de plus de six cents combattants et non-combattants encore détenus, dix-huit mois après la fin du conflit international en Afghanistan ». Les Etats-Unis refusent de qualifier ces personnes de « prisonniers de guerre », les considérant comme des « combattants illégaux », objets juridiques non identifiés, puisqu'ils n'existent pas en droit international.

Cette posture, qui accorde une primauté inconditionnelle à la Constitution et aux lois des seuls Etats-nations, sinon à des lois d'exception, rejette implicitement les engagements supranationaux tels qu'ils fondent par exemple l'Union européenne, ou tels qu'ils régissent l'Organisation des Nations unies [1], comme s'il s'agissait de remettre en cause tous les progrès multilatéraux effectués depuis la fin de la Seconde Guerre mondiale. Le contournement de l'ONU par les Etats-Unis, la Grande-Bretagne, l'Espagne et quelques autres lors de la dernière guerre contre l'Irak, revient à cantonner l'organisation

1. Voir le chapitre X : « L'invention de la guerre préventive. »

universelle à de simples tâches humanitaires ou de coordination, voire de sauvetage des situations désespérées. Il est symptomatique de voir l'administration Bush se tourner vers l'ONU pour faire face à ses difficultés de maintien de l'ordre dans le nouvel Irak, où les forces d'occupation américano-britanniques s'enlisent chaque jour un peu plus. En définitive, Washington voudrait que l'ONU restaure la confiance, la stabilité et la sécurité en Irak, pendant que l'administration Bush s'occuperait, avec ses amis, de profiter des contrats de la reconstruction et des nouvelles concessions de l'exploitation pétrolière.

En 1945, à l'issue de la conférence de San Francisco, les membres permanents du Conseil de sécurité furent choisis en fonction de deux critères exclusifs : faire partie du club des vainqueurs de la Seconde Guerre mondiale et détenir l'arme atomique. Depuis lors, le moins que l'on puisse dire est que ces deux critères ont passablement évolué. Le monde actuel et la répartition des puissances ne sont plus ceux de 1945, et d'autres pays ont acquis ou sont en passe d'acquérir l'arme nucléaire. De grands pays d'Asie, d'Amérique latine et du monde arabe se trouvent également sous-représentés, sinon mis à l'écart du fonctionnement de l'exécutif de l'ONU. Le précédent irakien nécessite une substantielle réforme du Conseil de sécurité des Nations unies et de l'usage du droit de veto. Cette question se pose depuis longtemps et revient régulièrement en commission lors des assemblées générales annuelles de l'organisation. Serpent de mer qui hante la tour de verre de Manhattan d'une manière de plus en plus pressante depuis la fin de la guerre froide, la réforme du Conseil de sécurité constitue l'une des réponses obligées à la fuite en avant de la guerre sans fin.

Une deuxième réponse à la guerre sans fin peut émerger des organisations régionales et, en premier lieu, de l'Union européenne, qui doit préciser ses propres orientations. La crise irakienne a eu le bénéfice de mettre en lumière la réalité européenne, entre pays partisans d'une Europe se résumant à un grand marché unique dont la sécurité serait assurée par l'hyperpuissance américaine, et ceux qui considèrent l'Europe comme un acteur à part entière des affaires du monde, c'est-à-dire une « Europe puissance » assurant elle-même sa sécurité et la défense de ses intérêts. Cette dernière attitude nécessite une révolution proprement copernicienne, tant une majorité de pays européens ont été habitués, depuis 1945, à déléguer leur sécurité au grand frère américain. Elle nécessite également une maturité politique, amenant ces pays à dégager les moyens financiers de leur propre défense.

Cette révolution culturelle réside essentiellement dans l'idée de « puissance », avec laquelle les Européens doivent se réconcilier. Bannie de la conscience du Vieux Continent depuis la Seconde Guerre mondiale, l'idée de puissance revêt en Europe, aujourd'hui encore, une connotation négative, sinon morbide, alors qu'elle guide les efforts continus de la Chine ou de la Russie. Développer un concept de « puissance positive » revient à se donner les moyens de promouvoir la crédibilité d'un modèle européen démocratique, d'un développement économique socialement plus équitable et solidaire. La sous-traitance de la sécurité européenne par les Etats-Unis génère une forme de lâcheté structurelle qui ne peut tenir lieu de politique d'avenir. Les Européens peuvent-ils se contenter d'être réduits à la fonction de consommateurs dociles, renonçant à être des citoyens à part entière, c'est-à-dire comptables aussi de leur liberté ? C'est une question de dignité. Cet effort ne concerne pas seulement les Européens, mais aussi l'Afrique, l'Asie et l'Amérique latine, afin de faire émerger plusieurs pôles de sécurité et de prospérité dans le monde.

Un monde multipolaire, antidote à l'hégémonie d'une seule puissance, apporte la réponse la plus pertinente à l'ordre barbare de la guerre sans fin. Pour les docteurs Folamour de l'administration Bush, cette vision est proprement cauchemardesque parce qu'elle remet en cause la rhétorique du « avec nous ou contre nous ». Comme l'écrit le diplomate américain John Brady Kiesling, qui a démissionné de son poste pour protester contre cette logique de western du bien et du mal, des bons et des méchants, à quoi se résume l'argument de la guerre sans fin : « Plus nous utilisons notre puissance de façon agressive pour intimider nos ennemis, plus d'ennemis nous nous faisons et plus nous validons le terrorisme comme la seule arme effective des impuissants contre les puissants [1]. »

Refusant l'évidence, la conseillère Condoleezza Rice, pasionaria de la guerre sans fin, mène l'assaut contre la notion même de multipolarité. Le 26 juin 2003, devant l'Institut international d'études stratégiques de Londres (IISS), elle s'en prend violemment à « la vision multipolaire du monde chère à la France ». Dans un exposé consternant, spécimen de révisionnisme historique, cette spécialiste de la guerre froide déclare sans ciller : « La multipolarité n'a jamais été une idée ou une vision unificatrice. C'était un mal nécessaire qui a prolongé

---

1. John Brady Kiesling : « Diplomatic Breakdown », *The Boston Globe Magazine*, 27 avril 2003.

l'absence de guerre mais n'a pas contribué à promouvoir la paix (...) La multipolarité est une théorie de rivalités, d'intérêts rivaux et, dans le pire des cas, de valeurs rivales. Nous avons essayé ça dans le passé. Ça a conduit à la Première Guerre mondiale, puis à la Seconde et enfin à la guerre froide. Pourquoi devrions-nous chercher à nous diviser (...) alors que nous pouvons être beaucoup plus efficaces en étant unis. Seuls les ennemis de la liberté se féliciteront de ces divisions». Cette vision orwellienne de l'Histoire nourrit l'idéologie de la guerre sans fin, qui consiste à criminaliser ceux qui ne sont pas d'accord avec la loi du plus fort : ce sont tout simplement des terroristes. A l'unisson avec Mme Rice, le patron du Pentagone répète, le 1er juillet 2003 : « Mon opinion est que nous sommes en guerre, en guerre mondiale contre la terreur, et que ceux qui ne sont pas d'accord avec cela sont pour la plupart des terroristes. »

Depuis les attentats du 11 septembre 2001, le discours politique a connu une série de glissements successifs qui, de l'offensive immédiate en Afghanistan, a justifié une nouvelle guerre en Irak, la réoccupation israélienne des territoires palestiniens et la poursuite de la colonisation, ainsi que l'intervention américaine dans de nombreux autres conflits asymétriques. Ces différentes opérations, menées au nom de la guerre contre la terreur, ont chaque fois produit leurs justifications. Le discours de la guerre sans fin contre la terreur se dote d'une langue inédite, d'une « novlangue », pour reprendre l'expression de George Orwell. Comme l'écrivait l'auteur d'*Hommage à la Catalogne*[1] en 1946, « la relation entre

1. *Orwell en España – Homenaje a Cataluña y otros escritos sobre la guerra civil española*, Tiepo de memoria, Tus Quets Editores, juin 2003.

le mode de pensée totalitaire et la corruption du langage constitue un problème important, qui n'a pas fait l'objet d'une attention suffisante ». Le 11 septembre 2001 n'inaugure pas un nouveau monde, mais une langue nouvelle qui veut nous faire croire à son avènement. Elle multiplie idiomatismes et glissements de sens pour nous convaincre de la justesse et de la légitimité de la guerre sans fin.

Orwellienne est la référence constante de l'administration Bush à la « coalition », terme utilisé pour qualifier l'opération militaire en Irak menée par les seules forces américaines et britanniques.

Orwelliens sont les termes de « quartiers » et d'« implantations » qui servent à désigner les colonies israéliennes construites en Palestine, ou l'expression « avant-postes illégaux » en lieu et place de colonisation. La dernière création de la *novlangue* de la guerre sans fin contre la terreur revient à Ariel Sharon qui, pour désigner le mur de la honte qu'il bâtit à travers la Cisjordanie – destiné à annexer de nouvelles terres – parle d'une « clôture de sécurité » et d'une « barrière qui doit stopper les terroristes ». Le Premier ministre israélien ajoute aussitôt : « J'ai dit que je choisirais un tracé qui dérangera les Palestiniens aussi peu que possible. » Nous voilà rassurés. La fonction principale de la *novlangue* consiste à rassurer. Et c'est encore mieux de le faire avec l'aide de Dieu, ce qu'ont parfaitement compris MM. Bush et Blair, qui ne cessent de l'invoquer.

Le monde merveilleux de la guerre sans fin contre la terreur et sa *novlangue* ressemblent à s'y méprendre au cauchemar décrit dans le *1984* de George Orwell. Nous y sommes. L'antihéros Winston déchiffre sur la façade du ministère de la Vérité l'inscription artistique des trois slogans de l'Etat :

> « *La guerre c'est la paix*
> *La liberté c'est l'esclavage*
> *L'ignorance c'est la force* »

Plaça George Orwell
(Eric Blair 1903-1950),
Barcelona.

11 septembre 2003

REPÈRES CHRONOLOGIQUES

1932 • Ibn Séoud est proclamé roi d'Arabie Saoudite.

1945 • Pacte du *Quincy* entre Ibn Séoud et Franklin Roosevelt : pétrole saoudien contre protection américaine.

1948 • Première guerre israélo-arabe (Egypte, Irak, Jordanie, Liban, Syrie).

Début des années 50 • L'Arabie Saoudite commence à financer la confrérie des Frères musulmans.

1956 • Deuxième guerre israélo-arabe (Egypte). Intervention de la France et de la Grande-Bretagne contre la nationalisation du canal de Suez.

1967 • Troisième guerre israélo-arabe (guerre des Six Jours – Egypte, Jordanie, Syrie). L'ONU demande le cessez-le-feu. Israël occupe le Sinaï, Gaza, la Cisjordanie, Jérusalem-Est et les hauteurs du Golan.

1971 • Rupture des accords de Bretton Woods : suppression unilatérale par le président Nixon de la convertibilité du dollar en or. Fin de l'ordre monétaire international. L'argent du crime peut prospérer.

1973 • Quatrième guerre israélo-arabe (guerre du Kippour – Egypte, Syrie).

1977 • Le prince Turki al-Fayçal devient le chef du GID (General Intelligence Department) en Arabie Saoudite.

1978 • Camp David I, suivi du traité de paix israélo-égyptien en 1979.

1979 • Révolution islamique en Iran.
• Juillet : première directive Carter-Brzezinski de soutien des opposants islamistes au régime prosoviétique de Kaboul.
• Décembre : les Soviétiques envahissent l'Afghanistan.

1980 • Attaque de l'Iran par l'Irak. La guerre se poursuivra jusqu'en 1988.

1982 • Juin : cinquième guerre israélo-arabe (Liban et camps de réfugiés palestiniens au Liban). Massacres de Sabra et Chatila, sous la responsabilité d'Ariel Sharon.

• Note d'Oded Yinon préconisant le morcellement des Etats proche-orientaux : cette stratégie devient la bible d'Israël et des Etats-Unis.

1987 • Première Intifada, qui durera jusqu'aux accords d'Oslo.
• Ben Laden grièvement blessé par les Soviétiques à la bataille de Jabi, en Afghanistan.

1989 • Retrait des troupes soviétiques d'Afghanistan.
• Deuxième guerre (civile) d'Afghanistan, entre les différentes factions de la résistance afghane.
• Chute du mur de Berlin. Fin du bloc soviétique. Fin de la guerre froide.

1990 • Invasion du Koweït par l'Irak.

1991 • Première guerre d'Irak (dite du Golfe) avec l'aval de l'ONU, suivie jusqu'en 2003 par des bombardements américano-britanniques (hors résolution des Nations unies) et un embargo international. Occupation des environs de Médine et de La Mecque par des troupes américaines. Lancement du programme des inspections en désarmement par l'ONU.
• Ouverture du processus de paix Israël-Palestine à Madrid.
• Chute du dictateur Siad Barré en Somalie. Début de la guerre civile.

1993 • Mort de soldats américains sous drapeau onusien à Mogadiscio (Somalie).
• Février : premier attentat contre le World Trade Center, attribué à la mouvance Ben Laden.
• Septembre : accords d'Oslo Israël-Palestine (Arafat-Rabin).

1994 • Juillet : Ben Laden déchu de sa nationalité saoudienne.

1995 • Fondation de la Foreign Oil Company et montée en puissance du projet Unocal d'un gazoduc de la Caspienne à Karachi, via l'Afghanistan.
• Eté et automne : vague d'attentats des GIA en France.
• Novembre : attentat contre un centre de formation de la Garde nationale en Arabie Saoudite, attribué à la mouvance Ben Laden.
• 4 novembre : assassinat de Rabin par un fondamentaliste israélien.

1996 • Printemps : arrivée probable d'Oussama Ben Laden en Afghanistan, (via le Pakistan) après son départ du Soudan.
• Juin : attentat contre la base américaine de Khobbar en Arabie Saoudite, attribué à la mouvance Ben Laden.
• 26 septembre : prise de Kaboul par les Taliban.

1997 • A l'ONU, le Groupe « *six plus deux* » tente vainement de règler le problème afghan.

1998 • Washington refuse de ratifier le traité de Rome instituant la Cour pénale internationale.

• Interruption des inspections en Irak.
• Les Taliban expulsent les ONG de Kaboul. *No comment* américain.
• Avril : visite à Kaboul d'une délégation du Département d'Etat américain : coopération avec les Taliban pour les trois ans à venir.
• 28 et 30 mai : reprise des essais nucléaires au Pakistan, avec l'aide de la Corée du Nord. En réponse, l'Inde reprend elle aussi ses essais nucléaires.
• 4 juillet : l'ambassade américaine invite le consul taliban au Pakistan à la réception de l'*Independence Day*, avec les honneurs.
• 7 août : attentats contre les ambassades américaines à Nairobi (Kenya) et Dar es-Salaam (Tanzanie), attribué à la mouvance Ben Laden.
• Septembre : bombardements américains en Afghanistan et au Soudan en représailles de ces attentats.

1999 • Décembre : affaire Ahmed Ressam (Canada-Etats-Unis).

2000 • Juillet : échec de Camp David II (Arafat-Barak).
• Septembre : début de la deuxième Intifada.
• Octobre : attaque de l'*USS Cole* à Aden, attribuée à la mouvance Ben Laden.
• Novembre : négociation à Berlin ONU-Taliban. Echec.
• Décembre : Bush junior président des Etats-Unis.

2001 • Février : gel de l'enquête du FBI sur la mouvance Ben Laden et l'attentat contre l'*USS Cole*.
• Mars : poursuite de la négociation à Berlin ONU-Taliban. Echec.
• Printemps : destruction des bouddhas de Bamiyan par les Taliban.
• 12 juillet : entrevue CIA-Ben Laden à l'Hopital américain de Dubaï.
• 17 au 27 juillet : ultime négociation à Berlin ONU-Taliban. Echec.
• 28 juillet : arrestation à Dubaï de Djamel Beghal, préparant un attentat contre l'ambassade américaine à Paris, et trahi par la mouvance Ben Laden à laquelle il appartient.
• Reprise de l'enquête du FBI sur la mouvance Ben Laden et l'attentat contre l'*USS Cole*.
• Fin août : le prince Turki est démis de la direction du GID.
• 9 septembre : assassinat de Massoud en Afghanistan par deux activistes islamistes.
• 11 septembre : attentats contre le World Trade Center et le Pentagone, attribués à Oussama Ben Laden.
• 24 septembre : annonce américaine du gel mondial des avoirs terroristes localisés.
• 25 septembre : rupture diplomatique Riyad-Kaboul.
• 27 septembre : gel des avoirs terroristes par la Banque centrale des Emirats arabes unis.
• 7 octobre : offensive militaire américano-anglaise en Afghanistan. Ben Laden et le mollah Omar restent introuvables.

• 23 octobre : opération américaine « Green Quest », décrétant le gel des avoirs terroristes dans le monde, hors les USA.
• 27 novembre : Spencer Abraham inaugure en Russie le CPC (oléoduc Kazakhstan-mer Noire).
• Décembre : – bataille de Tora Bora en Afghanistan.
– Les USA se retirent de la Convention biologique.
– Création du *Clearing House* par l'Union européenne, pour élaborer les listes des personnes et des organisations terroristes.
– Ouverture des camps de détention américains, hors droit international, en Afghanistan et à Guantanamo.
• 2 décembre : attentats suicide à Jérusalem et à Haïfa.
• 22 décembre : échec de l'attentat de Richard Reid sur un vol Paris-Miami.

2002 • Hamid Karzaï nommé président de l'administration intérimaire afghane.
• Résolution 1390 de l'ONU : appel au gel des financements de la mouvance Ben Laden dans le monde entier, et menaces de sanctions.
• Janvier : le mollah Omar s'échappe à mobylette au Pakistan.
• 12 janvier : discours du président Musharraf s'en prenant violemment aux islamistes.
• 23 janvier : enlèvement du journaliste Daniel Pearl à Karachi.
• 29 janvier : discours de Bush sur l'état de l'Union, accusant l'Irak, l'Iran, la Corée du nord et Cuba d'être des menaces terroristes.
• Février : la France se distancie du « simplisme » américain.
• 29 mars : opération « Rempart », en représailles d'attentats suicides antiisraéliens. Intensification de l'escalade militaire israélienne.
• 3 au 15 avril : l'armée israélienne envahit et détruit le camp palestinien de Jénine en Cisjordanie. Ariel Sharon refuse la mission d'enquête mandatée par l'ONU.
• 11 avril : attentat à Djerba en Tunisie.
• 8 mai : attentat à Karachi contre onze techniciens français de la Direction des constructions navales (DCN), attribué à des activistes islamistes pakistanais.
• 14 mai : massacre de Jammu au Cachemire indien, attribué à des activistes islamistes pakistanais.
• 1er juin : discours de Bush à West Point : le concept de guerre préventive.
• 10 juin : annonce par les Etats-Unis de l'arrestation de José Padilla, sous prétexte de fabrication d'une bombe « sale ». Flop.
• 14 juin : attentat contre le consulat américain de Karachi, attribué à des activistes islamistes pakistanais.
• 24 juin : discours de Bush sur l'avenir du Proche-Orient, préconisant l'éviction d'Arafat.
• 10 juillet : réunion du Defense Policy Board avec le Français Mura-

wiec, attaquant l'Arabie Saoudite et préconisant la guerre en Irak. Kissinger proteste.

- Eté : crise Riyad-Washington.
- Août : le prince héritier de l'Arabie Saoudite Abdallah et le président du Yémen déclarent leur opposition à une nouvelle guerre américaine au Proche-Orient.
- 15 août : dépôt devant un tribunal de Washington d'une plainte de 600 proches des victimes des attentats du 11 septembre 2001 contre une centaine de personnes et d'organisations, dont des responsables saoudiens.
- septembre : le groupe de surveillance d'Al-Qaïda à l'ONU estime à 10 millions de dollars la part bloquée de ses ressources (sur un total estimé entre 30 et 300 millions).
- 12 octobre : attentat à Bali.
- Novembre : élections législatives américaines : les républicains l'emportent.
- 8 novembre : l'ONU confie à Hans Blix la responsabilité de la mission d'inspection et de destruction des ADM en Irak, la Cocovinu.
- 15 novembre : l'Irak accepte la résolution 1441 du Conseil de sécurité de l'ONU.
- 27 novembre : reprise des inspections en Irak.
- 30 novembre : double attentat à Mombasa.
- Décembre : des forces spéciales américaines, anglaises et australiennes pénètrent en territoire irakien.
- Décembre : les USA repoussent la publication de la Feuille de route du Quartette, prévoyant la création d'un Etat palestinien viable à l'horizon 2005.
- 7 décembre : l'Irak envoie à l'ONU l'inventaire de ses armements.

2003

- Janvier : échec de la négociation européenne sur la levée du secret bancaire.
- Février : enlèvement d'un groupe de touristes européens en Algérie.
- 8 février : dans un discours à la nation, Bush affirme l'existence de liens de complicités entre Al-Qaïda et l'Irak.
- 19 mars : un commando américain entre en Irak huit heures avant l'expiration de l'ultimatum de Bush à Saddam Hussein.
- 20 mars : deuxième guerre d'Irak, menée par les Etats-Unis et l'Angleterre contre l'avis de l'ONU.
- Avril-mai : redéploiement des forces américaines au Proche-Orient, quittant l'Arabie Saoudite pour le Qatar.
- Mai : procès à Bruxelles de vingt-trois activistes islamistes, dont deux mêlés à la préparation de l'assassinat de Massoud.
- 6 mai : réunion du Conseil de sécurité de l'ONU sur le terrorisme.
- 12 mai : attentats à Riyad contre des « infidèles » par des islamistes locaux.
- 16 mai : attentats à Casablanca par des islamistes locaux.

• 25 mai : le gouvernement israélien proclame son acceptation de la Feuille de route, très modifiée.
• Début juin : sommet du G8 à Evian, suivi des sommets américano-arabes de Charm-el-Cheikh et Aqaba.
• 26 juin : trêve de trois mois entre les organisations palestiniennes et Israël.
• 8 au 12 juillet : tournée africaine de Bush, accords pétroliers et militaires.
• 17 juillet : mort (suicide ?) de David Kelly en Angleterre.
• 29 juillet : Bush reçoit Ariel Sharon à Washington.
• Eté
  – achèvement du premier tronçon (130 km) du mur de la honte en Cisjordanie.
  – crise de crédibilité des administrations américaine et britannique concernant les ADM en Irak et la guerre déclenchée sur cet argument.
• 8 août : attentat à Jakarta.
• 8, 14, 21 août : assassinats ciblés de dirigeants palestiniens : Israël prend la responsabilité de la rupture de la trêve et de l'échec de la mise en application de la Feuille de route.
• 19 août : attentat contre le bâtiment de l'ONU à Bagdad, mort de Sergio Vieira de Mello, de Nadia Younès et de vingt-deux autres personnes.

TABLE

Impression réalisée sur CAMERON par

BUSSIÈRE CAMEDAN IMPRIMERIES

GROUPE CPI

à Saint-Amand-Montrond (Cher)
en octobre 2003
pour le compte des Éditions Grasset,
61, rue des Saints-Pères, 75006 Paris.

N° d'édition : 13024. — N° d'impression : 35041-034115/4.
Dépôt légal : octobre 2003.

Imprimé en France

ISBN 2-246-63451-2